GORDON LIPPITT / RONALD LIPPITT

# Beratung als Prozess

Was Berater und ihre Kunden wissen sollten

Übersetzt von LISA GONDOS und KLAUS SCHOMBURG

ROSENBERGER FACHVERLAG LEONBERG

Bibliografische Information der Deutschen Bibliothek

Die Deutsche Bibliothek verzeichnet diese Publikation in der
Deutschen Nationalbibliografie; detaillierte bibliografische Daten
sind im Internet unter http://dnb.ddb.de abrufbar.

4. Auflage

Authorized translation from the English language edition published
by Pfeiffer & Company, an imprint of Jossey-Bass Inc., Publishers.
Copyright © 1994 by Gordon L. Lippitt and Ronald Lippitt.

Umschlaggestaltung: Eva Martinez, Stuttgart
Lektorat: Manuela Olsson, M.A., Göppingen
Satz: UM-Satz- & Werbestudio Ulrike Messer, Weissach
Druck: Aickelin Druck & Medien, Leonberg
Printed in Germany
ISBN-10: 3-931085-22-8
ISBN-13: 978-3-931085-22-3

Für GORDON, meinen Mitautor, der durch seinen Tod im Dezember 1985 aus der gemeinsamen Arbeit gerissen wurde.
Unsere Teamarbeit ging weiter und das vorliegende Buch ist
unser gemeinsames, auch wenn ich die Feder für ihn hielt.

RONALD LIPPITT

# Inhalt

**Kapitel 4**

**Kapitel 5**

**Kapitel 6**

**Kapitel 7**

# Abbildungen und Tabellen

# Einführung

In den vergangenen fünfunddreißig Jahren haben wir uns bemüht, Personen und Gruppen aus allen Lebensbereichen zu helfen. Eine große Belohnung und Herausforderung für Leute, die anderen helfen, ist die Gelegenheit, selber ständig zu lernen. Helfen ist immer ein gemeinschaftlicher Problemlösungsprozess, bei dem derjenige, der hilft, eine ebenso gute Chance zu lernen hat wie diejenigen, denen geholfen wird.

In den letzten zehn Jahren hat unser besonderes Interesse der Frage gegolten, wie wir anderen mitteilen können, was wir über das Beraten gelernt haben. Jeder von uns hat einen Teil seines Wissens systematisiert und veröffentlicht, aber in diesem Band haben wir den Versuch unternommen, unser Wissen zusammenzutragen. Wir haben dies in gedrängter Form getan, um den zunehmenden Bedürfnissen professioneller und nicht-professioneller Helfer – Berater und Ratgeber aller Art, Personen in leitenden Stellungen, Freunde und viele andere – Rechnung zu tragen.

Die allgemeinste Bezeichnung für diesen Prozess des Helfens ist *Beratung*. Die Aufgabe der Beratung ist Bestandteil der Rolle und Funktion all derjenigen, die leiten, führen, lehren oder als Freunde und Gleichgestellte mit anderen interagieren. Sie alle sollen in diesem Band der Einfachheit halber Berater genannt werden, auch wenn wir uns darüber im Klaren sind, dass Beratung vielleicht nur ein Aspekt ihrer Tätigkeit ist.

An verschiedenen Stellen unterscheiden wir zwischen internen und externen Beratern. Der interne Berater entstammt der jeweiligen Organisation oder Institution, die er berät. Der externe Berater ist ein Außenstehender. Diese Unterscheidung ist häufig wichtig, wenn es darum geht, die Art von Hilfe zu bestimmen, die möglich oder angemessen oder glaubwürdig ist.

Manche unserer Leser haben Beraten vielleicht als Teil ihrer
Berufsausbildung gelernt, die meisten jedoch werden sich ihre Kenntnisse im Laufe ihrer Arbeitstätigkeit angeeignet haben. Indem wir unser theoretisches und praktisches Wissen
über den Beratungsprozess in diesem Band zusammenfassen,
hoffen wir, allen, die effektive und versierte Berater werden
wollen, zusätzliche nützliche Konzepte, Strategien und Techniken für ihre Arbeit an die Hand geben zu können.

Für die Unterstützung bei unseren Überlegungen, Erfahrungen und Kenntnisse zum Thema Beratung, die wir Ihnen hier
anbieten, möchten wir folgenden Personen danken:

- Unseren fortgeschrittenen Studenten,
- den vielen Teilnehmern unserer Beratungs-Workshops,
- unseren Kollegen, Co-Beratern und Co-Trainern und
- unseren Familien, mit denen wir unsere Konzepte und
  Techniken ausprobieren konnten.

In dieser überarbeiteten Version des ersten Bandes haben wir
wenig gestrichen; dagegen haben wir sehr viel Stoff hinzuge-
fügt, von dem wir meinen, dass er unsere erste Fassung sehr
bestärkt. Wir haben unsere Interventionsanalysen ergänzt und
das Kapitel über ethische Konflikte und Richtlinien erweitert
sowie das Modell der Handlungsforschung um den Aspekt
der intuitiven Datenerhebung bereichert. Die folgenden Kapitel sind neu hinzugekommen: Konzepte für partizipatives
Lernen, Beispiele für Beratung in Aktion, Leitlinien für internationales Consulting, der Berater als Förderer von Veränderungen, Überlegungen zur Zukunft der Beratung.

Beratung ist eine herausfordernde, furchteinflößende und
lohnende Tätigkeit, die einen bescheiden macht. Sie ist zwar
keine Wissenschaft, aber als angewandte Kunst verlangt sie
das ständige Wachstum derjenigen, die beratend tätig sind.
Wir möchten Sie hiermit zu einigen unserer Wachstumserfahrungen und -erkenntnissen einladen.

GORDON LIPPITT / RONALD LIPPITT

# 1 Beratung: Ein Bedürfnis nach Kompetenz

Beratung hat zwei Seiten – ein Prozess, in dem Hilfe gesucht und gegeben wird. Ziel der Beratung ist es, einer Person, Gruppe, Organisation oder einem größeren System zu helfen, die für die Auseinandersetzung mit Problemen und Veränderungsbemühungen erforderlichen inneren und äußeren Kräfte zu mobilisieren.

Die Werte, Absichten und Verhaltensweisen eines Beratungsverhältnisses unterscheiden sich von denen der Führung, Überwachung, Bewertung, Therapie und Freundschaft. Viele Personen jedoch üben in ihrer Rolle als Verwaltungsbeamter, leitender Angestellter, Anwalt, Therapeut, Freund, Vater oder Mutter auch beratende Funktionen aus.

Immer mehr Personen in unserer Gesellschaft nennen sich Berater, weil sie helfende Aufgaben haben. Viele dieser Berater sind außenstehende Helfer oder externe Berater. Andere sind Teil des Systems, dem sie zu helfen versuchen, weshalb sie interne Berater genannt werden.

## Professionelle und freiwillige Helfer

Im Laufe unserer ganzen Geschichte hat es Menschen gegeben, die in ihren Gruppen den Status und die Glaubwürdigkeit eines Helfers bei der Lösung von Problemen erwarben oder zugewiesen bekamen. Stammesälteste, Medizinmänner und Priester entwickelten häufig spezielle Fähigkeiten als Helfer bei persönlichen oder Gruppenproblemen. Die Vorbereitung auf die Rolle des Helfers beinhaltete zwar keine besondere Ausbildung, doch musste eine Lehrzeit absolviert werden, und die Auswahl erfolgte nach der Begabung. Charismatische Führer wie Buddha, Christus, Mohammed und Konfuzius hatten ihre Jünger, die durch Rollenlernen, theoretische Ausbildung und beaufsichtigte Praxis helfende Fähigkeiten entwickelten und als Helfer und Berater tätig wurden. Formale Ausbildungsprogramme und interne Praktika wurden als Vorbereitung und Befähigungsnachweis zuerst für religiöse Ämter und für die medizinische Praxis, dann für Psychologen, Sozialarbeiter und Angehörige des öffentlichen Gesundheitsdienstes entwickelt. Bei den helfenden Berufen zeichnete sich die Tendenz ab, die Beratung von der Ausbildung zu trennen.

In den letzten Jahren haben immer mehr Menschen eine berufliche Ausbildung erhalten, die sie in die Lage versetzt, bei der Lösung von Problemen in allen Bereichen der modernen Gesellschaft zu helfen – im Bereich des Managements, der Mitarbeiterführung, der Erziehung, der Gesundheit, der öffentlichen Dienste, der Wohlfahrt, der Erholung, der Religion, der Rehabilitation und Resozialisierung, der persönlichen Therapie.

Auch der Amateur- oder Laienhelfer ist wieder auferstanden. Der freiwillige Helfer spielt eine wichtige Rolle als „Hüter seines Bruders", guter Nachbar oder Bürger mit ehrenamtlichen Aufgaben. Die vielleicht aufregendste Entwicklung ist die allgemeine Erkenntnis, dass es wünschenswert und zweckmäßig ist, an Workshops und anderen Programmen teilzunehmen, in denen die Fähigkeiten des Helfens vermittelt werden. Solche Kurse werden an vielen Universitäten bzw. von Organisationen wie University Associates und National Training Laboratories (NTL) Institute for Applied Behavioral Science angeboten.

## Der wachsende Bedarf an Hilfe

Zahlreiche Zukunftsforscher haben darauf hingewiesen, dass das erhöhte Maß an Veränderung eine größere Komplexität der zu lösenden Probleme zur Folge hat und dadurch ein wachsender Bedarf nach der Verbindung verschiedener Disziplinen, Wissensressourcen und Erfahrungen entsteht. Der Bedarf an einer stärkeren Mobilisierung von Problemlösungskompetenz ist verknüpft mit folgenden Trends, die sich wiederum auf den Zuwachs an Beratungsressourcen und deren Weiterentwicklung auswirken:

1. *Technologischer Fortschritt.* Ein beherrschender Trend ist das schnelle Tempo der technologischen Entwicklung und der sich daraus ergebende Einfluss auf die Lebensweise, die soziale Organisation der Unternehmen und die politischen und wirtschaftlichen Systeme der Gemeinschaft, des Staates und der Nation. Es entstehen zunehmend komplexe Interdependenz-, Wohlfahrts-, Bildungs-, Führungs- und Entscheidungsprobleme. Damit wächst auch die Notwendigkeit für Personen und Gruppen zusammenzuarbeiten, Hilfe zu suchen und zu geben und sich gegenseitig zu unterstützen. Aber die Motivationen und Fähigkeiten der Leute nehmen im Vergleich zu diesem gestiegenen Bedarf an Hilfe und der Zunahme des Wissens über Problemlösungen, neue Ressourcen und gemeinsame Anstrengungen viel zu langsam zu.

2. *Verschwendung menschlicher Ressourcen.* Den Menschen wird immer deutlicher bewusst, dass die Ressourcen von ethnischen Minderheiten, Frauen, Kindern und Jugendlichen, von Behinderten, älteren Menschen, Arbeitslosen und Unausgebildeten ungenutzt und unterentwickelt sind bzw. sogar verschwendet werden. Dies ist eine große Herausforderung für professionelle wie auch für freiwillige Helfer.

3. *Brachliegende Beratungsfähigkeiten von Mitarbeitern.* Man hat festgestellt, dass viele Mitarbeiter, sei es im Managementbereich oder außerhalb, Fähigkeiten als Berater, Coach, Lehrer bzw. Trainer haben, die brachliegen. Diese Personen werden nun gesucht, rekrutiert und ausgebildet,

damit sie einen Teil ihrer Zeit innerhalb des Ausbildungs-
teams, des Pools von Gruppenmoderatoren und als interne Berater in ihrer Organisation fungieren können. Diese
innovativen Maßnahmen haben den Bestand an Beratern
erhöht.

4. *Freizeit.* Immer mehr Menschen bleibt neben den Anforderungen des Geldverdienens und der Organisierung ihres
Alltags eine gewisse Freizeit. Diese Zeit steht für freiwillige, der Entwicklung des Menschen dienende, kreative Aktivitäten zur Verfügung. Die Qualität des Gemeinschafts-
lebens und die individuelle Lebensqualität könnten verbessert werden, wenn zwischenmenschliche Hilfeleistung
und Unterstützung höher geachtet und regelrecht gelernt
würden. „Gutes nachbarschaftliches Verhalten" könnte zu
einer lohnenden Aufgabe werden und zu einer Neubele-
bung der Demokratie führen.

Eine Folge dieser vier Trends ist die Tatsache, dass das Bedürfnis nach Hilfe schneller wächst als die Vorbereitung professioneller Helfer – Berater, Trainer, Lehrer. Der Bedarf an
freiwilligen und halbprofessionellen Helfern wird also weiterhin sehr schnell zunehmen. Besonders wichtig ist es daher,
freiwillige Helfer zu rekrutieren und in den Fähigkeiten des
Helfens auszubilden, sowie Profis und Freiwillige in Beratungsteams zusammenzufassen.

## Unzureichende Antworten auf den wachsenden Bedarf

Mehrere Faktoren behindern die Ausbildung fähiger und mo-
tivierter Berater und Leiter von Beratungsteams: das Fach-
denken an den Universitäten, die Spezialisierung der Disziplinen und die mangelnde Lehrplanabstimmung zwischen
den universitären und den beruflichen Bildungseinrichtungen. Letzteren fehlen in der Regel Konzepte und praktische
Ansätze für partizipatives Lernen; sie konzentrieren sich auf

traditionelle Vortragstechniken und Fallstudien, statt eine Supervision für die Praxis anzubieten, um so die Entwicklung entsprechender Fähigkeiten sicherzustellen. Der partizipative Führungsstil verbreitet sich schneller als das partizipative Lernen in der Aus- und Weiterbildung.

Diejenigen, die Hilfe benötigen, tragen aufgrund ihrer Anlage selbst zum Fehlen effektiver Beratung bei. Für eine Krisensituation ist es meist typisch, dass erst ein großer Leidensdruck vorhanden sein muss, bevor die Motivation entsteht, Hilfe zu suchen. Und dann wird angesichts der Zeitdrucks, der nach schnellen Lösungen verlangt, eine wirkungsvolle Beratung sehr erschwert.

Ein anderes schwerwiegendes und weit verbreitetes Hindernis ist die Einschätzung, „Selbermachen" sei der beste Beweis für Kompetenz und das Ersuchen um Hilfe ein Zeichen der Schwäche. Wenn in Organisationen die Mitarbeiter in Linienpositionen (die Produzenten) am höchsten bewertet werden, besteht eine Abneigung dagegen, in Stabsmitarbeiter wie zum Beispiel interne Berater zu investieren. Wenn Hilfe notwendig ist, greift man jedoch am liebsten auf eigene Kräfte zurück, um zu verhindern, dass die Schwierigkeiten nach außen dringen. Häufig ist die für bestimmte Probleme benötigte Art von Hilfe nicht innerhalb der Organisation verfügbar. Selbst dann weigern sich viele Leute noch, die geeignete Hilfe außerhalb zu suchen.

Dies bedeutet, dass die potentiellen Beratungskunden nicht darüber informiert sind, wie man die Chancen der Beratung erkennt, Berater rekrutiert und ihre Dienste nutzt. Sie neigen dazu, die Diagnose als einen notwendigen Ausgangspunkt für die Erarbeitung einer Problemlösung abzulehnen. Sie haben keinen Blick für den erforderlichen Finanzbedarf; und sie sind nicht darauf eingestellt, methodische Hilfe bei der Problemlösung in Anspruch zunehmen, sondern wollen lieber jemanden, der ihnen die Antworten fix und fertig serviert.

Es kommt hinzu, dass diejenigen, die Hilfe liefern, als interne oder externe Problemlöser nicht für die interdisziplinäre Teamarbeit ausgebildet sind. Es fehlt ihnen außerdem eine Schulung in „systemischem Denken".

Dies sind nur einige wenige Gründe dafür, warum die Inanspruchnahme von Beratern so weit hinter dem eigentlichen Bedarf zurückbleibt, und warum die professionellen und freiwilligen Berater relativ unvorbereitet sind, in unterschiedlichen Problemlösungssituationen flexibel und kompetent zu arbeiten.

## Dimensionen des Beratungsprozesses

Im Folgenden nennen wir einige der Dimensionen, derer wir uns bei unserem Nachdenken über wirksame Hilfeleistung in Beratungssituationen bedienen. Dieses Gerüst wird in späteren Kapiteln ergänzt.

### Die Phasen des Beratungsprozesses

Es ist sinnvoll, den Beratungsprozess in sechs Phasen zu unterteilen. Diese Phasen und die Arten der Arbeitsaufgaben, die Klient und Berater in jeder Phase zu erfüllen haben, werden in Kapitel 2 untersucht.

### Rollen und Funktionen der Berater

Die funktionalen Unterschiede und Ähnlichkeiten zwischen internen und externen Beratern einerseits und zwischen professionellen und freiwilligen Helfern andererseits werden in Kapitel 4 dargestellt; desgleichen, wie diese Unterschiede in Position und Verantwortung die Art der Hilfe beeinflussen, die jeder geben kann. Es werden ein Dutzend verschiedene

Rollenfunktionen unterschieden, so dass sich ein Berater an jedem Punkt des Beratungsprozesses über seine Rolle und seine Funktion klar werden kann. Jeder kompetente Berater muss flexibel genug sein, um mehreren Rollen gerecht werden zu können.

## Kontexte für Interventionen

Wie bei der Lektüre dieses Buches deutlich werden wird, gehen wir die Herausforderung, dem Klienten zu helfen, mit einem aktiven Ansatz an, indem wir Bereitschaft und Potential zur Verbesserung der Situation untersuchen, anstatt reaktiv den Schwerpunkt auf die Analyse des Leidensdrucks zu legen. Es wird sich dabei zeigen, dass dies nicht bedeutet, Leiden und Probleme zu verdrängen, sondern vielmehr die Situation für den Klienten so umzudeuten, dass sich Perspektiven für gewünschte Ergebnisse dieses Problem-/Leidenskontextes auftun.

Berater können es mit ganz unterschiedlichen Problemkontexten zu tun haben. Die Strategien des Helfens für diese verschiedenen Zusammenhänge sind meist unterschiedlich. Wir werden die jeweiligen Kontexte mit den entsprechenden Strategien in Kapitel 3 behandeln. Hier zunächst eine kurze Nennung einiger dieser Interventionskontexte:

– Die Situation des *Stellenabbaus,* in der der Klient Hilfe bei den Herausforderungen und Anforderungen von Kürzungen braucht (mit wenigeren mehr leisten);
– die Situation der *Expansion,* des raschen Wachstums, in der der Klient mit der Komplexität und den gewaltigen Herausforderungen der Ausweitung des Unternehmens konfrontiert ist;
– die Situation der *Dezentralisierung,* in der es zu wichtigen Verlagerungen in den Zuständigkeiten und in der Kommunikationsstruktur des Klienten kommt;

- die Situation der *Fusion,* in der zwei oder mehr Systeme die Aufgabe haben, ihre Strukturen und Aufgaben zu vereinen;
- die Situation der *Qualitätsverbesserung,* in der die Entscheidung gefallen ist, die Qualität von Produkt und Produktionsprozess zu verbessern;
- die Situation der *Demonstration und breiten Anwendung,* in der z. B. eine Innovation oder ein neues Verfahren im Personalwesen in einem Bereich des Systems ausprobiert wird, damit die Erkenntnisse und das Modell anschließend auf alle relevanten Teile des Systems angewandt werden können; und
- die Situation der *Entropieprävention,* in der es darum geht, ein Nachlassen des Schwungs zu verhindern und die Energie, die bei größeren Anstrengungen zur Veränderung entsteht, zu erhalten.

Eine der Herausforderungen ausgereifter Beratung besteht darin, eine diagnostische Sensibilität für solche unterschiedlichen Kontexte und ein Repertoire an entsprechenden Strategien zu entwickeln.

## Die Arten von Klientensystemen

In manchen Fällen ist das Klientensystem eine Person oder eine kleine interpersonelle Einheit wie zum Beispiel ein Paar oder eine Familie; in anderen Fällen mag es eine kleine Gruppe sein (z. B. ein Team, ein Ausschuss, eine Mitarbeitereinheit).

Der Klient kann eine ganze Organisation sein (z. B. ein Unternehmen, eine Behörde, ein Amt, ein Verband); oder er kann ein interorganisatorisches System wie zum Beispiel eine Gemeinschaft – ein Staat oder eine Nation – oder ein internationales System sein. Der Umfang des Klientensystems bestimmt, über welche Fähigkeiten der Berater verfügen muss und welche Form der Beratung angemessen ist.

Manche Berater spezialisieren sich auf bestimmte Arten von Klientensystemen, mit denen sie arbeiten. Andere Berater arbeiten mit allen Klientensystemen, spezialisieren sich jedoch auf bestimmte Probleme und Methoden.

Klienten lassen sich nach der Art ihrer Aufgaben, ihrer Tätigkeiten und ihrer Produkte klassifizieren. Zum Beispiel:

– Wirtschaftliche Systeme: Geschäftswelt, Industrie, Handelskammern, Verbände;
– Politische Systeme: politische Parteien, Stadtverwaltungen, Gouverneursdienststellen;
– Bildungssysteme: Schulen, Universitäten, Erwachsenen-Bildungsprogramme, Erziehungsministerien;
– Religiöse Systeme: Kirchen, Seminare, Klöster;
– Freizeit- und Erholungssysteme: Erholungsprogramme, Freizeitorganisationen, Naturschutzgebiete, Ferienlager, Hobby-Vereine;
– Kulturelle Programme: Theater, Museen, Kunstausbildungsstätten, Musikgesellschaften;
– Wohlfahrtssysteme: Armutprogramme, Arbeitslosigkeitsprogramme, Ernährungsprogramme, subventionierter Wohnungsbau;
– Gesundheitssysteme: Krankenhäuser, Kliniken, Gesundheitserziehung;
– Soziale Schutzeinrichtungen: Gerichte, Polizei, Rechtshilfeorganisationen, Institutionen zum Schutz bürgerlicher Freiheiten;
– Massenkommunikationssysteme: Zeitungen, Radio, Fernsehen;
– Geographische Gesamtheiten: Nachbarschaften, Gemeinden, Verwaltungsbezirke, Regionen.

Gegenwärtig verfügen alle diese Systeme über Programme für die Rekrutierung, die Ausbildung und den Einsatz professioneller und freiwilliger Helfer, aber der Bedarf ist größer als das Angebot. Die Einsatzmöglichkeiten für professionelle Berater und ausgebildete freiwillige Helfer nehmen in allen diesen Teilen der Gemeinschaft und des nationalen Lebens ständig zu.

## Kontakte und Arbeitsschwerpunkte

Helfende Beziehungen können sich hinsichtlich ihrer Dauer und der Häufigkeit der Kontakte stark unterscheiden. Eine helfende Beziehung kann zum Beispiel bestehen in:

- einem einmaligen Kontakt, einer einzigen Konsultation, einem eintägigen Lehrgang oder einem kurzen Workshop;
- einem einzelnen intensiven Kontakt mit anschließenden unterstützenden Kontakten;
- einer genau festgelegten Serie von Sitzungen, z. B. sechswöchentliche Sitzungen, ein Halbjahreskurs, ein dreistufiges Ausbildungsprogramm;
- einem Kontrakt von unbestimmter Dauer, dessen Beendigung gemeinsam beschlossen wird, wenn die Arbeit getan ist.

Klient und Berater können ihre Beziehung informell regeln oder einen formellen Beratungsvertrag abschließen. Der Berater muss sich den richtigen Arbeitsschwerpunkt aussuchen, damit die Problemlösung in der geeigneten Weise gefördert wird. Seine Bemühungen können sich konzentrieren auf

- das Funktionieren eines ganzen Systems, z. B. die ganze Familie, die Mitarbeitergruppe, die gesamte Behörde;
- einen bestimmten Teil des Klientensystems, z. B. die Mutter, den Unternehmenspräsidenten, eine Abteilung;

- eine Aufgabe oder ein Problem des Klienten, z. B. Zielsetzung, Abbau von Klischees, Steigerung des Vertrauens, Erhöhung der Wirksamkeit von Entscheidungen;
- die Beziehung zwischen zwei Personen, zwei oder mehr Gruppen oder die Beziehungen zwischen Behörden.

Eine Intervention kann sich auch auf den Inhalt der helfenden Bemühungen richten. Zum Beispiel können sich die Bemühungen des Beraters auf bestimmte Aufgaben oder Prozesse beziehen. Bei den aufgabenbezogenen Bemühungen kann es darum gehen, Ressourcen zu mobilisieren, Ziele zu setzen, Werte zu klären, Alternativen zu entwickeln, Bewertungspläne zu erarbeiten und vieles andere mehr, wie in Kapitel 2 ausgeführt wird. Bei den prozessorientierten Bemühungen kann es darum gehen, Konflikte beizulegen, Vertrauen zu entwickeln, verborgene Zielsetzungen aufzudecken und Kommunikationsbarrieren zu erkennen.

### Die erweiterte Rolle des professionellen Beraters

Es ist schwer, die Grenzen der Rolle des Beraters bzw. professionellen Helfers exakt zu definieren, denn diese Rolle und ihre Anforderungen weiten sich ständig aus. Wir haben diese Rolle für uns selbst unter anderem in folgender Weise umfassender definiert:

1. *Ausbildung von Ko-Beratern.* Aufgrund der höheren Komplexität der Probleme der Klienten und des Lern- und Unterstützungspotential von Teamarbeit ist es uns inzwischen sehr wichtig, bei der Beratungstätigkeit ein Team mit ein oder zwei Kollegen zu bilden. Dazu gehört es, unsere Arbeitsbeziehungen bei der Arbeit mit dem Klienten zu beobachten und Möglichkeiten zu finden, die Effektivität des Teams zu steigern. Die Qualität unserer Leistung steigt dadurch, dass wir uns auf die Planung für den Klienten so-

wie auf komplementäre Beratungsfunktionen und eine
gründliche Auswertung konzentrieren, um aus jeder Erfahrung zu lernen und weitere Verbesserungen einbauen
zu können.

2. *Klientenvertreter ins Beratungsteam aufnehmen.* Bei jedem Klienten versuchen wir, mindestens ein bis zwei Personen aus dem Klientensystem in das Ko-Beratungsteam
einzubeziehen. Es ist meist recht leicht, hierfür die Zu-
stimmung der Geschäftsleitung zu erhalten, da davon ausgegangen wird, dass wir die Fähigkeiten der internen
Teammitglieder steigern und es ihnen dadurch ermöglichen, die meisten oder sogar alle unsere Aufgaben zu übernehmen. Ein großer Vorteil für uns ist dabei, dass sie als
Angehörige der Organisation diagnostische Sensibilität
mitbringen, uns Feedback über Reaktionen des Klienten
geben können und außerdem Zugang zum zentralen Per-
sonalnetz haben.

3. *Ausbildung von Moderatoren (Facilitators) innerhalb des
Klientensystems.* Um Qualität und Kontinuität unserer
Beratungsinterventionen sicherzustellen, halten wir es für
entscheidend, Prozessmoderatoren in allen Teilen des Klientensystems auszubilden. In jedem Arbeitsbereich gibt es
Menschen, die interessiert und dafür aufgeschlossen sind,
dass „die Dinge besser laufen". Mit Unterstützung ihrer
Vorgesetzten rekrutieren wir sie und bilden sie zu Sit-
zungsmoderatoren, Qualitätsmanagement-Beratern, Leitern von Spezialeinsatzgruppen und Mitgliedern des Trainingsnetzes aus. In einem Klientensystem, zum Beispiel,
haben hundertfünfzig Linienmitglieder innerhalb des Trainingsnetzes den Wirkungsgrad und die Qualität des Trainingsprogramms vollkommen verändert; sie widmen sich
im Jahr zehn bis fünfzehn Tage lang dieser von der Geschäftsleitung geförderten Aufgabe.

4. *Steigerung der Flexibilität und Vielfalt des Beratungsangebots.* Früher haben wir klare Grenzen zwischen den Aufgaben von Beratern, Trainern, Coachs und Informationsspezialisten gezogen. Diese haben sich im Laufe der Jahre allerdings in der Praxis verwischt; je nach Problem, das der Kunde gelöst haben möchte, erfüllen wir die eine oder andere – oder alle diese Funktionen. Wie man ein entsprechendes Repertoire an Methoden aufbaut, wird in Kapitel 3 behandelt.

5. *Jungen Berufstätigen Wachstumschancen liefern.* Unserer Meinung nach sind praxisorientierte Lernchancen auf Trainee- oder Praktikumsebene eine entscheidende Ergänzung zu den theoretisch ausgerichteten Lernmaßnahmen der meisten Berufs- und Fachausbildungsprogramme.

## Zusammenfassung

In den vorangegangenen Abschnitten haben wir versucht, die Grundansätze zur Beratung zu erläutern, die sich über die Jahre aus unserer Praxis entwickelt haben. Wir möchten einige unserer Ideen, Konzepte und Instrumente weitergeben, die zu entscheidenden Elementen unseres fachlichen Repertoires an Interventions geworden sind.

# 2 Sechs Phasen im Beratungsprozess

Wir sehen Beratung als einen Prozess, der in verschiedenen Stufen oder Phasen abläuft. In jeder Phase haben der Berater und sein Klient eine Reihe alternativer Möglichkeiten, wie sie sich verhalten, wie sie zusammenarbeiten und wie sie weiter fortschreiten wollen. Diese Entscheidungen über die Zusammenarbeit und ihr Verhalten können Reaktionen des Beraters auf Wünsche, Bedürfnisse oder Probleme des Kunden sein. Sie können aber auch ursprünglich vom Berater ausgehen, um beim Kunden den Wunsch nach besserer Zusammenarbeit mit einem Berater, nach Hilfe, nach Abschluss eines Beratungsvertrags oder nach Anstrengung zum Lösen eines Problems auszulösen.

Diese Zusammenarbeit kann die verschiedensten Formen annehmen. Sie kann ganz informell sein, Ausdruck des Gebens und Nehmens zwischen Freunden oder Ergebnis einer überlegten Erziehungsanstrengung von Eltern, älteren Freunden oder die Einarbeitung durch einen erfahreneren Mitarbeiter. Genauso gut kann aber auch ein professioneller Berater auf den verschiedensten Gebieten – z. B. ein Arzt, Rechtsanwalt, Sozialhelfer, Psychologe, ein Spezialist für Organisationsentwicklung oder ein Managementtrainer im Rahmen eines formalen Kontraktes Beratung ausüben. Der Berater kann innerhalb der Gruppe oder des Systems arbeiten (interner Berater) oder von außen, beispielsweise als Freiberufler (externer Berater).

Der Ablauf all dieser Beratungsprozesse kann im Allgemeinen mit den gleichen sechs Phasen oder Stufen beschrieben werden. Dagegen gibt es erhebliche Unterschiede bei den Aufgaben bzw. Rollen der Berater und den Entscheidungen, die sie zu treffen haben.

Folgende sechs Phasen in der Zusammenarbeit halten wir für
die Zusammenarbeit von Beratern und Kunden für besonders
wichtig:

1. Kontakt und Einstieg
2. Formulierung des Kontrakts und Aufbau einer Arbeitsbeziehung
3. Definition des Problems und diagnostische Analyse
4. Zielsetzung und Vorgehenspläne
5. Durchführung und Erfolgskontrolle
6. Sicherung der Kontinuität

Es folgt ein kurzer Überblick über die Aufgabenstellung in
den verschiedenen Phasen. Dabei haben wir einige, während
einer Diskussion mitgeschnittene persönliche Kommentare
verarbeitet, um eine anschauliche, auf Erfahrung beruhende
Fallstudie zu bieten.

## PHASE I: Kontakt und Einstieg

### *Arbeitsschwerpunkt 1:*
### *Initiative zur ersten Kontaktaufnahme*

Der erste Kontakt für eine potentielle Beratungsbeziehung
kann aus den folgenden drei Bereichen stammen:

1. *Der potentielle Klient.* Ein gewisser Leidens- oder Pro-
   blemdruck kann dazu veranlassen, sich nach Hilfe durch
   bestimmte Formen der Beratung umzusehen. Anstelle des
   Leidensdrucks kann auch der Wunsch nach Verbesserung
   der eigenen Wettbewerbsfähigkeit durch höhere Produktivität oder Effektivität treten. Bei anderen Organisationen
   kann es sogar üblich sein, Berater auszuwählen oder ständig in Anspruch zu nehmen. Die Kontaktaufnahme mit einem Berater kann viele Gründe haben; man sucht vielleicht die größere Erfahrung, man will sich ihrer Reputa-

tion versichern, man interessiert sich für deren Spezialisierung auf bestimmte Problembereiche oder sucht vielleicht auch überhaupt irgendeinen Berater, um dann den ersten besten zu nehmen.

2. *Der potentielle Berater.* Vielleicht sucht der Berater ganz allgemein nach neuen Aufträgen. Vielleicht hat er auch mit einem anderen, ähnlichen Klienten erfolgreich zusammengearbeitet und will seine Kenntnisse weiter verwerten. Vielleicht kennt er auch ähnliche Probleme, wie sie dieser Kunde hat, und ist mit diesen schon früher fertig geworden. Vielleicht will der Berater auch bestimmte Wertvorstellungen verwirklichen, indem er beispielsweise bemüht ist, Klienten in Fragen des Umweltschutzes oder der Humanisierung der Arbeitswelt zu beraten und sie für diese Ziele zu überzeugen.

3. *Eine dritte Person.* Dies könnte jemand sein, der bei einem Klienten das Bedürfnis nach Hilfe wahrnimmt und der professionelle Fertigkeiten und Kräfte kennt, die durch eine Beratung verfügbar werden. In diesem Fall unternimmt es der Dritte, die beiden zusammenzubringen. Seine Initiative kann vielleicht nur eine Empfehlung sein, vielleicht arrangiert er auch ein Dreiertreffen zwischen Mitberater und Klienten. Falls der Dritte selbst eine entsprechende Position hat, kann er den Berater einfacher hinzuziehen und beauftragen, dort zu helfen, wo er Hilfe für nötig hält. Macht es nun einen Unterschied, ob es sich dabei um einen internen oder einen externen Berater handelt? Der interne Berater kennt die jeweiligen Probleme oder Schwierigkeiten der Organisation vielleicht am besten. Andererseits ist es für den potentiellen Klienten wahrscheinlich schwerer, einem Kollegen gegenüber das Bedürfnis nach Hilfe einzugestehen. Für den internen Berater selbst ist es natürlich einfacher und billiger, wenn er von einem Dritten den Fall übertragen bekommt. Für den externen Berater ist es am Anfang schwieriger, weil er von „draußen"

nicht so leicht einen akzeptablen Einstieg erzielen kann.
Umgekehrt hat aber der Externe einen gewissen Vorteil
darin, dass es manche Klientensysteme oft leichter finden,
einen Außenstehenden an ihren Problemen teilhaben zu
lassen. Außerdem wird ihm oft der Vertrauensbonus einer
größeren fachlichen Qualifikation entgegengebracht. Vermittlung durch eine dritte Partei stellt eine Verbindung
zwischen dem Außenstehenden und einem System her, das
die dritte Partei für hilfsbedürftig hält.

*Beispiele aus unserer Erfahrung*

Ron:
Häufig bekomme ich zu einem neuen Klienten dadurch Kontakt, dass er mich anruft. Ganz typisch ist z. B. der Anruf, den
ich von einer Universität erhielt. Man fragte mich, ob ich Interesse daran hätte, ein Programm zur fachlichen und persönlichen Entwicklung von Doktoranden zu leiten. Nachdem
wir etwas diskutiert hatten, um herauszufinden, worum es
wirklich ging, dachte ich, sie sollten sich die Sache selbst noch
etwas weiter durchdenken, bevor ich eine klare Antwort darauf geben konnte, ob ich selbst der geeignete Mann für sie wäre. Ich stellte verschiedene Fragen und schlug vor, dass ich die
Antwort in ein bis zwei Tagen brieflich erhalten soll. Ich ver-
sprach, ihnen dann entweder einen schriftlichen Vorschlag
über meine Möglichkeiten zu machen, ihren Bedürfnissen, so
wie ich sie verstand, entgegenzukommen, oder ihnen einen
anderen, geeigneteren Berater zu empfehlen. Ihr Brief war interessant, und ich gab mir Mühe, ihnen in einer vierseitigen
Notiz zwei Alternativen über mögliche Ziele und Vorgehensweisen anzubieten. Ich erläuterte die unterschiedlichen Kosten und stellte dar, welche Informationen sie zu Beginn des
Programms selbst sammeln müssten.

Gordon:
Ja, häufig läuft der erste Kontakt über das Telefon. Ich erhielt
einmal einen überraschenden Anruf. Der Personaldiektor ei-

ner großen Firma fragte, ob ich bereit sei, mich einmal einen halben Tag mit ihm zu einer Diskussion zusammenzusetzen. Ich war überrascht und wollte wissen, worum es ginge. Er sagte, er wolle mit mir über Organisationsentwicklung sprechen. In Wirklichkeit stellte sich heraus, dass der Chef persönlich mich kennenlernen wollte, um herauszufinden, ob ich der richtige Mann für sie sei. Wir einigten uns darauf, mit dem Chef einmal zu Mittag zu essen. Er fand dabei schnell heraus, dass wir die gleiche Wellenlänge hatten. Tags darauf erhielt ich einen Anruf, dass ein Vorprojekt zur Planung weiterer Vorgehensmöglichkeiten genehmigt worden sei.

Ron:
Es scheint also recht wichtig zu sein, schon beim ersten Gespräch mehr in die Tiefe zu gehen, die wahren Bedürfnisse des Klienten zu untersuchen und deutlich zu zeigen, wo man selbst steht?

Gordon:
Ja, das ist im Mittelpunkt. Einmal erhielt ich einen Brief von einem Bildungsinstitut, die in einem Zweitageseminar verschiedene Probleme der menschlichen Beziehungen und Entscheidungsfindung in ihrer Institution klären wollten. Ich antwortete ziemlich ausführlich und zeigte, dass das nicht so einfach sei. Ich machte einen anderen Vorschlag, wie man das Problem angehen könne, und erläuterte auch die Kosten. Obwohl ich die Erwartung ausgesprochen hatte, dass sie diesen von ihrer ursprünglichen Zelsetzung weit entfernten Vorschlag nicht annehmen würden, antworteten sie zu meiner Überraschung, dass sie mir für die offene Kritik an ihrer ursprünglichen Idee dankbar seien und gerne mit mir arbeiten würden.

Ron:
Ein anderes gutes Beispiel war folgendes: Wir schrieben im Abstand von einer Woche zwei Werbebriefe an eine bestimmte Zielgruppe (kleinere Unternehmen in unserem Gebiet). Der erste Brief erläuterte, wer wir sind und welche Be-

ratungserfahrungen wir mit ähnlichen Firmen gemacht hatten. Der zweite Brief war spezieller. Er enthielt die Einladung zu einem dreistündigen Arbeitsessen, bei dem wir sozusagen in einem Mini-Seminar einerseits Informationen von unserer Seite geben wollten, andererseits die Teilnehmer zur aktiven Mitarbeit aufforderten. Auf dem Seminar selbst gaben wir schriftliche Unterlagen aus und fragten alle Teilnehmer später telefonisch, ob sie ihre Probleme weiter verfolgen möchten. Von jeweils ca. 20 Werbebriefen erhielten wir 8–10 Teilnehmer und daraus wiederum 2–4 Beratungskunden.

Gordon:
Häufig beginnt eine erfolgreiche Zusammenarbeit durch das informelle Gespräch mit unseren Seminarteilnehmern. Wir schlagen dann vor, später nachzufassen und zu besprechen, wie sich die im Seminar gewonnenen Anregungen weiter verwerten lassen.

Ron:
Wenn Dritte den Kontakt vermitteln, erweist es sich häufig als schwierig, aus der Mitarbeit durch Zwang eine freiwillige Mitarbeit zu machen. Z. B. bat uns ein Schulleiter, mit seinen Mitarbeitern ein durch neue Vorschriften notwendig gewordenes System der Buchhaltung und Leistungsbeurteilung einzuführen. Die Herausforderung für uns bestand darin, aus diesem schlechten Start heraus eine engagierte Zusammenarbeit zu erreichen, in der die Mitarbeiter den Vorteil für sich selbst erkennen und im Berater mehr sehen als nur den Handlanger ihres Chefs.

Gordon:
Vor kurzem musste ich erst einmal das Verhältnis zwischen dem Direktor einer Behörde (meinem Auftraggeber) und dem Planungsausschuss(den Vertretern der Mitarbeiter) abklären. Ich verhielt mich zuerst wie ein Vermittler, um gemeinsame Ziele festzulegen.

Manchmal besteht die Schwierigkeit nämlich gerade darin, dass man „von ganz oben" beauftragt wird, „endlich einmal diese ... Abteilung auf Vordermann zu bringen!"

Ron:
Ein solches „auf Vordermann bringen" ist nach meiner Erfahrung einer der Hauptfallstricke der Einstiegsphase. Die Person, die meine Rechnung bezahlen wird, lädt mich in ihr System ein, ohne dass es zu ersten Kontakten mit den zukünftigen Klienten kommt. Ich mache dem Chef in dieser Situation klar, dass er mit einer solchen Strategie keinen Erfolg haben wird. Seine Untergebenen werden es ihm übel nehmen, dass er unsere Beziehung in Auftrag gegeben hat, und werden meinen Bemühungen widerstehen, so dass der potentielle Nutzen meiner Hilfe verloren geht. Meistens kann ich ihn dazu bringen, eine Sitzung mit seinen Mitarbeitern zu veranstalten, in der überlegt wird, „was wäre, wenn ...", was den Mitarbeitern die Option gibt, darum zu bitten, mit mir zu arbeiten. Die Risikofreudigen unter ihnen sind dann bereit, und die anderen werden in zwei, drei Phasen auf den Wagen aufspringen, wenn sie bei den Kollegen den Erfolg sehen.

Gordon:
Du erinnerst dich bestimmt noch an das „Empfehlungsverfahren", von dem einige unserer Tavistock-Kollegen in London berichtet haben. Sie wollten einen potentiellen Klienten über einen bisherigen Kunden gewinnen, mit dem sie erfolgreich gearbeitet hatten. Sie hatten für einen Vormittag einen Besuch einer Gruppe von Vertretern der potentiellen Kundenorganisation bei den entsprechenden Führungskräften, Ingenieuren und Mitgliedern der Personalabteilung der Organisation arrangiert, in der sie mit Erfolg gearbeitet hatten. Dann hatten sie sich selbst mit den Besuchern getroffen, um zu erfahren, welche Maßnahmen diese interessant gefunden hatten, und überlegten darauf hin, was zu tun sei, um die entsprechenden Verbesserungen zu erzielen. In einem nächsten Schritt halfen sie ihren Besuchern zu erkunden, welche Mo-

difikationen für ihre Organisation angebracht seien. Sie be-
tonten, dass exaktes Kopieren für deren Situation nicht pas-
se, abgewandelte Maßnahmen dagegen machbar seien. Meistens endete ein solcher Tag damit, dass die Berater mit den
Besuchern einen Termin in deren eigenem System vereinbarten, um einen Teil der Überlegungen in der Praxis auszuprobieren.

Ron:
Ich würde sagen, zwei grundsätzliche Dinge, die ich über den
Einstieg gelernt habe, sind, dass nicht alle gleichzeitig zur Ver-
änderung bereit sind und dass diejenigen Personen, die die
Änderungen umsetzen sollen, in der Einstiegsphase unbe-
dingt einbezogen werden müssen.

Gordon:
Wir sollten auch immer daran denken, dass die Haltung des
Beraters in noch stärkerem Maße die eines „Lernenden" sein
sollte und weniger die eines „Verkäufers".

## *Arbeitsschwerpunkt 2:*
## *Hilfe beim Erkennen und Klären des Veränderungszieles*

Nach der Kontaktaufnahme müssen einige Dinge untersucht
werden. Meist ist es ein Fehlschluss anzunehmen, das Problem, das der potentielle Klient präsentiert, sei tatsächlich das
entscheidende Problem. Nach unserer Ansicht besteht das ef-
fektivste Vorgehen des Beraters in dieser Situation darin, das
Problem zusammen mit dem Kunden auszuloten; der Berater
sollte davon ausgehen, dass das Klientensystem in demselben
Maße, wie es ein diagnostisches Bewusstsein erlangen will,
auch Einsichten über das Problem benötigt. Zum zweiten Arbeitsschwerpunkt gehört es daher auch, dem Klienten behilflich zu sein, das Problem überhaupt richtig zu erkennen und
zu klären und damit einen weiteren Ursachenhorizont zu
eröffnen.

Manchmal ist der potentielle Berater in dieser Phase einfach legitimierter Zuhörer und Fragesteller, manchmal Fachmann in der Analyse oder Diagnose des Trainings- oder Beratungsbedarfs. Manchmal muss der Berater in dieser Phase mit verschiedenen Problemen fertig werden: Mangel an Sensibilität für die Notwendigkeit einer Veränderung, zu geringes Verantwortungsgefühl oder Unfähigkeit, Veränderungsbemühungen aufzugreifen und selbst weiter zu tragen. In dieser Situation kann es zweckmäßig sein, die Aufmerksamkeit des potentiellen Beratungskunden darauf zu lenken, wie andere Systeme ähnliche Probleme erkannt und verarbeitet haben. Oft muss man Kunden befragen, wobei Personen in verschiedenen Positionen des Klientensystems einander helfen, ihre Vorstellungen und Probleme zu äußern. Die Offenheit der Kunden während einer solchen Befragung wird durch die Objektivität der Befragungssituation und durch die Art der Fragestellung gefördert.

Wo liegen hier die Vor- und Nachteile interner bzw. externer Berater? Der interne Berater kann gewöhnlich besser sondieren, zuhören und erklären. Gerade diese Tätigkeiten können aber aufgrund seines internen Status bei den Klienten Abwehrreaktionen hervorrufen. Der externe Berater hat den Vorteil, gefahrlos „naive" Fragen stellen zu können. Er ist wahrscheinlich freier, Untersuchungsmethoden mit der Autorität des Sachverständigen, der von außen kommt, vorzuschlagen und durchzuführen. Ihm fehlt jedoch die Kenntnis darüber, wie die Probleme mit der Geschichte des Klientensystems und seiner bisherigen Führungsprobleme zusammenhängen.

*Beispiele aus unserer Erfahrung*

Ron:
Eine der wertvollsten Methoden zum Erkennen von Problemen und Klären der Bedürfnisse ist das Gruppeninterview. In

einem Projekt im Bereich der öffentlichen Verwaltung ging es
um Probleme schlechter Kommunikation und Zusammenarbeit zwischen verschiedenen Abteilungen. Wir führten eine
Serie von fünf Gruppeninterviews mit sechs oder sieben Personen in jeder Gruppe durch. Alle Gruppen waren heterogen,
d. h. ihre Mitglieder kamen aus verschiedenen Abteilungen
oder Behörden. Während der Interviews inspirierten die Teilnehmer sich gegenseitig, und die Art, wie sie zusammenarbeiteten und sich zueinander verhielten, gab uns einige Informationen über die dortigen Probleme in Kommunikation
und Zusammenarbeit.

Gordon:
Ich benutze häufig eine schnelle, anonyme schriftliche Befragung der wichtigsten Leute im Management. Wenn ich die Befragung ausgewertet habe, teile ich die Ergebnisse allen Teilnehmern in einer Gruppensitzung mit. Wir sprechen darüber,
wie diese Informationen zu interpretieren seien, und versuchen, die Probleme noch genauer zu erfassen.

Ron:
Eine andere zweckmäßige Technik kann es sein, eine kleine,
repräsentative Gruppe von Mitgliedern der Organisation auszuwählen. Sie werden aufgefordert, sich vorzustellen, sie sei-
en ein Expertenteam außerhalb der Organisation und hätten
nun die Aufgabe, deren Stärken und Schwächen zu analysieren. Wir stellen Listen aller gefundenen Punkte auf. Diese auf
Brainstorming beruhenden Listen sind oft eine recht gute Informationsgrundlage.

Gordon:
Die meisten Methoden der Bedarfsanalyse finde ich unzureichend, weil sie eher die negative, kritische Haltung verstär-
ken und zeigen, „was schief läuft", anstatt den Blick nach
vorne zu richten auf das, „was wünschenswert wäre", „was
die möglichen Alternativen sind".

Ron:
In dieser Phase sind für mich KURT LEWINS Prinzipien der Handlungsforschung von grundlegender Bedeutung. Wenn wir es schaffen, das potentielle Kundensystem bei der Sammlung der diagnostischen Daten einzubeziehen, wird dies zu einem wichtigen Anreiz zur Selbsterkundung und der Anerkennung der Glaubwürdigkeit der Daten.

## Arbeitsschwerpunkt 3: Untersuchung der Veränderungsbereitschaft

Dies ist eine wichtige, gemeinsam zu bewältigende Aufgabe, in der der Berater die Bereitschaft des Klientensystems, Zeit und Energie zu opfern, untersucht. Sie fordert die engagierte Mitarbeit geeigneter Personen am Problemlösungsprozess. Andererseits lernt das Klientensystem die Kompetenz, Feinfühligkeit, Glaubwürdigkeit und Vertrauenswürdigkeit des Beraters kennen.

Fast jede Art von Veränderung erfordert Änderungen in den Aufgabenprioritäten der Mitarbeiterschaft und dem Engagement der Führungskräfte bei zusätzlichen Aufgaben. Das zeitliche Engagement der internen Teammitglieder muss geklärt werden. Zu diesem Zeitpunkt mag es manchen Führungskräften schwer fallen, mögliche Vorteile des Zusatzaufwandes zu erkennen und zu akzeptieren. Zusätzliche Arbeit wird möglicherweise als Störfaktor eines bereits überladenen Arbeitspensums angesehen.

*Beispiele aus unserer Erfahrung*

Gordon:
Ich spüre an diesem Punkt immer einen großen Vertrauenszuwachs, wenn ich ein oder zwei aufgeweckte Mitarbeiter in der Organisation ausmachen kann, die daran interessiert

sind, die professionellen Methoden zu lernen, und die der Geschäftsleitung den langfristigen Nutzen für die Organisation
klar machen können, wenn diese Mitarbeiter die Zeit und Unterstützung bekommen, mit mir zu arbeiten.

Ron:
Ja, und es macht auch einen Unterschied, wenn das Management darin unterstützt wird, Klausursitzungen oder Wo-
chenend-Workshops oder eine Reihe von zweistündigen Sitzungen vor Ort als normalen Teil des Prozesses zu sehen, der
innovative Veränderungen einführt, die sich „unterm Strich"
positiv auswirken werden.

Gordon:
Der Hauptpunkt besteht wohl darin, die erforderlichen Maßnahmen, die sich aus dem Problemlösungsprozess ergeben,
aus einer offenen und positiven Haltung heraus und nicht defensiv anzugehen.

## Arbeitsschwerpunkt 4:
## Untersuchung der Möglichkeit zur Zusammenarbeit

Jede Partei prüft hier, wie sie mit der anderen in der Zusammenarbeit „auskommt". Gegenüber dem internen Berater,
mit dem man schon gut vertraut ist, können die Antworten
oft auf falschen Vorurteilen beruhen. Der Klient wird – vielleicht unausgesprochen – die Schwierigkeiten fürchten, die
sich ergeben, wenn er die Arbeitsbeziehung zu dem internen
Berater auflöst. Einfacher ist es da schon, den Vertrag eines
externen Beraters zu kündigen. Der Außenstehende kann oft
leichter klären, welche Ressourcen nun wirklich zur Verfügung stehen. Viele außenstehende Berater halten es in dieser
Phase für wichtig, zunächst einmal eine Probezeit zu vereinbaren, bevor eine langfristige Verpflichtung eingegangen
wird.

*Beispiele aus unserer Erfahrung*

Ron:
Um die Veränderungsbereitschaft klar zu erkennen, haben wir zusammen mit einigen Klienten eine Liste akzeptabler Argumente aufgestellt, warum eine Änderung zu diesem Zeitpunkt nicht passt, bzw. warum man sich gerade jetzt dafür engagieren sollte. Daraus machen wir eine Checkliste als Diskussionsgrundlage und fordern dazu auf, die einzelnen Gründe zu gewichten. Diese Vorgehensweise bringt ans Tageslicht, was den Einzelnen am Herzen liegt, macht es legitim, Vorbehalte zu äußern und erlaubt eine offene, gemeinsame Entscheidung.

Gordon:
Häufig bitte ich meinen Verhandlungspartner einfach, alle Betroffenen schnell einmal hereinzuholen, und teile ihnen mit, wer ich bin und warum ich da bin. Das ermutigt sie, mir klärende Fragen zu stellen und ihren Zweifeln oder ihrer Unterstützung Ausdruck zu geben.

Ron:
Eine recht interessante Erfahrung habe ich in einem Krankenhaus gemacht. Hier ging es darum herauszufinden, wer meine Klienten und Gesprächspartner sein würden. Ich sprach mit einer Reihe von Leuten aus den verschiedensten Abteilungen und Gruppierungen, insgesamt waren es sechs Gespräche, bevor ich dem Verwaltungschef Vorschläge machen und die möglichen Beratungsbeziehungen erläutern konnte.

Gordon:
Häufig mache ich eine Art Mini-Seminar und zeige den Leuten, wie es in etwa aussehen würde, mit mir zusammenzuarbeiten. Wir probieren Brainstorming, beobachten ein bisschen den Prozess der Zusammenarbeit bei uns selber, und ich biete etwas grundlegende Hintergrundinformation über Or-

ganisationsentwicklung oder ein Programm von der Art an,
das sie eventuell durchführen möchten. Das hilft, unterschiedliche Orientierungen, unterschiedliches Engagement
und unterschiedliche Bereitschaft zur Veränderung aufzudecken und hierüber zu sprechen.

## PHASE II: Formulierung des Kontrakts und
## Aufbau einer Arbeitsbeziehung

Aus den vier Arbeitsschwerpunkten der Phase I sollte sich wenigstens eine vorläufige Entscheidung beider Parteien ergeben, die Untersuchung entweder zu beenden oder eine Übereinkunft über die Art, die Ziele und die Bedingungen einer Arbeitsbeziehung anzustreben. Diese zweite Phase umfasst unserer Meinung nach drei Arbeitsschwerpunkte:

### *Arbeitsschwerpunkt 5:*
### *Welche Ergebnisse werden angestrebt?*

Es genügt nicht, sich nur auf eine Übereinkunft derart zu konzentrieren, dass ein Problem besteht, oder dass eine Veränderung erstrebenswert ist. Bei der Klärung einer potentiellen Arbeitsbeziehung ist es wichtig zu untersuchen, welche Ergebnisse erreicht werden könnten – oder erstrebenswert wären,
falls die Arbeitsbeziehung erfolgreich ist. Eine Steigerung der
Profite? Eine Veränderung des Images des Systems in der Öffentlichkeit? Eine Verbesserung in der Motivation der Mitarbeiter oder der Arbeitsbeziehung zwischen Vorgesetzten und
Untergebenen? Dies wird sicherlich nicht die letzte Festlegung
der Ziele sein, aber es wird die Basis für ein gegenseitiges Verständnis schaffen, das für die Formulierung des Kontrakts
notwendig ist.

Bei dieser Art von Arbeit hat der interne Berater einen besseren Einblick hinsichtlich der Durchführbarkeit und Notwen-

digkeit, er kann aber auch zu sehr auf bestimmte Probleme festgelegt sein. Der außenstehende Berater mag besser in der Lage sein, eine weitere Perspektive auf mögliche Ziele zu entwickeln und eher eine „Brainstorming-Haltung" hinsichtlich erstrebenswerter Ergebnisse zu bewirken.

## Beispiele aus unserer Erfahrung

Gordon:
Je mehr Kunden ich gewonnen habe, desto wichtiger fand ich es, relativ viel Zeit darauf zu verwenden, klar und konkret herauszufinden, welche Veränderungen in ihrer Arbeitsweise sie sich wünschten. Obwohl in einer Beratungsbeziehung der Moment, in dem man Ziele setzt, meist erst später kommt, ist es wichtig, aus dem Klienten herauszulocken, welche Veränderung er sich wirklich erhofft. Das bedeutet meist, dass der Klient nachdenken und überlegen muss.

Ron:
Das stimmt auf alle Fälle. Vor einiger Zeit traf ich Repräsentanten einer großen Kirche, um eine mögliche Zusammenarbeit zu prüfen. Ich bat sie, mir einmal die Rollen der leitenden Persönlichkeiten in ihrer Kirche so vorzuspielen, wie sie in fünf Jahren aussehen soll, und eine Liste von Dingen aufzuschreiben, die sich gegenüber dem heutigen Stand bis dahin positiv verändert haben sollen. Sie haben sich sehr engagiert, und die Liste half ihnen, sich selbst klar zu werden, was sie wollten – und außerdem ihre Ideen erheblich zu verändern.

Ron:
Eine weitere Herausforderung besteht darin, der Klientengruppe zu helfen herauszufinden wessen angestrebte Ergebnisse berücksichtigt werden sollen. Ich habe einmal mit einer Gruppe aus der Schulverwaltung gearbeitet, die ihre Prioritäten für Qualitätsausbildung in der Schule für den nächsten

Herbst festgelegt hatte. Sie waren so weit, die Umsetzung zu planen, als ich sie bat, aufzustehen und „die anderen Platz nehmen zu lassen". Ich erläuterte ihnen, dass sie als Eltern fungieren und die Prioritäten der Qualitätsausbildung „aus dem Mund der Eltern" benennen sollten. Dadurch kamen dreizehn neue Punkte hinzu. Danach bat ich sie, jeweils einen Schüler auf ihren Platz zu setzen, und sie formulierten die Prioritäten aus der Sicht der Schüler. Schließlich sprachen sie wieder im eigenen Namen und legten erneut ihre Schwerpunkte fest. Mehr als die Hälfte der Inhalte stammte aus ihren neuen Listen. Meist müssen wir die Frage stellen: „Wessen erwünschte Ergebnisse müssen berücksichtigt werden?"

### Arbeitsschwerpunkt 6:
### Wer soll was tun?

Der potentielle Klient hat ein starkes Bedürfnis zu erfahren, wie viel Zeit, Energie und Verpflichtung der potentielle Berater in eine helfende Beziehung zu investieren bereit ist – und der potentielle Berater hat ein starkes Bedürfnis danach zu klären, wer mit einbezogen werden sollte, welche Aktivitäten durchführbar sind und welche Art von Unterstützung durch die Führungsspitze erwartet werden kann, welche finanziellen und zeitlichen Verpflichtungen eingegangen werden und wie der Vertrag beendet wird: In diesem Stadium ist es besonders entscheidend festzustellen, wer das Klientensystem tatsächlich ist und ob das Klientensystem und die Einzelperson oder Abteilung, die die Rechnungen bezahlt, identisch sind.

*Beispiele aus unserer Erfahrung*

Gordon:
„Wer ist tatsächlich der Klient?" – Dies ist eine der schwierigsten und wichtigsten Fragen, mit der sich ein Berater auseinandersetzen und die er beantworten muss. Man kann

leicht in die Falle tappen zu meinen, es sei dies die Person, die die Rechnung bezahlt.

Ron:
Ja, ich habe zur Zeit einen Klienten, einen Vorstandsvorsitzenden, der möchte, dass ich mit seinen sechs Abteilungsleitern Teambildung betreibe. Natürlich müssen sie in mein Klientensystem einbezogen werden; und sollte ich feststellen, dass es erforderlich ist, auch mit einigen ihrer Untergebenen zu arbeiten, wird sich das Klientensystem wiederum ausweiten.

Gordon:
Im Laufe der Zeit habe ich die Erfahrung gemacht, dass sich meine Definition des Klienten während der Arbeit mit dem Klientensystem ständig ändert und erweitert. Sind meine Klienten diejenigen, mit denen ich in Interaktion treten werde, oder beziehe ich auch alle diejenigen mit ein, die von meiner Beratung direkt betroffen sind?

Ron:
Vermutlich aufgrund dieses Dilemmas sehe ich mich inzwischen eher in Beziehung zu einem Klientensystem als zu der Person, mit der ich den Vertrag ausgehandelt habe.

### *Arbeitsschwerpunkt 7: Zeitperspektive und Verantwortlichkeit*

Der Vertrag enthält darüber hinaus eine feste Bestimmung des Zeitraums, der vorgesehen ist für die Realisierung der gewünschten Ergebnisse und für die Auswertungsverfahren, mit denen die fortschreitende Verwirklichung der Ziele kontrolliert werden kann. Diese Zeitperspektive kann eine Vereinbarung über Zwischenphasen einschließen, in denen die Entwicklung der Arbeitsbeziehung erneut besprochen und über eine Weiterführung oder Beendigung entschieden wird.

Der interne Berater hat es aufgrund seiner weiter bestehenden strukturellen Beziehung zum Klientensystem wahrscheinlich schwerer, Anhaltspunkte für die Beendigung oder Fortsetzung zu gewinnen. Aber er sollte dem Fluss des Datenmaterials über Erfolg oder Misserfolg der helfenden Bemühung näher sein. Der externe Berater mag es leichter haben, objektive Auswertungsverfahren vorzuschlagen und Verpflichtungen des Klienten zu erreichen, sich an der Beschaffung des für die Auswertung notwendigen Datenmaterials zu beteiligen; aber für gewöhnlich arbeitet er viel eher mit der Zeitperspektive einer Ad-hoc-Beziehung, wobei eine Verantwortlichkeit viel früher erwartet wird.

*Beispiele aus unserer Erfahrung*

Gordon:
Immer mehr Klienten sind bereit, schriftliche Pläne und Verträge zu entwickeln. Oft muss mit einigen Mitgliedern des Klientensystems besprochen werden, wer was tun soll und wann es geschehen soll, während der Kontrakt zur Lösung der finanziellen Frage irgendwo anders geschlossen wird, z. B. in der Rechtsabteilung. Das kann einige Probleme hervorrufen. Vor einiger Zeit haben wir z. B. mit einem öffentlichen Auftraggeber alle Einzelheiten eines Drei-Tage-Seminars ausgearbeitet, das dann plötzlich verschoben wurde. Der Grund war, dass deren Rechtsabteilung einige Fragen stellte, die nicht beantwortet werden konnten, und dass noch einige Formulare ausgearbeitet werden mussten.

Ron:
Was Zeitpläne und schriftliche Vereinbarungen anbelangt, machen wir meistens einen vorläufigen Vertragsvorschlag und teilen dazu mit, dass wir „diesen Vertrag gerne noch mit den bei uns betroffenen Kollegen durchsprechen möchten und Sie (den Klienten) bitten, dasselbe zu tun. Immerhin ist

es möglich, dass jemand etwas vergessen hat, was später wichtig wird. Bitte betrachten Sie daher den Vertrag kritisch, bevor Sie irgend etwas unterschreiben."

Gordon:
Eine andere wichtige Idee bezüglich des Vertragsabschlusses ist es, in irgendeiner Form eine Probezeit oder ein Pilotprojekt mit begrenzter Zeitdauer und begrenztem Umfang zu vereinbaren, bevor eine wirklich langfristige und umfangreichere Vereinbarung beschlossen wird. Wir haben bei einem vor kurzem durchgeführten Projekt zur Teamentwicklung in einer größeren Schulbehörde z. B. vorgeschlagen, zunächst ein kleineres Pilotprojekt in zwei Schulen durchzuführen, das von internen Staatsstellen ganz genau beobachtet und dokumentiert wird. Auf diese Weise sollte festgestellt und überprüft werden, ob unsere geplante Vorgehensweise sinnvoll und zweckmäßig war und die erwarteten Resultate eintraten. Dies verringerte die Nervosität und ergab für uns interessante Testergebnisse. Außerdem war es die Grundlage einer wirklich guten Arbeitsbeziehung in den späteren Phasen des eigentlichen Projektes und half, die notwendigen Mittel bereitzustellen.

## PHASE III : Definition des Problems und diagnostische Analyse

Die erste Kontaktaufnahme und die Vertragsformulierung setzen diagnostische Tätigkeiten, eine Veränderungsbereitschaft und eine dynamische Arbeitsbeziehung voraus. Im Vergleich zur eigentlichen Diagnose und Handlungsplanung, die ein unverzichtbarer Bestandteil jeder erfolgreichen Beratungsbeziehung sind, haben sie jedoch eher eine vorbereitende Funktion. In dieser dritten Phase lassen sich drei unterschiedliche Arbeitsschwerpunkte unterscheiden:

## Arbeitsschwerpunkt 8:
## Kraftfeldanalyse und Bestimmung der Handlungsziele

Die Kraftfeldanalyse ist eine Methode, mit der diejenigen Kräfte und Faktoren herausgearbeitet werden, die dem Erreichen der Ziele im Wege stehen bzw. dieses begünstigen. Für ein Klientensystem, das sich auf Anraten des Beraters auf eine Datensammlung und eine Mitarbeit seiner Mitglieder einlässt, wird diese Entscheidung meist nicht ohne Schwierigkeiten durchzuführen sein. Dem Berater fällt dabei die Verantwortung zu, ein Gespür für die tatsächlichen Probleme zu entwickeln und sich auf wichtige Punkte zu beschränken. Seine Hauptverantwortung liegt darin, dem Klienten zu helfen, aus dem Diagnoseprozess geeignete Handlungsziele abzuleiten, Alternativen abzuwägen und solche Kriterien zu entwickeln, die eine Entscheidung für die geeigneten Ziele ermöglichen. Der interne Berater kann in der Regel davon ausgehen, dass das Klientensystem über diagnostizierbares Datenmaterial verfügt, und kann daraus geeignete Bereiche für die Datensammlung auswählen. Gehört man jedoch selbst „zu dem Laden", so ruft das vermutlich eher Abwehr und Widerstände hervor. In der Regel fällt es dem externen Berater leichter, bisher ungewohnte Verfahren und Methoden der Datensammlung vorzuschlagen und durchzuführen.

*Beispiele aus unserer Erfahrung*

Gordon:
Die Kraftfeldanalyse gemäß Abb. 1 ist ein wichtiges Instrument, den Klienten zu helfen, einen Überblick über die vielen Hinderungsmöglichkeiten und Barrieren, Kräfte und Unterstützungsfaktoren in ihrer Arbeit zu gewinnen. Als ich vor einiger Zeit mit den Mitarbeitern einer Behörde zusammenarbeitete, habe ich mit ihnen zusammen eine Kraftfeldanalyse ihrer Arbeit aufgestellt. Sie zeigten auch für jeden Fall, ob nach ihrer Meinung der betreffende Faktor von ihnen selbst

ausging, ob er aus den Normen oder Traditionen der Gruppe stammte oder aus ihrer Umwelt (z. B. Budget, Vorschriften etc.). Sie legten dann fest, welche der ihnen zur Verfügung stehenden Kräfte sie noch am wenigsten ausnutzten und welche deshalb am schnellsten angegangen werden sollten und wie sie bestimmte Hindernisse oder Hemmschwellen beseitigen könnten.

Ron:
Eine andere Anwendungsmöglichkeit der Kraftfeldanalyse, die in der Planungsphase verwendet werden kann, besteht darin, das gesetzte Ziel oben auf die Tafel oder den Flipchart zu schreiben und dann alle Hemmnisse bzw. fördernden Kräfte aufzulisten, die das Erreichen dieses Zieles unterstützen bzw. verhindern könnten. Hieraus kann man viel Informationen für die Planung gewinnen.

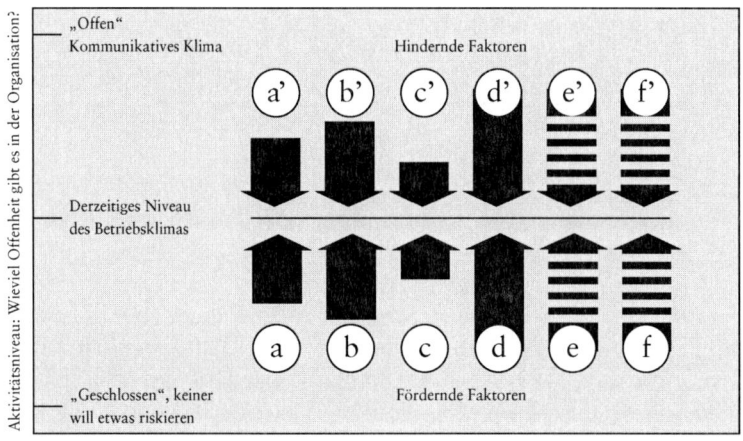

**Abb. 1:** *Die Kraftfeldanalyse*
Angepasst und übernommen von SPIER, M.S.: „Kurt Levins Kraftfeldanalyse", in JONES, J. E./PFEIFFER, J.W. (Hg.), 1973 Annual Handbook for Group Facilitators, La Yolla, California: University Associates, 1973. Abdruck mit Erlaubnis des Verlages.

Gordon:
Es gibt noch eine dritte Möglichkeit, die Kraftfeldanalyse anzuwenden. In der fünften Phase, in der es um die Durchführung und die Erfolgskontrolle geht, kann man hier auch
auflisten, was die einzelnen Handlungsmöglichkeiten fördern
und was uns daran hindern könnte, sie erfolgreich durchzuführen. Alle drei Anwendungsmöglichkeiten der Kraftfeldanalyse sind zweckmäßig, um den Beratungsprozess voran-
zutreiben; sie sollten jedoch klar voneinander unterschieden
werden.

## PHASE IV: Zielsetzung und Vorgehenspläne

Die Diagnosephase sollte gleichzeitig gut darauf vorbereiten,
einen produktiven Prozess der Zielsetzung einzuleiten. Dabei
muss gleichzeitig Schritt für Schritt festgelegt werden, welche
Arbeitsvorgänge notwendig sind, um ein bestimmtes Teilziel
zu erreichen.

### *Arbeitsschwerpunkt 9: Planung von Zielen*

Nachdem wir ein Gefühl dafür entwickelt haben, „wo wir
sind" und „was unsere derzeitigen Probleme sind", ist der
Klient bereit, in die Zukunft zu blicken. Typischerweise wird
der Blick in die Zukunft durch eine Befragung der Bedürfnisse unserer Klienten gestützt, die zugleich die gegenwärtigen
Probleme klar stellt und nach den Voraussagen der Entwicklungen fragt, die für die Klientenorganisation wichtig sind.
Um sich sinnvolle Ziele zu stecken, müssen wir klare Vorstellungen davon haben, welche Zukunft zu erwarten und
welche vorzuziehen ist.

*Beispiele aus unserer Erfahrung*

Ron:
Ein interessantes Beispiel, wie man langfristige Ziele vorausplant, gibt eine große amerikanische Organisation. Ihre Planungsgruppe begann, die laufenden Ziele zu untersuchen und legte dann acht Gebiete fest, für die eine Zielsetzung entwickelt werden sollte. Aus der Planungsgruppe wurde eine Mannschaft ausgewählt, die Informationen über Trends und Umweltentwicklungen einer Gruppe von Zukunftsforschern durchforsten und dann daraus drei mögliche Zukunftsbilder (Szenarios) für die Organisation entwickeln sollte. Diese Szenarios wurden Grundlage von Zielfindungsseminaren in der ganzen Organisation.

Gordon:
Ich finde es oft sinnvoll, dem Klienten einige Informationen über die wichtigsten Trends der Gesellschaft (wirtschaftliche, politische, soziale etc.) zu geben. Ich tat dies vor einiger Zeit in einer Krankenversicherung, um die Mitarbeiter dazu anzuregen, die Bedeutung gewisser Trends für die Zukunft ihrer Abteilung zu überlegen. Es wurden Vorstellungsbilder davon geschaffen, wie die Abteilungen in fünf Jahren aussehen sollten. So entstand eine Zukunftsvision, die mit den Ideen der Beteiligten über günstige Vorgehensweisen zusammenpassten.

Ron:
Ja, meiner Meinung nach ist es sehr sinnvoll, Klienten bei der Entwicklung kontinuierlich laufender EDT-Projekte (events, developments, trends – Veranstaltungen, Entwicklungen, Tendenzen) zu helfen. Mein zukunftsorientierter Kollege Ed Lindaman nannte dies einmal „die Zukunft, die uns auf den Fersen ist". In einem meiner Klientensysteme trifft sich eine freiwillige EDT-Gruppe alle zwei Wochen zu einem informellen Essen, um zu berichten, was die Mitglieder bei der Lektüre von Zeitungen, Zeitschriften, Fachartikeln und bei

Vorträgen erfahren haben. Sie machen sich dann gemeinsam Gedanken über die möglichen Auswirkungen dieser Entwicklungen auf ihr Unternehmen und ihre Abteilung. Der Protokollant der jeweiligen Sitzung leitet die Daten an das für die strategische Planung zuständige Gremium weiter. Diese Überlegungen werden hochgeschätzt.

Gordon:
Der kreativen Generierung möglicher Ziele muss ein diszipliniertes Verfahren zur Prioritätensetzung folgen. Ich staune manchmal über den hohen Konsens, der normalerweise entsteht, wenn im Rahmen eines Prioritätsfindungsprozesses fünfundsiebzig bis hundert Alternativen auf ein Dutzend oberste Prioritäten reduziert werden. Das Buch, das du mit Ed verfasst hast, liefert eine sehr gute Anleitung für dieses Verfahren.[1]

## Arbeitsschwerpunkt 10: Arbeitsplanung und Engagement

Der Schlüssel zum Erfolg bei der Durchsetzung wichtiger Ziele ist die schrittweise Planung (genau bestimmen, was getan werden muss). Der Plan sieht oft vor, dass von verschiedenen Personen oder Gruppen Schritte parallel unternommen werden. Das Erreichen jeden Zwischenziels sollte genau festgehalten werden, so dass der Klient klare Hinweise bekommt, ob der richtige Weg eingeschlagen wurde oder ob die Richtung geändert werden muss. Die Beurteilungskriterien dafür dienen auch als Grundlage für das Feiern des Erfolgs, das hält die Motivation wach.

Eine entscheidende und oft vernachlässigte Phase der Planung besteht darin, die zukünftige Vorgehensweise einmal durchzuprobieren. Dabei soll die Frage beantwortet werden, wer (von innerhalb des Systems oder von außen) in den Handlungsplan irgendwie einbezogen werden sollte, um die beste Erfolgswahrscheinlichkeit zu erreichen. Ist einmal durch die

Planung festgelegt, wessen Beteiligung im Projekt angestrebt werden sollte, entsteht die zweite Frage, nämlich wie man sie einbezieht. Hieraus entstehen Konsequenzen und Planungsschritte, die sich in einer „Strategie für mehr Engagement" niederschlagen.

Der interne Berater weiß natürlich mehr darüber, wer in der Organisation für das Projekt eventuell von Wert sein könnte und wer deshalb in den verschiedenen Phasen einbezogen werden sollte. Andererseits fällt es ihm auch eventuell schwerer, die Teilnahme von in der Organisation hochgestellten Persönlichkeiten zu verlangen, und bisher nicht beteiligte, jedoch wichtige Systembestandteile einzubeziehen. Häufig hat deshalb der externe Berater eine größere Hebelwirkung, wenn es um das Engagement und die Einbeziehung zusätzlicher Organisationsmitglieder geht.

*Beispiele aus unserer Erfahrung*

Ron:
Einen Probelauf durchzuführen ist die beste mir bekannte Art, um die Qualität des Handelns und damit die Aussicht auf Erfolg zu verbessern. Einer meiner derzeitigen Klienten setzt temporäre Arbeitsgruppen ein, um innovative Verbesserungen an der Produktqualität auszuprobieren. Eine solche Arbeitsgruppe tagt normalerweise fünf bis sechs Mal, bevor sie ihre Empfehlungen der Geschäftsleitung vorlegt. In der letzten Sitzung wird die Präsentation durch zwei oder drei Arbeitsgruppenmitglieder geprobt, wobei eine Person die Rolle einer Führungskraft übernimmt und die übrigen Teilnehmer die Darbietung beobachten und Rückmeldung über Verbesserungsmöglichkeiten liefern. Manchmal sind fünf bis sechs solcher Durchläufe notwendig, bis „alles sitzt". Nach unserer Schätzung steigert ein solcher Probelauf die Erfolgsaussichten um 30 bis 70 Prozent.

Gordon:
Der Gedanke, Fortschritte zu feiern, ist ein ganz wesentlicher;
er wird jedoch fast durchweg vernachlässigt. In allzu vielen
Fällen ist die zeitliche Spanne zwischen Beginn und Abschluss
so lang und voller Probleme, dass die Moral sinkt, und Energie wie auch eine positive Aussicht auf das Erreichen der Ziele verloren gehen. Letzte Woche habe ich mit einem Team gearbeitet, das ein neues Produkt zu entwickeln hat. Die Mitglieder dieser Arbeitsgruppe können in frühestens ein oder
zwei Jahren mit echten Erfolgen rechnen. Ich sammelte mit
ihnen Ideen, auf welche Weise sie feiern bzw. Anerkennung
gewinnen könnten, wenn ein bestimmter konkreter Fortschritt zu erkennen sei. Sie nannten elf Möglichkeiten und
waren in einer sehr positiven Stimmung, als sie mit ihrer Aufgabe begannen.

## PHASE V: Durchführung und Erfolgskontrolle

Der Erfolg einer solchen Vorgehensmethode liegt darin, dass
wichtige Handlungen geplant werden und langfristige Vorteile gesichert werden können. In dieser kritischen Phase gibt
es drei wichtige Arbeitsschwerpunkte.

### *Arbeitsschwerpunkt 11: Erfolgreiches Handeln*

Hier ist es die Hauptaufgabe des Beraters, zur Entwicklung
der Fertigkeiten beizutragen und ein erfolgreiches Handeln
wahrscheinlich werden zu lassen. Auch muss er darauf achten, dass Teilerfolge einer schrittweisen Veränderung so
wahrgenommen werden, wie sie sind. Durchstehvermögen
und Ausdauer entstehen dadurch, dass man ständig die Erfahrung von Fortschritten auf einem festgelegten Pfad zu einem klaren Ziel macht. Der erfolgreiche Berater wird dabei
mit allen Schlüsselparteien des Klientensystems arbeiten, um
die Einbeziehung von einzelnen Personen und Abteilungen zu
koordinieren.

Der interne Berater kann den Fortgang der Bemühungen leichter beobachten und besser erfahren, welche Fertigkeiten bereits vorhanden sind und wo z. B. Training notwendig ist. Der externe Berater hat aber vielleicht einen größeren Einfluss auf die Weiterentwicklung von Fertigkeiten und kann eher dazu anregen, über das Erreichte einmal nachzudenken.

*Beispiele aus unserer Erfahrung*

Ron:
Ich halte es für immer wichtiger, einmal eingetretene Erfolge auch sinnvoll zu feiern. In einer Kleingruppenarbeit in einer Organisation entwickelten wir zunächst Ziele, die wir innerhalb von sechs Monaten zu erreichen versuchten. Die Teilnehmer legten schließlich 14 verschiedene Möglichkeiten fest, wie sie kleinere oder größere Fortschritte „feiern" könnten – das begann z. B. damit, dass sie zu ihren Vorgesetzten gingen, um die bisherigen Fortschritte zu erläutern, und endeten bei Einladungen mit gemeinsamem Abendessen oder einem Drink zusammen. Mich hat es gefreut zu sehen, wie diese Feiern eine ständige Basis für Zusammenhalt und Motivation der Arbeitsgruppen waren.

Gordon:
Häufig wird versäumt, sich auf Handlungen durch „Proben" oder Simulation vorzubereiten. In der Abteilung einer großen Firma, bei der ich arbeitete, erklärten sie mir, wie der entscheidende Mann sich etwa verhalten würde, und machten dann ihre Präsentation probeweise einmal vor mir. Sie benutzten die von mir und von den anderen Gruppenmitgliedern geäußerte Meinung dazu, ihre Präsentation und ihre Geschicklichkeit dabei zu verbessern, und waren nachher froh, als sie aufgrund ihrer Verbesserungen tatsächlich Erfolg hatten.

Ron:
Es kann auch sinnvoll sein, auf halbem Wege anzuhalten und zu prüfen, wie weit man gekommen ist. In einem Krankenhaus, in dem es um Entscheidungen und Planung der eingesetzten Behandlungsarten für jeden Patienten ging, ließ ich die Gruppen jeweils etwa 15 oder 20 Minuten über einen Fall diskutieren. Dann stoppten wir die Sitzung für einen Moment, um jedem Gelegenheit zu geben, auf einem Formular seine derzeitigen Gefühle und Eindrücke z. B. darüber einzutragen, wie gut ihm zugehört wurde, wie gut er selbst anderen zugehört hatte, und wie gut sie mit ihrer Entscheidung vorankamen. Wir gaben die Ergebnisse dieser Umfrage der Gruppe zurück, so dass sie selbst als ihre eigenen Berater arbeiten und sich gegenseitig helfen konnten, die Ergebnisse und den Verlauf der Sitzung zu verbessern.

## Arbeitsschwerpunkt 12:
## Auswertung und Feedback bei der Arbeit

Der Berater muss helfen, geeignete Verfahren zu finden, um Informationen über die Fortschritte und deren Auswertung zu gewinnen. Ein Berater, der auf diesem Gebiet aktiv ist, kann damit seinem Klienten mehr Geld, Initiative und Energie sparen als mit irgendeiner anderen Bemühung.

Der interne Berater kann dabei meist darauf zählen, in engerem Kontakt zum Veränderungsprozess zu stehen. Auch kann er leichter dafür sorgen, dass bei wichtigen Punkten tatsächlich Feedback gegeben wird. Der externe Berater kann dagegen vielleicht schneller neue Methoden einführen, um überhaupt ein Feedback zu gewinnen, und ist eher in der Lage, zwischendurch einmal eine Sitzung mit den entsprechenden Mitarbeitern einzuberufen, auf der über den bisherigen Fortschritt nachgedacht wird. Vor ihm wird vielleicht auch weniger leicht verborgen, wenn Probleme auftreten.

*Beispiele aus unserer Erfahrung*

Ron:

Ein wichtiger Aspekt für die Erfolgskontrolle ist die Berücksichtigung frühzeitiger Hinweise darauf, dass die Maßnahme „vom Kurs abkommt". Vorbereitende Arbeit für das Feedback bedeutet, aktiv zu werden und an der Reaktion zu erkennen, wie sehr man vom Kurs abgekommen ist, um dann korrigierende Maßnahmen zu ergreifen. Bei einem meiner Kunden, einem College, verwenden der Lehrkörper und die Berater der fortgeschrittenen Studenten „Frühwarnkarten", auf denen sie Symptome notieren, die darauf hinweisen, dass ein Student ein potentieller Studienabbrecher ist. Diese Karten gehen an das Studentenwerk, wo sie weiter genutzt werden können. Dieses Frühwarnsystem ist bemerkenswert genau, was die Erkennung möglicher Abbrecher betrifft.

Gordon:

Einer der wichtigsten Aspekte bei Aufrechterhaltung und der Verwendung von Feedback ist das bestehende Konzept zum „Feedback über das Feedback". Immer wenn wir Menschen um Feedbackinformationen bitten, gehen wir eine ethische Verpflichtung ein, eine Rückmeldung darüber zu geben, ob ihre Botschaften gehört wurden und was mit ihrem Datenmaterial geschehen ist. Leiter nehmen häufig fälschlicherweise an, dass sie „tun müssten, was das Feedback sagt", anstatt die Informationen zusammen mit anderen Daten als wichtige Erkenntnisse zu verwenden, um als Leiter in kreativer Weise zu denken und zu handeln.

Ron:

Wenn wir kein Feedback zum Feedback geben, wird sicherlich die negative Variante angenommen, dass die Daten in einem Ordner oder Papierkorb gelandet sind oder verwendet werden, um die Mitarbeiter auszunutzen oder zu manipulieren. Die meisten von uns haben die Erfahrung gemacht, dass ausgefüllte Fragebogen abgelegt wurden, ohne Anzeichen, dass unsere Gedanken gehört worden seien oder irgendeinen Einfluss gehabt hätten.

## Arbeitsschwerpunkt 13:
## Überdenken der Vorgehensweise und Beschaffung zusätzlicher Mittel

Feedback ist nur dann sinnvoll, wenn es unmittelbar dazu benutzt wird, Ziele zu überprüfen, Handlungsstrategien zu revidieren und möglicherweise Entscheidungen über die Hinzuziehung weiterer Ressourcen zu bewirken.

Der interne Berater mag in einer besseren Position sein, weil er sich notwendiger, aber ungenutzter Ressourcen – zumindest innerhalb des Systems – bewusst ist. Der außenstehende Berater hat demgegenüber wahrscheinlich den Vorteil, die Daten zur Verdeutlichung von Blockierungen und Widerständen, die einem erfolgreichen Handeln im Wege stehen auch zu benutzen. Er ist wahrscheinlich eher geneigt, alternative Handlungsweisen und die notwendige äußere Ressource zu empfehlen.

*Beispiele aus unserer Erfahrung*

Ron:
Es hat wirklich keinen Sinn, Feedbackdaten zu sammeln, wenn man nicht einige Zeit und Energie darauf verwendet, sie dann auch durchzuarbeiten und die Ergebnisse zu verwerten.

Ich unterstützte einmal eine Schule dabei, mehr Mitarbeiterbeteiligung bei Entscheidungsfindung, Zielsetzung und Handlungsplanung einzuführen. Der Fortschritt wurde damit gemessen, dass wir Gruppeninterviews mit den Betroffenen durchführten. Das Wichtigste war jedoch, dass wir spezielle Arbeitsgruppen zusammenstellten (aus Eltern, Lehrern,

Schülern und Schulverwaltung), die in einer Reihe von Besprechungen die Ergebnisse überprüften und über Schlussfolgerungen für bessere Kommunikation und Zusammenarbeit nachdachten. Diese Schlussfolgerungen wurden allen Beteiligten dargestellt und hieraus ergaben sich Prioritäten für die weitere Vorgehensweise.

Gordon:
Man sollte unbedingt auch darüber nachdenken, wie der Berater selbst Feedback von den Teilnehmern erhält – was denken sie von ihm? Das ist genauso wichtig wie Feedback innerhalb des Klientensystems. Nach einem oder zwei Tagen gemeinsamer Arbeit gebe ich meinen Klienten ein Formular, auf dem sie ankreuzen können, wie sie meine bisherigen Bemühungen empfunden haben, und was ich tun könnte, um ihnen noch weiter zu helfen. Die meisten Klienten begrüßen das, und es gibt mir immer wieder interessante Informationen darüber, wie ich meine Vorgehensweise noch verbessern kann.

Ron:
In diesem Zusammenhang wird man in den Projekten häufig vor die Frage gestellt, ob nicht die ursprünglich für Feedback und Erfolgskontrolle festgelegten Mittel gekürzt und/oder anderweitig ausgegeben werden sollen. Ich stelle dies gegenüber den Klienten auch immer als wichtig und wertvoll dar – dabei ist es natürlich notwendig, auch am tatsächlichen Beispiel zu zeigen, wie viel eine Erfolgskontrolle nützen kann.

Gordon:
Ich glaube, dass die Dokumentation von Veränderungsbemühungen zu den am meisten vernachlässigten Aspekten der Arbeit von Beratern mit ihren Klienten gehört. Ohne gute Dokumentation der Geschehnisse kann man nachher kaum die Weiterführung der Aufgabe an interne Berater übertragen. Auch ist es dann sehr schwer, Berichte an Überwachungsorgane oder fremde Stellen zu geben, die das Projekt unterstützen. Schließlich sollten die Organisationen, die erfolgreiche

Wandlungsprozesse gemacht haben, genügend Verantwortungsgefühl für die Allgemeinheit besitzen, um ihre Ergebnisse mit anderen zu teilen.

## PHASE VI: Sicherung der Kontinuität

Eines der größten Probleme vieler Veränderungsprozesse und Beratungsanstrengungen liegt darin, dass kurzfristig erreichte Veränderungen langfristig oft durch Rückgriff auf alte Verhaltensmuster zunichte gemacht werden oder dass sie Gegenreaktionen hervorrufen. Dagegen muss schnell etwas getan werden, um die Kontinuität der Veränderung zu sichern. Vielen Beratungsvorhaben fehlt ein Plan, wie „nachgefasst" werden kann oder wie das Ende der Beratung in einen schrittweisen Ablösungsprozess umgewandelt werden kann, um die Anstrengungen des Beraters langsam durch entsprechende Kräfte innerhalb der Organisation zu ersetzen.

### *Arbeitsschwerpunkt 14: Die Kontinuität unterstützen*

Der Entwurf von Systemen, die die Kontinuität der Veränderungsbemühungen unterstützen, ist vielleicht der wichtigste Prüfstein für die Kompetenz und berufliche Qualität eines Beraters. Hier kann es manchmal zweckmäßig sein, einen Plan für die ständige Überprüfung von Ereignissen oder Gewinnung von Feedback-Informationen aus einem weiten Kreis von Mitarbeitern des Klientensystems aufzubauen. Oft werden auch telefonische Rundgespräche mit Unterstützung des Beraters durchgeführt, um die Einhaltung von Fristen zu überprüfen. Eine andere Möglichkeit besteht darin, Vorgehensweise und Ergebnisse zu dokumentieren, auf Verbandstagungen darzulegen und so erfolgreiche Innovationen publik zu machen.

Der interne Berater hat hier den Vorteil, ständig präsent zu sein und beobachten zu können, wo zusätzliche Hilfe notwendig ist, um die neuen Strukturen, Rollen oder Prozesse aufrechtzuerhalten. Der externe Berater ist dagegen in einer starken Position, wenn es um Verhandlungen für periodische Überprüfung der Ergebnisse geht, und kann neuen Mitarbeitern die notwendigen Fertigkeiten beibringen, um in den Prozess einbezogen zu werden.

## Arbeitsschwerpunkt 15: Pläne für das Ende der Zusammenarbeit

Paradoxerweise ist es das Ziel der Arbeit der meisten Berater, sich selbst schrittweise unnötig zu machen. Hierfür können verschiedene Vorgehensweisen vorbereitet werden. Zum Beispiel:

– Man trainiert ein Organisationsmitglied, die Aufgaben des Beraters zu übernehmen.
– Das vorgesehene Budget über die Beschäftigung externer Berater wird schrittweise herabgesetzt.
– Ein Endprodukt des Beratungsprozesses, beispielsweise eine Veröffentlichung, wird bei seinem Entstehen gefeiert.
– Das ist zugleich die Abschlussfeier des Projekts.
– Ein Mindestplan zur periodischen Überprüfung des Projektfortschrittes wird für die weitere Zukunft festgelegt, beispielsweise ein jährliches Treffen zu diesem Thema.

Der Kernpunkt ist, dass jedes Beratungsverhältnis irgendwann einmal enden muss. Deshalb benötigen wir einen Plan für eine gesunde, für beide Seiten befriedigende Form der Beendigung. Wenn dieser Plan zu einem frühen Zeitpunkt in der Arbeitsbeziehung aufgestellt wird, hilft dies, verschiedene Interventionsentscheidungen in allen Phasen des Beratungsprozesses zu leiten.

*Beispiele aus unserer Erfahrung*

Ron:

Ich habe es immer als zweckmäßig empfunden, vorübergehende Arbeitsgruppen zusammenzustellen, die für die Kontinuität unserer Anstrengungen sorgen sollten. Bevor ich meine aktive Beziehung zu einer Organisation beendet habe, bin
ich mindestens bei der ersten Sitzung dieser Arbeitsgruppe dabei und arbeite mit dem internen Koordinator daran, welche
Informationen oder Pläne notwendig sind und wie die Gruppen zusammentreten sollen. In einer solchen Situation war es
beispielsweise so, dass jede Gruppe eine gewisse Beratungszeit von mir zur Verfügung hatte, in der sie ihre Arbeitspläne, ihren Zeitplan und die innerhalb einer gewissen Frist zu
produzierenden Ergebnisse mit mir besprachen. Die Ergebnisse dieser Besprechung wurden im Rahmen der Organisation öffentlich festgelegt.

Gordon:

Eine wichtige Möglichkeit Kontinuität zu erreichen, ist die
enge Zusammenarbeit mit einer oder mehreren Personen in
der Organisation, die die Rolle übernehmen, für Kontinuität
zu sorgen, und dabei quasi als interner Berater arbeiten.
Während meiner Mitarbeit im Projekt arbeite ich besonders
mit diesen Personen intensiv und stehe ihnen auch danach für
Telefongespräche zur Verfügung, vielleicht komme ich auch
von Zeit zu Zeit auf ihre Bitte hin zu ihnen, um ihnen zu helfen, ihre Arbeit fortzuführen.

Ron:

Die Möglichkeiten, von Zeit zu Zeit Telefongespräche über die
Kontinuität von Beratungserfolgen zu führen, werden heute
von den meisten Beratern anerkannt und genutzt. Ich arbeite
jetzt gerade in einer Organisation, wo ich in den verschiedenen Niederlassungen Gruppen zurückgelassen habe, die mit
einem Raumlautsprechertelefon ausgerüstet sind. Einmal im

Monat rufen sie mich an, wobei alle Gruppenmitglieder mithören können, und wir diskutieren den Fortschritt, mögliche Erfolge und Ideen, wie man weiter vorgehen könnte.

## Schlussbemerkung

Die in diesem Kapitel vorgestellte Struktur von Phasen und Arbeitsschwerpunkten des Beratungsprozesses haben wir in unserer eigenen Beratungsarbeit immer wieder als nützlich erkennen können. Sie hat auch vielen internen und externen Beratern geholfen, ihre eigenen Aufgaben besser zu verstehen, und hat ihre Interventionsentscheidungen beeinflusst. In den nächsten beiden Kapiteln befassen wir uns detaillierter mit den verschiedenen Rollen, die ein Berater übernehmen kann und mit den Problemen, auf die er beim Treffen zweckmäßiger Interventionsentscheidungen stoßen kann.

# 3 Interventionen: Entscheidungen treffen und Qualität sichern

Ein Berater kann nach dem Spektrum und der Qualität seines Angebots an Interventionen beurteilt werden. Das Repertoire muss so groß sein, dass der Berater bei vielen unterschiedlichen Klientensystemen und deren verschiedenen Problemen angemessen Hilfe leisten kann. Zu diesem Repertoire zählen Verhaltenstechniken, Lerninstrumente und -maßnahmen, Konzepte zur Lösung von Problemen und Strategien für gezielte Veränderung. In diesem Kapitel wollen wir unsere Erkenntnisse zum Aufbau eines solchen Spektrums, der Entscheidung für bestimmte Interventionen und zur Verwendung verschiedener Ressourcen und Hilfsmittel präsentieren, die die Qualität der Beratungsmaßnahmen sicherstellen.

## Checkliste für die Entscheidungsfindung

Eine der entscheidenden Ressourcen ist ein konzeptioneller Rahmen, in dem man die eigenen Überlegungen über verschiedene Arten der Intervention systematisiert. Der Berater muss festlegen, auf welche Herausforderungen er im Einzelnen reagieren will und welche Interventionen jeweils für die Herausforderung angemessen sind. In der folgenden Checkliste haben wir einige Fragen zusammengestellt, die ein Berater beantworten sollte, um feststellen zu können, ob er die für ein hochwertiges Repertoire erforderlichen Fähigkeiten besitzt. Die Fragen wurden anhand der jeweiligen Beratungsphasen in Kategorien eingeteilt. Im weiteren Verlauf des Kapitels wollen wir Möglichkeiten darstellen, wie man die in diesen Fragen implizierten Beratungsfertigkeiten entwickeln kann.

## Phase I: Erster Kontakt und Einstieg

Kritische Fragen zur Intervention

1. Wie kann ich dem Klienten eine Rechtfertigung dafür liefern, dass er mir sein Leid, seine Probleme und seine Unzulänglichkeiten anvertraut, und gleichzeitig vermeiden, bei ihm Abwehr auszulösen?
2. Wie kann ich prüfende Fragen stellen, ohne Gefühle der Irritation und der Feindseligkeit mir gegenüber zu erzeugen?
3. Wie kann ich Problemen zuhören und ihre Mitteilung fördern, ohne den Anschein zu erwecken, als akzeptiere ich Schuldzuweisungen und vorschnelle Erklärungen?
4. Wie kann ich mein fachliches Können beweisen und meine Glaubwürdigkeit als potentieller Helfer begründen, ohne Abhängigkeit und die Erwartung zu erzeugen, dass ich das Problem lösen werde?
5. Wie kann ich meine Bereitschaft erklären, bei Veränderungen zu helfen, ohne den Eindruck zu vermitteln, als sei ich (schon vor der Diagnose) der Meinung, dass viele Veränderungen notwendig seien?
6. Wie kann ich feststellen, ob eine gemeinsame Basis für die Zusammenarbeit vorhanden ist, ohne dabei zu kalt, zweifelnd oder fordernd zu klingen?
7. Wie kann ich meine relevante Erfahrung und meine Ausbildung hervorheben, ohne deshalb wie ein Straßenverkäufer zu wirken?
8. Wie kann ich beruhigend wirken, ohne dabei den Eindruck zu vermitteln, dass ich das Problem für geringfügig und für leicht und schnell lösbar halte?

## Phase II: Formulierung des Kontrakts, Aufbau einer Arbeitsbeziehung

Kritische Fragen zur Intervention

1. Wie kann ich auf potentielle Fallen und Missverständnisse mit dem Klienten eingehen, ohne negativ oder beunruhigend zu wirken?
2. Wie kann ich vermeiden, dass sich der Klient (in dieser frühen Phase) entweder mit einer zu hohen Verantwortung und einer zu starken Mitarbeit belastet fühlt oder sich von dem Arbeitsanteil des Beraters falsche Vorstellungen macht?
3. Wie kann ich Wege finden, die gemeinsame Basis und die Fähigkeiten zur Zusammenarbeit zu prüfen, ohne irreversible Verpflichtungen einzugehen?
4. Wie kann ich den Umfang meines Zeit- und Energieaufwandes eindeutig festlegen, ohne den Anschein zu erwecken, ich wolle mich verkaufen oder als hätte ich inflexible Standards?
5. Wie kann ich gewisse Begrenzungen hinsichtlich meiner Möglichkeiten klar machen, ohne einen Verlust des in mich gesetzten Vertrauens zu bewirken?
6. Wie kann ich dem Klienten sagen, wieviel Zeit und Energie ich für ihn zur Verfügung habe, ohne ihn zu entmutigen?
7. Wie kann ich die in Frage kommenden Teile des Systems zur Mitarbeit veranlassen, ohne sie mit ihrer Eigengruppe in Konflikt zu bringen?
8. Wie kann ich auf die Notwendigkeit einer zeitlichen Ausdehnung des Vertrages hinweisen, ohne den Anschein zu erwecken, ich wolle mir Arbeit beschaffen?
9. Wie kann ich die Verpflichtung des Topmanagements zur Beteiligung schriftlich festlegen, ohne eine Abwehrhaltung oder eine nur scheinbare Mitarbeit zu provozieren?
10. Wie können finanzielle Abmachungen so getroffen werden, dass sie zwar feststehen, aber dennoch flexibel sind

für den Fall, dass die Bedingungen sich ändern, also zum Beispiel wichtige neue Probleme auftauchen oder grundlegende Konflikte gelöst werden müssen?

11. Wie können wir Ergebnisse definieren und Verantwortlichkeiten daraus ableiten, ohne Blockierungen und Beschränkungen zu erzeugen?

12. Wie kann die Arbeitsteilung in einer Form organisiert werden, die nicht allzu streng ist und die Leute nicht erschreckt?

## Phase III: Problemdefinition und Diagnose

Kritische Fragen zur Intervention

1. Wie kann ich die Leute dazu bringen, sich zu öffnen und ihre Annahmen über die Ursachen ihrer Probleme in Frage zu stellen?

2. Wie kann ich sie dazu bringen zu akzeptieren, dass zur Ergänzung ihrer eigenen Annahmen eine objektive Faktensuche notwendig ist?

3. Wie kann ich das Thema der für die Beratung erforderlichen Zeit zur Sprache bringen, ohne die Klienten zu entmutigen?

4. Wie kann ich ihr Verständnis für die von ihnen zu investierende Zeit und Energie und ihre notwendige Mitarbeit erreichen?

5. Wie kann ich sie an dem diagnostischen Datensammelprozess beteiligen, so dass sie diese Daten als ihren eigenen empfinden und ihre Gültigkeit akzeptieren?

6. Wie kann ich die relevanten Teile des Klientensystems dazu bringen, die Daten zu überprüfen und daraus Schlussfolgerungen für ihr Handeln zu ziehen?

7. Wie kann ich mich auf diejenigen Daten konzentrieren, die sich auf die Notwendigkeit und die Bereitschaft zur Veränderung beziehen, anstatt einfach nur an den Ursachen des Kummers oder des Problems zu arbeiten?

## *Phase IV: Zielsetzung und Planung*

Kritische Fragen zur Intervention

1. Wie kann ich bei den Leuten die psychische Bereitschaft wecken, an die Zukunft zu denken und sich ungehindert Zukunftsalternativen vorzustellen?
2. Wie kann ich sie ausreichend von hinderlichen Annahmen über Anpassung, Prophezeiung und Durchführbarkeit befreien und sie dazu bringen, sich eine auf ihren eigenen Werten basierende gewünschte Zukunft vorzustellen?
3. Wie kann ich sie davon abhalten, bestimmte Ziele zu wählen, bevor sie andere auf wahrscheinliche Konsequenzen hin geprüft haben?
4. Wie kann ich gegen die Tendenz angehen, zu wenig Mitglieder an Zielsetzung und Planung zu beteiligen?
5. Wie kann ich auf Konkretheit und Meßbarkeit der Zielsetzungen drängen, ohne eine negative Reaktion hervorzurufen?
6. Wie kann ich das Interesse an einer schrittweisen Zielplanung wecken und eine Beschäftigung mit ausschließlich großen, langfristigen Perspektiven verhindern?
7. Wie kann ich dem Klienten die Einsicht vermitteln, dass die Planung der Bewertung Bestandteil der Durchführungsplanung ist?
8. Wie kann ich bei Realisierungstests von Plänen helfen?
9. Wie kann ich dem Klienten helfen, die möglichen Nebenwirkungen und Fallen, die bei jeder Planung auftreten, zu erforschen?
10. Wie kann ich auf zeitliches und kräftemäßiges Engagement des Personals und auf die Einhaltung von Terminen drängen, ohne Widerstand und Fluchttendenzen zu erzeugen?
11. Wie kann ich den Klienten dazu bringen, die Notwendigkeit und die Nutzung von Ressourcen in Betracht zu ziehen, die außerhalb seiner selbst liegen?

12. Wie kann ich meinen Rückzug und die Entwicklung interner Ressourcen zur Ersetzung meiner Funktionen planen?

### Phase V: Durchführung und Erfolgskontrolle

Kritische Fragen zur Intervention

1. Wie kann ich dem Klienten einsichtig machen, dass es notwendig und wertvoll ist, die Durchführung der geplanten Handlungen zu proben?
2. Wie kann ich darstellen und beweisen, dass ein Training von Nutzen ist?
3. Wie kann ich dem Klienten die Details einer effektiven Beteiligung von Lagebesprechungen und der Vorbereitung auf alle Maßnahmen zur Handlungsdruchführung vermitteln, ohne dass er meint, gute Absichten und das Akzeptieren der Ziele seien ausreichend?
4. Wie kann ich, da eine autoritäre Strategie Schwächen hat, einen Prozess in Gang setzen, der auf freiwilliger Beteiligung basiert?
5. Wie soll ich mich gegenüber Klienten verhalten, die sich von mir abhängig machen, in mir den Experten sehen und von mir erwarten, dass ich ihnen sage, wie sie handeln sollen?
6. Wie kann ich Verfahren einführen, mit deren Hilfe ich über jeden Handlungsschritt Feedback erhalte und die es mir erlauben, die Daten zu benutzen?
7. Wie kann ich meine Unterstützung des Einsatzes anderer Ressourcen als Stärke und nicht als Schwäche erscheinen lassen?
8. Wie kann ich das Feiern wichtiger Fortschritte einführen und unterstützen?
9. Wie kann ich denjenigen, die Handlungen durchführen, dabei helfen, die Idee und den Gebrauch stützender Sy-

steme zu verstehen und sich gegenseitig zu unterstützen, zu stärken und nach erfolgtem Einsatz miteinander zu besprechen?

10. Wie kann ich das Interesse an einer Dokumentation der Handlungen und ihrer Konsequenzen stärken?

## *Phase VI:*
## *Kontraktbeendigung: Sicherung der Kontinuität*

Kritische Fragen zur Intervention

1. Wie kann ich mich objektiv mit meinen eigenen widersprüchlichen Neigungen auseinandersetzen, einerseits „all die Hilfe zu sehen, die der Klient noch braucht", und andererseits „zu neuen und aufregenden Dingen" weiterzugehen?
2. Wie kann ich den Klienten dazu bringen, sich Ziele zu setzen, die seine Selbstbestimmung und seine interne Unterstützung erhöhen?
3. Wie kann ich geeignete Vereinbarungen über eine periodische Unterstützung treffen, falls diese erforderlich sein sollte?
4. Wie kann ich auf die Notwendigkeit spezifischer Termine für das Erreichen von Zwischenzielen, für die Notwendigkeit erneuter Beratung und andere Punkte hinweisen?
5. Wie können wir Wege finden, aus der Entfernung zu helfen?
6. Wie kann ich weiterführende Pläne zur Dokumentation und Bewertung unterstützen?
7. Wie kann ich Pläne zur Weiterführung interner Personalentwicklung und interner Veränderungsberatung unterstützen?
8. Wie kann ich dem Klienten helfen, vorhandene Bedürfnisse nach externer Hilfe zu erkennen und geeignete Verfahren zu entwickeln, solche Hilfe auch zu erhalten?

9. Wie können wir in angemessener Form die Erfüllung unseres Kontraktes feiern?

## Interventionsmatrix

Die Interventionsmatrix (siehe Abbildung 2) bietet die Möglichkeit, den Verlauf einer Intervention zu verfolgen. Die Matrix behandelt die zwei wichtigsten Dimensionen jeder Intervention: deren Zielgruppe und deren Absicht. Zielgruppe kann eine Einzelperson, eine Gruppe oder auch ein größeres System, etwa eine Organisation oder Gemeinde sein. Die vier Hauptabsichten, die sich aus den sechs in Kapitel 2 dargelegten Phasen der Beratung ableiten, sind: Der Klient soll zuerst „auftauen", die Veränderung bzw. den Lernerfolg sollen gefördert werden, bereits erzielte Veränderungen oder Erkenntnisse sind aufrechtzuerhalten und zu unterstützen, und schließlich soll der Vertrag beendet werden. Jede dieser vier wichtigen Absichten ist in Unterkategorien aufgeteilt, die für Schritte stehen, die zur Erreichung der Absicht erforderlich sind.

| Interventionsabsicht | Zielgruppe der Intervention | | |
|---|---|---|---|
| | Einzel-person | Gruppe | Organisation (oder Makro-system) |
| I. „Auftauen" des Klienten 1. Kontakt herstellen, Glaubwürdigkeit für den Einstieg, Anlauf | | | |
| 2. Reaktion auf Fragen nach Kompetenz, Absicht, Relevanz | | | |

| | | | |
|---|---|---|---|
| 3. Einstieg in Vertragsverhandlungen, Erkundung, Angebote, Verhandlungen | | | |
| 4. Reaktion auf Fragen nach Kosten, Engagement, Zeit | | | |
| 5. Beginn der diagnostischen Erkundung, Bedarfsschätzung | | | |
| 6. Reaktion auf Problem- und Diagnoseäußerungen, Annahmen | | | |
| **II. Veränderungsarbeit, Lernen** | | | |
| 1. Beginn der Zielsuche, Alternativen, Klärung von Werten | | | |
| 2. Reaktion auf Fragen nach Richtung, Veränderungsabsichten, Erwartungen | | | |
| 3. Beginn der Handlungsplanung, Lernkonzepte | | | |
| 4. Reaktion auf Fragen nach Abhängigkeit, Zu- | | | |

| Interventionsabsicht | Zielgruppe der Intervention | | |
|---|---|---|---|
|  | Einzel-person | Gruppe | Organisation (oder Makro-system) |
| ständigkeiten, Beratungs-bedarf |  |  |  |
| 5. Beginn der Ent-wicklung von Fertigkeiten, Handlungsbe-reitschaft, Lern-projekte |  |  |  |
| 6. Reaktion auf Hilfsgesuche, Fluchttendenzen |  |  |  |
| III. Aufrechterhaltung, Unterstützung für Veränderungs-bemühungen, Lernen<br>1. Beginn der Un-terstützung für Bemühungen, Motivation, Engagement |  |  |  |
| 2. Reaktion auf Be-darf, Bitten um Unterstüt-zung |  |  |  |
| 3. Beginn der Aus-wertung, Feed-backzyklen, Er-neuerungskon-zepte, Feiern |  |  |  |
| 4. Reaktion auf Auswertungsbe-darf, Legitimie-rung, Verstär-kung |  |  |  |

| | | | |
|---|---|---|---|
| **IV. Beenden, Trennung, Rückzug, Übertragung**<br>1. Beginn des Transfers an interne Ressourcen, für die „Wieder allein"-Situation | | | |
| 2. Reaktion auf Abhängigkeitsbedürfnisse, Autonomiehaltung | | | |
| 3. Beginn der Konzepte für die Dokumentierung, Verbreitung, „Roll-out", Veröffentlichungen | | | |
| 4. Reaktion auf Drängen nach Privatheit, fehlender Informationsfluss, vorzeitige Verbreitung | | | |

*Abb. 2: Interventionsmatrix*

# Weitere erfolgsrelevante Faktoren

Wenn bei einer Intervention eine „kritische Situation" entsteht, wird in der Regel derjenige Berater am erfolgreichsten sein, dem die größte Anzahl an Handlungsalternativen einfällt. Ein solches großes Spektrum an Ideen, Strategien und Techniken erhöht zwar die Wahrscheinlichkeit des Erfolgs,

stellt aber keine Garantie dar. Weitere Faktoren, von denen
im Folgenden einige erörtert werden, spielen ebenfalls eine
wichtige Rolle.

## Die Qualität der Entscheidungsfindung

Verschiedene Handlungsalternativen zur Verfügung zu haben
ist wichtig; genauso wichtig ist es allerdings, ein Wertgefüge
zu haben, anhand dessen man die Wahl zwischen den verschiedenen Alternativen trifft. Sollte der Berater etwa merken,
dass ein Klient sich wehrt, seinen autoritären Stil abzulegen,
hat der Berater eine Reaktion zu wählen, die Zusammenarbeit, Unterstützung und Akzeptanz fördert, wohingegen andere Möglichkeiten, die dem Klienten Schuldgefühle verur-
sachen, ihn defensiv oder wütend machen würden, abzulehnen sind. Wenn ein Berater sich für eine unangemessene Antwort entscheidet, gefährdet er damit den Fortschritt.

ROSENBERG (1951) hat auf folgende interessante Phänomene
aufmerksam gemacht:

– Ein Berater, der sich sehr stark in den Klienten einfühlt,
  entwickelt weniger Hypothesen über die Ursachen von Bedürfnissen und Motivationen des Klienten.
– Ein Berater, der sich mit dem Klienten stark identifiziert
  und die Rolle seines Advokaten übernimmt, ist oft eine viel
  schlechtere Hilfe. Dieser Berater ist unfähig, alternative
  Ideen für Problemlösungsmaßnahmen zu entwickeln, und
  verfügt über begrenztere Wertkriterien für die Auswahl geeigneter Hilfsmöglichkeiten.

Berater müssen sich bei ihrer Diagnosetätigkeit mit drei weiteren Fragen auseinandersetzen:

1. Wie viel Zeit und Energie wollen sie in die erste Suche nach
   Fakten oder in eine erste Diagnosephase investieren? Sie

können entweder viel Zeit darauf verwenden oder schnell vorangehen, indem sie ein Pilotprojekt starten und ihre diagnostischen Informationen aus der Beobachtung des Geschehens gewinnen.

2. In welchem Umfang wollen sie den Klienten oder die Klientengruppe an den Aktivitäten zur Auffindung der Fakten beteiligen? Oder wollen sie lieber Experten heranziehen, die über mehr technische Möglichkeiten und Fähigkeiten verfügen? Die von Experten gesammelten, mehr in die Tiefe gehenden Daten werden vom Klienten häufig abgelehnt, weil er keine Beziehung zu diesen Daten entwickeln kann. Im Vergleich dazu beteiligt das Handlungsforschungsmodell den Klienten an der Definition der Ermittlungsfragen, an der Entwicklung der Verfahrensweisen und am Prozess des Sammelns und Verarbeitens von Informationen.

3. In welchem Umfang und wann soll der Klient mit den Daten vertraut gemacht werden? Geschieht dies zu früh, besteht die Gefahr, dass er den Klienten überfordert oder unnötige Furcht erzeugt. Auf der anderen Seite kann der Klient ein Verständnis für die Veränderungsbemühungen und eine Motivation zur Beteiligung nur dann entwickeln, wenn er mit den Daten vertraut gemacht wird.

## Orientierung auf Zusammenarbeit

Wer ist mein Vertragspartner? Für wen und mit wem arbeite ich? Die Frage, wer das Klientensystem wirklich ist und wie man sich ihm gegenüber verhalten soll, ist häufig eine der verwirrendsten Fragen im Beratungswesen. Es kommt oft vor, dass Berater zu ausschließlich mit dem Topmanager oder dem Initiator des Vertrags Kontakt pflegen, obwohl sie sich, um effektiv sein zu können, vielleicht an eine ganze Abteilung oder einen anderen Adressaten des Klientensystems wenden

und mit ihr oder ihm zusammenarbeiten müssten. Damit
kann die Interventionsentscheidung auf die falsche Zielgruppe ausgerichtet sein.

Häufig steht der Berater vor der wichtigen und kniffligen Frage, wie er mit einem oder mehreren Insidern in einem Ad-hoc-
Beraterteam zusammenarbeiten soll, ohne wegen dieser speziellen Arbeitsbeziehung mit dem übrigen System in Schwierigkeiten zu geraten. Auch muss er entscheiden, inwieweit er
ein Experte und Advokat bestimmter Ziele, Verfahrensweisen
und Methoden sein soll, oder ob er lieber in nicht-direktiver
Weise die eigenen Ressourcen und Ziele des Klientensystems
aktivieren, fördern und unterstützen soll.

## Risikoverhalten

Um Hilfe zu bitten und mit einem Berater zusammenzuarbeiten, weckt die Erwartung neuer Erfahrungen und Aktivitäten. Dies macht den Klienten unsicher und zurückhaltend
gegenüber Abweichungen vom Erprobten und Bewährten.
Folglich stellt sich dem Berater immer die Frage, wie groß das
dem Klienten zumutbare Risiko sein darf.

Das Problem dabei ist, Stress und Abwehrhaltung des Klienten abzubauen und gleichzeitig ausreichende Veränderungen
zu bewirken. Der Berater muss also fortwährend ein Gleichgewicht oder eine Mischung unterschiedlicher Interventionen
finden, die zu wesentlichen Veränderungsbemühungen anregen und das Klientensystem darin unterstützen, sich an den
Problemlösungsaktivitäten zu beteiligen.

## Orientierung auf das Erkennen
## und Nutzen von Ressourcen

An irgendeinem Punkt der Beratung stellen sich dem Berater
bei fast jedem Klienten folgende Fragen: Kann ich ihm geben,

was er jetzt oder später braucht? Ist der Einsatz weiterer Ressourcen nötig? Wird der Klient von mir enttäuscht sein, wenn ich ihm sage, dass Fähigkeiten für bestimmte Gebiete nicht ausreichen? Wie fühle ich mich, wenn ich vorschlage, andere Hilfsquellen hinzuzuziehen, die mich ergänzen oder ersetzen?

Wir sind der Meinung, dass alle Berater sich darin üben müssen, sich mit sich selbst und mit ihren Klienten über diese Fragen auseinanderzusetzen.

## Einige Entscheidungen über Interventionen, ihren Kontext und ihre zeitliche Koordinierung

Berater konzentrieren sich häufig so sehr darauf, was sie in der Arbeit mit dem Klienten tun und sagen sollen, dass sie andere Interventionsentscheidungen vergessen, die den Kontext, die zeitliche Koordinierung und das methodische Vorgehen bei der Hilfeleistung betreffen. Vier Punkte halten wir in diesem Zusammenhang für wichtig:

1. *Sollte die Intervention face-to-face bzw. im direkten Kontakt erfolgen, oder sollte sie mit Hilfe eines anderen Mediums ausgeführt werden?*

In unserer Beratungspraxis haben wir immer mehr Situationen entdeckt, in denen schriftliche Mitteilungen und Telefongespräche dem persönlichen Gespräch, bei dem mehr Zeit und Energie aufgewendet werden muss, überlegen zu sein scheinen. Eine an den Klienten gerichtete Notiz kann zur Systematisierung und Klärung von Ideen beitragen. Ihre Lektüre gibt dem Klienten Gelegenheit, sich schon vor einer Sitzung Gedanken zu machen und sich seine Reaktionen zu überlegen. Der Austausch von Memos stellt häufig eine sehr wirksame Vorbereitung auf eine Konferenz dar. Über das Telefon Fragen zu stellen oder Unterstützung anzubieten, hat viele Vorteile, besonders nachdem eine face-to-face-Beziehung hergestellt worden ist.

Der Berater kann eine direkte Beziehung zu einer Person oder zu einer kleinen Zahl von Schlüsselpersonen haben, die als Bindeglieder zum ganzen Klientensystem dienen. Verglichen mit einer direkten Beziehung zu allen Teilen des Systems, spart man damit viel Zeit, Energie und Geld.

## 2. Interventionsschwerpunkte

Bei der Wahl unserer Interventionsschwerpunkte haben wir drei Möglichkeiten. Wir können uns konzentrieren auf:

– ein Individuum und seine intrapersonelle Dynamik;
– interpersonelle Beziehungen und Cliquen, Untergruppen oder größere Verbände innerhalb des Klientensystems;
– die gesamte Organisation oder das ganze System.

REDEL (1941) entwickelte in seiner Arbeit mit Lehrern ein Prinzip, das etwa so lautet: Man sollte zur Beeinflussung eines Gruppenmitglieds nur dann eingreifen, wenn die Wirkung für die ganze Gruppe wenigstens neutral, wenn nicht positiv ist, und man sollte zur Beeinflussung einer ganzen Gruppe nur dann eingreifen, wenn die Wirkung für jedes einzelne Individuum in der Gruppe wenigstens neutral, wenn nicht positiv ist. Bei unseren Entscheidungen denken wir deshalb sowohl über den geeigneten Adressaten unserer Interventionen als auch über die potentiellen Nebenwirkungen nach.

## 3. Handeln oder Nichthandeln?

Zu unserer Arbeit mit Beratern gehört, dass wir die Entscheidung zu Interventionen üben. In einer der interessantesten Übungen berichtet jeder Berater über die Momente, in denen er versucht war, zu intervenieren, sich aber entschloss, dies nicht zu tun.

Überprüft man diese Entscheidungen, so stellt sich gewöhnlich heraus, dass in einigen Fällen wichtige Gelegen-
heiten versäumt wurden, weil der Berater nicht fähig war,
Alternativen zu entwickeln und zwischen ihnen zu wählen.
In anderen Fällen jedoch tat der Berater gut daran, nichts
zu sagen und nichts zu tun, weil er sehr richtig gespürt hatte, dass eine Intervention die Arbeit des Klienten hätte
hemmen können, ihn unvorbereitet getroffen oder seiner
Eigeninitiative vorgegriffen hätte.

Wir halten die bewusste Entscheidung, nicht zu intervenieren, für einen wichtigen Bestandteil der Beratungsarbeit. Eine solche bewusste Zurückhaltung darf nicht ver-
wechselt werden mit dem Versäumen oder Vermeiden von
Entscheidungen, die zu treffen der Berater nicht fähig oder
nicht bereit ist.

## 4. Aktion oder Reaktion?

Eine der ernstesten Entscheidungen bei der Arbeit mit Klientensystemen ist die Frage, in welchem Umfang der Berater selbst aktiv eingreifen bzw. wann er auf die Pro-
blemlösungsbemühungen und Initiativen des Klienten reagieren sollte. In der Praxis existiert ein großer Hand-
lungsspielraum zwischen

- dem relativ nicht-direktiven, die Aktivitäten des Klienten nur unterstützenden Berater und
- dem enthusiastischen Advokaten und aktiven Initiator
  von Interpretationen, Methoden und Aktivitäten.

Unserer Meinung nach muss jeder Berater für sich selbst
klären, welcher Werte und Stile er sich in diesem Ent-
scheidungsbereich bedienen will.

## Beispiel eines Entscheidungsprozesses

Um einen Eindruck davon zu vermitteln, was unserer Meinung nach bei einer Intervention zum Entscheidungsfindungsprozess gehört, haben wir eine Entscheidungsanalyse von Ron ausgesucht, die wir vorstellen möchten. Sie ist kennzeichnend für die Analysen, wie wir sie im Rahmen unserer Entwicklung und Erfahrung als Berater oft durchgeführt haben.

### Die Situation
Der Verwalter einer kommunalen Einsatzgruppe bat Ron um Hilfe bei der Beilegung eines Konflikts zwischen jener Einsatzgruppe und einem Dienstleistungsteam von Freiwilligen, wobei es um die Überschneidung bei Diensten gegenüber Kunden ging. Die Einsatzgruppe wurde von einem klinischen Psychologen geleitet, das Freiwilligenteam von einem Sozialarbeiter.

### Das Entscheidungsdilemma
Ron musste entscheiden, ob er den Verwalter, der mit ihm in Verbindung getreten war, als seinen Klienten ansehen und mit ihm einen Kontrakt aushandeln sollte, oder aber den klinischen Psychologen, den Sozialarbeiter oder die Organisationen selbst.

### Entscheidungs-/Handlungsalternativen
Rons Handlungsalternativen sahen folgendermaßen aus:

– Er könnte die Bitte als legitim akzeptieren.
– Er könnte den Verwalter bitten, alle Mitglieder der Organisationen einzubeziehen und deren Einverständnis für seine Funktion als Berater einholen.
– Er könnte dem Verwalter sagen, dass er sich sowohl mit dem klinischen Psychologen als auch mit dem Sozialarbeiter treffen müsse, um festzustellen, ob sie bereit seien, eine Klientenbeziehung mit ihm einzugehen.

- Er könnte den Verwalter bitten, ein Treffen mit allen Betroffenen einzuberufen, um ihre Bereitschaft und die Möglichkeit zu erkunden, dass sie seine Klienten würden.

*Berücksichtigte Wertkriterien*
Folgende Wertkriterien wurden in dieser Situation berücksichtigt:

- Der Verwalter hatte das Recht und die Verantwortung einzugreifen, um die Qualität der von seinen Mitarbeitern geleisteten Dienste zu steigern.
- Für Ron war es ethisch nicht korrekt, die Entscheidungen und Verhaltensweisen von Menschen zu beeinflussen, die nicht zugestimmt hatten, dass er ihnen behilflich sein würde.
- Ron glaubte, dass viele, die Hilfe benötigten, dieses Bedürfnis nicht akzeptierten oder sich nicht fähig fühlten, um Hilfe zu bitten, so dass es ihm angemessen schien, sie von seiner Fähigkeit, ihnen zu helfen, zu überzeugen.
- Der Verwalter spielte vermutlich in dem gesamten Dienstleistungssystem eine entscheidende Rolle. Um eine geeignete Lösung zu finden und aufrechtzuerhalten, musste daher der Verwalter an der Intervention beteiligt werden.
- Ron hielt sich für diese Art von Problem für eine angemessene Ressource.

*Abschließende Entscheidungen und Maßnahmen*
Ron entschied sich für folgendes Vorgehen:

- Er sagte dem Verwalter, dass er sich durch das Problem herausgefordert fühle und gute Chancen sehe, dass er helfen könne.
- Er äußerte auch, dass er sich nicht bereit erklären könne, an dem Problem zu arbeiten, solange der klinische Psychologe und der Sozialarbeiter – und eventuell auch andere Mitglieder der zwei Organisationen – seiner beratenden Funktion nicht zugestimmt hätten.

– Er räumte ein, dass es für den Verwalter eventuell schwer
werden könnte, eine Zusammenarbeit ohne Zwang und
Widerstand zu erzielen. Daher schlug Ron vor, einen Teil
der Überzeugungsarbeit für seine Dienste selbst zu übernehmen, wenn der Verwalter im Gegenzug erlaube, dass
er mit dem klinischen Psychologen und dem Sozialarbeiter Kontakt aufnehme.

– Er äußerte, dass, falls er bei beiden Personen eine Bereitschaft zur Zusammenarbeit erreichen könne, er damit
rechne, dass ein Treffen mit dem Verwalter, dem klinischen
Psychologen und dem Sozialarbeiter eine gemeinsame Einigung über seine Rolle, den Zeitaufwand, seinen Zugang
zu den zwei Organisationen usw. erbringen werde. Er betonte, dass der klinische Psychologe und der Sozialarbeiter seine Klienten sein würden.

*Eingesetzte Wertprinzipien*
Ron entschied sich für das weitere Vorgehen anhand folgender Wertprinzipien:

– Der Arbeitskontrakt mit dem Klienten sollte auf beiden
Seiten auf Freiwilligkeit beruhen oder frühzeitig im Prozess auf eine freiwillige Basis gestellt werden.

– Unter dem Begriff „Klient" sollten auch diejenigen gefasst
sein, die beeinflusst werden müssen, um das gewünschte
Resultat zu erzielen und aufrechtzuerhalten.

*Eingesetzte Fertigkeiten*
In diesem Fall hatte Ron folgende Fertigkeiten eingesetzt:

– Die eigenen Wertvorstellungen dem Verwalter gegenüber
in einer Weise zu vermitteln, dass dieser sich nicht bedroht
fühlte, das Grundprinzip akzeptierte und davon ausgehen
konnte, dass Ron wisse, was wie zu tun sei.

– Sich mit den Chefs der zwei Organisationen zu treffen, um
eine offene Kommunikation über das Problem zu fördern

und deren Bereitschaft einzuholen, daran zu arbeiten.
– Und zu skizzieren, welche Art von Arbeit erforderlich sei, und die Unterstützung und Einwilligung einzuholen, mit beiden betroffenen Mitarbeiterstäben zu arbeiten.

## Qualitätssicherung

Eine der interessantesten Herausforderungen der Beratertätigkeit ist es, unterstützende Beziehungen und Bedingungen zu schaffen, die eine kontinuierliche Weiterentwicklung der Qualität der eigenen Leistung möglich machen. Einige unserer Bemühungen, die in diese Richtung zielen, werden in den folgenden Abschnitten erörtert.

### *Gemeinsame Auswertung*

Nach Beratungs- und Trainingssitzungen sind die meisten Berater stark versucht, sich eine Weile von der Situation zu entfernen. Wir sind allerdings der Meinung, dass man das Geschehen möglichst direkt anschließend auswerten sollte. Dies erfordert nur etwa eine halbe Stunde Zeit und ist für den Beratungseinsatz äußerst wichtig. Wenn wir uns für eine solche Auswertung zusammensetzen, verläuft das Gespräch in etwa so:

Ron:
Ich hatte den Eindruck, dass die Sitzung oft schleppend verlief und dass einiges noch nicht offen auf den Tisch gelegt wurde. Was meinst Du?

Gordon:
Ja. Lag es an einer unserer Äußerungen oder hängt es vielleicht mit ihrer Risikobereitschaft zusammen?

Ron:
Ich dachte an einem Punkt daran, Ambivalenz als etwas in dieser Situation Normales darzustellen und sie zu bitten, ihre Gefühle dazu zu äußern.

Gordon:
Ich glaube kaum, dass sie schon so weit waren. Wie wäre es, wenn wir ...?

Oft gehört zu einer solchen Auswertung ein Brainstorming zu weiteren Möglichkeiten, die Geschehnisse der Sitzung anzugehen.

## Rollenspiele zu kritischen Situationen

Der Berater kann mehrere Kollegen bitten, mit ihm gemeinsam ein zweiminütiges Rollenspiel zu einer bestimmten Interventionssituation durchzuführen. Einer der Kollegen spielt den Klienten, während der Berater sich selbst spielt. Die übrigen Anwesenden beobachten die Interaktion. Das Rollenspiel wird am entscheidenden Punkt angehalten, an dem der Berater zu reagieren hat. Es folgt eine Illustration dieser Art von Rollenspiel und der darauf folgenden Diskussion unter Kollegen:

Berater zum Schulleiter:
Ich bin froh, dass ich heute kommen konnte. Kann ich Ihnen in irgendeiner Weise behilflich sein?

Schulleiter:
Ich hoffe es. Herr Diamond, der die dritte Klasse unterrichtet, und Frau Rush, Lehrerin der fünften Klasse, scheinen beide Probleme mit der Disziplin ihrer Schüler zu haben. Könnten Sie bitte mit ihnen reden und überlegen, was zu tun wäre?

An diesem Punkt wird das Rollenspiel angehalten. Jeder der Beobachter macht sich Notizen, was er sagen oder tun könnte, wählt die angemessenste Intervention aus und schreibt eine kurze Erläuterung, warum sie wohl die beste wäre. Die Beobachter teilen dann ihre Entscheidungen und die ihnen zugrunde liegenden Überlegungen mit. Der Berater, der sie um ihre Mithilfe gebeten hat, fasst die vorgestellten Ideen und Handlungsvorschläge zusammen. Daraufhin probiert der Berater die Intervention, die er ausgewählt hat, in einer Fortsetzung des Rollenspiels aus und erhält von seinen Kollegen dazu ein Feedback. Manche Beratergruppen verwenden Aufzeichnungen tatsächlicher Gespräche mit Klienten für diese Art von Feedbacksitzungen.

## Dreiergruppe zur Übung von Fertigkeiten

Eine unserer Methoden, bei der es um Übung, Feedback und weiteres Üben geht, beginnt so, dass eine Gruppe von Beratern sich verschiedene Interventionsdilemmas ausdenkt, die besondere Beratungsfertigkeiten erfordern. Jeder Berater wählt ein Dilemma aus sowie die entsprechende Fertigkeit, an der er arbeiten möchte, und bildet mit zwei weiteren Beratern, die ebenfalls jeweils ein Dilemma und eine dazu gehörende Fertigkeit ausgesucht haben, eine Gruppe. Innerhalb dieser Dreiergruppe spielt jeder reihum die Rolle des Beraters im von ihm ausgewählten Dilemma, eine weitere Person übernimmt die Rolle des Klienten, und das dritte Mitglied der Gruppe beobachtet und macht sich Notizen. Am Ende der Interaktion wird ausgewertet, wie der Berater mit der Situation umgegangen ist, wobei die beiden anderen Gruppenmitglieder Rückmeldung geben. Danach wird dieselbe Rollenspielsituation noch mehrmals durchgespielt, wobei Klient und Beobachter die Rollen tauschen, damit der Berater die von ihm ausgewählte Fertigkeit üben kann; nach jedem Durchgang wird das Verhalten des Beraters in der Situation ausgewertet. Dieses Verfahren wird wiederholt, bis jedes Mitglied der Dreiergruppe mehrmals zum Üben gekommen ist.

Für diese Art der praktischen Übung gibt es keinen Ersatz. Durch das theoretische Gespräch können Berater die erforderlichen Fertigkeiten nicht erlernen.

## Feedback der Klienten

Eine verfügbare und meist ungenutzte Ressource zur Verbesserung von Interventionen ist die Rückmeldung der Klienten. Wir haben festgestellt, dass es die Klienten anerkennen und mit Respekt quittieren, wenn man sie nach ihrem Eindruck fragt. Außerdem zeigt ein Berater damit, was zu einer effektiven, wechselseitigen Beziehung gehört, und erhöht damit die Offenheit und Lernbereitschaft auf Seiten des Klienten.

Folgende Fragen gehören unter anderen zu einem Fragebogen, den wir unsere Klienten auszufüllen bitten:

- Das Hilfreichste, was Sie heute getan haben, war ...
- Das am wenigsten Hilfreiche, was Sie getan (bzw. unterlassen) haben, war ...
- Etwas, das ich heute aus unserer Arbeit gelernt habe, ist ...
- Was Sie zur Ermöglichung dieser Lernerfahrung getan haben, ist ...
- Worte oder Formulierungen, die ich zur Beschreibung Ihrer heutige Beratung verwenden würde, sind ...

## Der Versuchung widerstehen

Zu Anfang einer neuen Klientenbeziehung besteht manchmal die Versuchung, ein Konzept oder eine Maßnahme, die bei einem anderen Klienten gut funktioniert hat, erneut zu verwenden. Diese Versuchung ist eine Falle. Wir glauben, dass die Situation jedes Klienten eine neue Herausforderung und Chance darstellt. Erst nachdem die speziellen Bedürfnisse des Klienten gründlich untersucht worden sind, kann es zur Entscheidung kommen, ein Konzept oder eine Maßnahme zu modifizieren, die schon einmal verwendet wurde.

## Ausgleich zwischen Erfahrung und neuen Informationen

Die Qualität der Beratungsleistung zeigt sich zum großen Teil darin, wie die Diagnose in Handlungen und konzeptionelle Entscheidungen umgesetzt wird. Bisherige Erfahrungen mit Interventionen und deren Konsequenzen sind sozusagen die inneren Ressourcen, die man als Berater zur Verfügung hat, um die diagnostischen Daten eines neuen Klienten zu interpretieren und umzusetzen. Die richtige Mischung aus neuen Informationen und früheren Erfahrungen ist Grundlage für eine kreative und anspruchsvolle Interventionsentscheidung.

## Schlussüberlegungen

Gordon:
Ich glaube, eine der größten Herausforderungen der Beratungstätigkeit besteht darin, jeden Klienten als neue Chance zu sehen und nicht als identisch mit „dem Klienten, mit dem wir letztes Jahr gearbeitet haben". Man tappt sehr leicht in diese Falle.

Ron:
Wenn ich eine Zusammenstellung ähnlicher Daten verschiedener Klienten habe, die mich in Versuchung führt, bin ich
mir bewusst, dass es zahlreiche geeignete Konzepte und In-
terventionsinstrumente gibt, die bei jedem dieser Klienten
eingesetzt werden könnte. Ich vermeide es, mir diese Instrumente anzuschauen, bis ich die erste diagnostische Datensammlung mit dem neuen Klienten abgeschlossen habe. Dann
ist die Einzigartigkeit der Probleme und Situation des neuen
Klienten ausreichend deutlich, um entsprechende Modifikationen gegenüber früheren Interventionen durchzuführen.

Gordon:
Eine weitere Herausforderung bei Interventionsentscheidungen besteht darin, gleichzeitig über Einzel-, Gruppen- und Or-
ganisationsdynamiken nachzudenken. Indem ich mich darum
bemühe, erweitere ich meine Fähigkeiten enorm.

Ron:
Bei meinen Beratungsbemühungen fällt es mir am leichtesten,
individuelle Unterschiede oder die Organisationskultur außer
acht zu lassen. Wenn ich mich aber zuerst auf die Gruppe
konzentriere und meine Überlegungen dann auf individuelle
und Organisationsfragen ausweite, ergeben sich meist weitere unerwartete Interventionsmöglichkeiten. Manche Erkenntnisse stammen aus der Lektüre neuer Beiträge unserer
Fachkollegen.

Gordon:
Ja. Das ist die größte Herausforderung überhaupt: die persönlichen Bedingungen zu schaffen, die notwendig sind, um
sich als Berater ständig weiterzuentwickeln und zu lernen.

# 4 Was ist ein Berater?

Berater müssen ganz unterschiedliche Rollen ausfüllen können, wenn sie Individuen, Gruppen, Organisationen oder größeren sozialen Systemen helfen wollen. Diese Rollen müssen den jeweiligen Gegebenheiten auf Seiten des Klienten, der Situation und des Beraters entsprechen. Welches sind nun diese grundlegenden Rollen?

ARGYRIS (1970) sowie BLAKE und MOUTON (1976) bestimmen die Beraterrollen anhand der Interventionsstrategien, die der Berater anwendet. Die Interventionsentscheidungen werden von den Werten und der Feinfühligkeit des Beraters sowie von den Bedürfnissen des Ratsuchenden gesteuert.

BENNIS (1973) unterscheidet drei Rollen für einen Berater: Training, Beratung und angewandte Forschung. Er konzentriert sich nicht ausschließlich auf die Beratungsrolle, sondern betont außerdem die Rollen des Erziehers und des Auffinders von Fakten.

LAWRENCE und LORSCH (1969) schlagen in ihrer Monografie eine dreifache Rolle für einen Organisationsentwickler vor: Erzieher, Diagnostiker und Berater. Sie schreiben:

> Wenn es einem Organisationsentwickler gelingen soll, sich erfolgreich mit Fragen der Organisationsentwicklung auseinanderzusetzen und anspruchsvolle Lösungen dafür zu finden, muss er sich sowohl als Erzieher und Diagnostiker wie auch als Berater verstehen. Das heißt, er muss Techniken entwickeln können, mit denen er Organisationsprobleme erkennen und ihre Ursachen analysieren kann. Er muss Manager und andere Organisationsmitglieder im Gebrauch von Begriffen unterweisen können, mit deren Hilfe sie Diagnosen durchführen und Handlungen planen können. Schließlich muss er als Berater tätig werden, indem er den Managern seine eigenen Handlungsvorschläge zur Begutachtung unterbreitet.[2]

MENZEL (1975) und HAVELOCK (1973) fügen den drei genannten Rollen eine vierte, die eines Herstellers von Verbindungen hinzu. In dieser Funktion stellt der Berater, nachdem er sich über die Ressourcen Klarheit verschafft hat, eine Verbindung zwischen den Bedürfnissen des Klienten und den relevanten Ressourcen her.

In dem provozierenden Artikel „Consultants and Detectives" weist STEELE (1969) auf die Ähnlichkeit der Rollen von Beratern und Detektiven in englischen Kriminalromanen hin. Beiden Rollen gemeinsam sei

1. die vorübergehende Natur der Beteiligung an einem System;
2. die Konzentration auf das Sammeln von Beweisen und der Versuch, Puzzles zu lösen;
3. das Potential für „Dramatik";
4. der potentielle Ausgang der Handlung und die damit verbundene Aufregung;
5. die Haltung eines „Experten" der Verhaltenswissenschaft;
6. der Reiz, an mehreren „Fällen" gleichzeitig zu arbeiten.[3]

Ferner weist STEELE darauf hin, dass der Berater aufpassen muss, dass ihm der Beratungsprozess nicht aus den Händen gleitet. Zu diesem Zweck muss er

1. ein Bewusstsein seiner selbst entwickeln;
2. vermeiden, sich vom Klientensystem einverleiben zu lassen;
3. sich einen Mitarbeiter oder „Resonanzboden" suchen, an dem er seine Wahrnehmungen, Gedanken und Gefühle überprüfen kann;
4. sich seiner Intuition bedienen, um die Situation zu verstehen;
5. sich davor hüten, die Leute in die simplifizierenden Kategorien „gut" und „böse" einzuordnen.[4]

Diese verschiedenartigen Feststellungen machen es schwierig, den Prozess des Helfens in Form einer Sammlung spezifischer Rollen für einen Berater zu definieren.

MARGULIES und RAIA (1972) unterteilen in einem nützlichen Modell die beratenden Rollen in „aufgabenorientierte" und „prozessorientierte" Rollen (siehe Abb. 3).

Infolge unserer eigenen Erfahrung und Suche haben wir ein beschreibendes Modell entwickelt, das die Rollen des Beraters entlang einer Skala von *direktiv* zu *nicht-direktiv* darstellt. Jedes Verhalten wird in seinem Grad an Führungsinitiative variieren. Unter direktivem Rollenverhalten verstehen wir eine Situation, in der der Berater die Führung übernimmt und selbst Aktivitäten initiiert, während die nicht-direktive Rolle beispielsweise dadurch gekennzeichnet ist, dass der Berater dem Klienten Daten verschafft, die dieser seinen Entscheidungen zugrunde legen oder auch ignorieren kann. Diese Rollen schließen sich nicht gegenseitig aus, sie können auf unterschiedliche Weise in den jeweiligen Klientenbeziehungen deutlich werden. Diese Rollen stellen unserer Meinung nach eher bestimmte Kompetenzbereiche dar als eine strenge Folge voneinander getrennter Verhaltensweisen. Das Modell ist in Abb. 4 dargestellt.

In der Vergangenheit ist die Beraterrolle besonders von Geistlichen oder Ratgebern in nicht-direktiver Form ausgeübt worden; oder der Berater hatte die Funktion eines Fachmannes oder eines technischen Spezialisten, der von einem Klienten für die Lösung eines Problems hinzugezogen wurde. Beide – und andere – Funktionen sind gerechtfertigt, wenn sie in angemessener Weise von kompetenten internen oder externen Beratern oder Helfern ausgeübt werden.

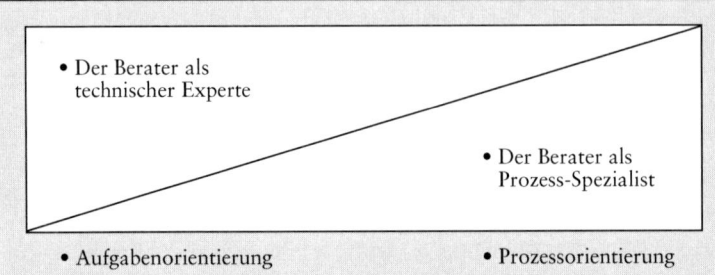

• Der Berater als
  technischer Experte

                              • Der Berater als
                                Prozess-Spezialist

  • Aufgabenorientierung           • Prozessorientierung

## Charakteristische Rollenmerkmale

**Aufgabenorientiert:**

1. Problemdefinition durch Expertenbeurteilung und Datensammlung.
2. Problemlösung: Liefert Ideen und Meinungen, entwirft Forschungspläne zur Datensammlung, entwickelt Lösungen für das Klientensystem.
3. Feedback: Präsentiert Forschungsergebnisse mit seinen fachmännischen Interpretationen.
4. Anwendung der Ergebnisse: Macht spezifische und konkrete Vorschläge, die seine Untersuchungsergebnisse berücksichtigen.
5. Beziehung zum Klienten: Ist objektiv, wenig engagiert, aufgabenorientiert. Sucht eine kurzfristige, sachorientierte Beziehung.
6. Engagement: Interessiert sich hauptsächlich für die Problemlösung.
7. Systemansatz: Bemüht sich, Auswirkungen des Problems für andere Teile der Organisation zu erkennen.

**Prozessorientiert:**

1. Problemdefinition: Versucht, das Problem zu erspüren, gefühlsmäßig in den Griff zu bekommen und dann durch den Klienten klar aussprechen zu lassen. Dabei sollen auch Einstellungen und Gefühle zur Sprache kommen.
2. Problemlösung: Arbeitet daran, die Problemlösungskapazität des Systems zu verbessern, den Problemlösungsprozess voranzubringen und Kreativität zu schaffen.
3. Feedback: Liefert sinnvolle Ergebnisse, bemüht sich um Akzeptanz für diese Ergebnisse, gestattet dem Klienten, die Zahl selbst zu interpretieren.
4. Anwendung der Ergebnisse: Entwickelt die Fähigkeit des Klienten, Untersuchungsergebnisse zu benutzen und seine Handlungen auf das Dazugelernte zu gründen.
5. Beziehung zum Klienten: Ist persönlich, engagiert und am Prozess orientiert. Sucht eine langfristige und am ganzen System orientierte Beziehung.
6. Engagement: Interessiert sich hauptsächlich für die Menschen und Gruppen in der Organisation.
7. Systemansatz: Bemüht sich, gute Zusammenarbeit zu schaffen und einen Austausch von Kräften und Spezialisten zwischen verschiedenen Teilen der Organisation zu fördern.

**Abb. 3:** *Aufgabenorientierte und prozessorientierte Beraterrollen*
Aus: MARGULIES, N. und RAIA, A.: Organisation, Development, Values, Processes and Technology. New York: McGraw-Hill, 1972. Abb. 3: Die vielfältigen Beraterrollen. Nachdruck und Überarbeitung mit Genehmigung des Verlags.

## Rollenbeschreibungen

### Die Rolle des „Advokaten"

Das Wort „Advokat" in Diskussionen über Berater weckt eine Vielzahl von Vorstellungen bei den Teilnehmern. Der Berater wird zum Beispiel gesehen als:

– ein Kämpfer
– ein Mensch mit festem Glauben
– ein Provokateur
– jemand, der aggressiv andere zu beeinflussen versucht
– eine Person mit Überzeugungen und Werten
– ein Mensch mit Schneid
– jemand, der überzeugen kann
– ein Experte mit stark direktiver Haltung

Diese Wahrnehmungen haben zweierlei gemeinsam. Zum einen verbindet sich mit dem Berater als „Advokat" eine Vorstellung der Stärke – er wird als mächtig und einflussreich betrachtet. Zum anderen wird er als jemand gesehen, der seine Ideen und Werte durchsetzen kann, als jemand, in dessen Interventionsstrategie ein Element der Macht oder drohender Konsequenzen enthalten ist. Das Wörterbuch bestätigt diese Wahrnehmungen wenigstens zum Teil:

> Advokat, jemand der für eine Sache eintritt, sie mit Argumenten verteidigt oder rechtfertigt; jemand, der überzeugen kann.

Während der Berater im Allgemeinen als eine Person betrachtet wird, die anderen bei der Lösung ihrer Probleme zu helfen versucht, kann die Rolle des „Advokaten" Probleme aufwerfen. Der „Advokat" wird leicht als jemand verstanden, der „herumgeht und den Leuten erzählt, was sie tun sollen". Die Erforschung des Wesens der helfenden Beziehung hat ergeben, dass eine Abhängigkeit vom Helfenden gewöhnlich nicht im langfristigen Interesse des Klienten liegt. Die Klien-

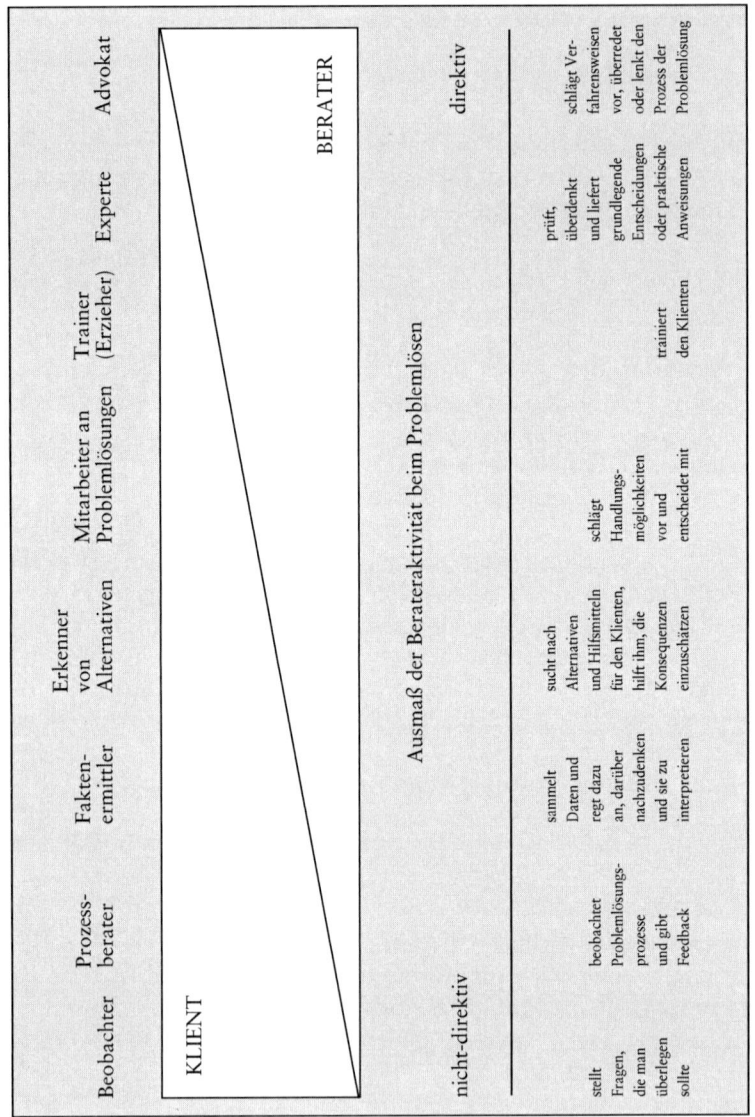

**Abb. 4:**
*Direktive und nicht-direktive Beraterrollen*

ten müssen eine aktive Rolle bei der Lösung ihrer eigenen Probleme spielen. Da viele Berater es vielleicht nicht für sinnvoll oder sogar nicht für möglich halten, ohne persönliche Wertvorstellungen zu arbeiten, besteht hier ein Dilemma. Der Berater *hat* Wertvorstellungen und möchte einen Einfluss ausüben, aber mit bloßem *Druckausüben* ist dem Klienten gewöhnlich nicht gedient.

Der Berater muss zum Nachdenken über die Situation anregen, denn der Klient soll als Problemlöser tätig werden und bestimmte Problemlösungsverfahren verwenden – dabei sollte der Berater jedoch vermeiden, ganz bestimmte Lösungen zu favorisieren (das wäre eine Beeinflussung der Position). In der Rolle des Advokaten resultiert das Verhalten des Beraters aus bestimmten inhaltlichen oder methodischen Präferenzen und Überzeugungen.

In einem Falle wird der Berater versuchen, die Wahl der Ziele und Mittel bewusst zu beeinflussen. Zum Beispiel könnte er aktiv dafür eintreten, dass braune statt rote Geräte produziert werden oder dass Computersystemen vor manuellen Systemen der Vorzug gegeben wird oder dass eine Entscheidung für bestimmte Unterrichtsmaterialien getroffen wird.

Im anderen Falle wird der Berater versuchen, einen bewussten Einfluß auf die Methodik des Problemlösungsverhaltens seines Klienten auszuüben. Der Berater könnte zum Beispiel offene statt geschlossener Sitzungen vorschlagen, um das Vertrauen in das System zu erhöhen. Den Berater interessiert also weniger das, was auf einer Sitzung gesagt wird, sondern die allgemeine Methode der Organisation oder Durchführung der Sitzung.

In beiden Fällen kommen die *Werte* des Beraters ins Spiel. In beiden Fällen wird der Berater einen gewissen Druck auf das System ausüben.

Die Reichweite seiner Ziele oder Werte ist jedoch ganz verschieden. Die Ziele des „Advokaten", der die Position oder
den Inhalt zu beeinflussen versucht, sind eher spezifisch, aber
die Ziele des „Advokaten", der die Methodik oder den Prozess zu beeinflussen versucht, sind weit gefasst und flexibler.

Der Berater spielt häufig die Rolle eines „Advokaten", wobei
er ein „Advokat" des Inhalts oder des Prozesses oder von beiden etwas wird. Die Art der „Advokaten"-Rolle, die der Berater übernimmt, hängt von mehreren Faktoren ab, wie zum
Beispiel den persönlichen Zielen des Beraters, einem Mini-
mum an Empfänglichkeit seitens des Klienten und von der
mehr oder weniger menschenbezogenen oder technischen
Natur der Aufgabe. Der Berater berücksichtigt den zeitlichen
Rahmen, die Risiken und die alternativen Konsequenzen. Externe „Advokaten" mögen vielleicht einem potentiell größeren Risiko ausgesetzt sein, doch sind sie vom Klientensystem
weniger abhängig und können deshalb gewöhnlich einen stärkeren Einfluss auf das System ausüben.

In gewissem Sinne ist der Berater immer eine Art von „Advokat". Schon durch seine bloße Gegenwart hat er einen Einfluss auf das Klientensystem. Die Frage ist also nicht, ob der
Berater ein „Advokat" ist, sondern *wie* und mit welchen Zielen. Für Berater, die in einer helfenden Beziehung zu ihren Klienten stehen, ist die Rolle eines „Advokaten" der Methodik
oder des Prozesses typisch und steht mit allen anderen Rollen, die sie in Bezug auf ein Klientensystem übernehmen, in
Verbindung.

Zusammenfassend gesagt: Das „Advokaten"-Verhalten ist
abhängig von den Werthaltungen des Helfers und seinen
Überzeugungen, was den geeigneten Inhalt, die Form der Beeinflussung und deren Konsequenzen angeht.

## Experte

Eine der Rollen eines Beraters ist die eines technischen Spezialisten. Die traditionelle Beraterrolle ist die eines Spezialisten, der aufgrund seines Fachwissens, Könnens und seiner beruflichen Erfahrung entweder als interner Mitarbeiter eingestellt oder über einen Kontrakt gewonnen wird, um eine spezielle Aufgabe für eine Organisation zu übernehmen. Im Rahmen einer solchen Qualifikationsverbesserung des Klienten besteht seine Aufgabe vor allem darin, den Problembereich und die Ziele der Beratung zu bestimmen. Demzufolge übernimmt der Berater so lange eine direktive Rolle, bis der Klient mit dem jeweils ausgewählten Ansatz zufrieden ist. In manchen Fällen geben Berater diese Rolle nie auf, wie bei STEELE (1969) nachzulesen ist:

> Ich glaube die Rolle des „Experten" ist für den Berater ziemlich verführerisch – in der Verhaltenswissenschaft um so mehr, als die Variablen und ihre Beziehungen oft recht verschwommen und komplex sind. Es kann sehr befriedigend sein, sich anderen als jemand darzustellen, der wirklich „weiß", was los ist oder was in einer gegebenen Situation getan werden sollte. Neben der persönlichen Befriedigung für den Berater gibt es noch einen anderen Umstand, der ihn dazu führt, die Haltung des Experten einzunehmen: der Wunsch des Klienten, sich sicher in den Händen eines Experten zu wissen, der so klug und tüchtig ist, dass die Angst vor gegenwärtigen oder zukünftigen Schwierigkeiten verschwindet.[5]

Obwohl diese Expertenrolle den Bedürfnissen sowohl des Klienten wie auch des Beraters entsprechen mag, sollte der Berater nicht ausschließlich diesem Verhaltensmuster folgen. Die ausschließliche Expertenrolle kann nämlich nicht nur eine erhöhte Abhängigkeit bewirken, sondern wegen der begrenzten Berücksichtigung von Alternativen auch eine schlechte Problemlösung zur Folge haben. Viele Helfer sind der Meinung, dass der Berater die Rolle des inhaltsbezogenen

Experten vermeiden sollte, während sie die Rolle des prozess-
bezogenen Spezialisten für angemessen halten. Eine solche
Position vertritt SCHEIN (1969). Er schreibt, dass der

> Berater bezüglich des Lernprozesses selbst mit seinem Fachwissen
> nicht zurückhalten sollte. Doch zwei Dinge sollte er nicht durch-
> einanderbringen: Es ist eine Sache, ein Experte darin zu sein, wie
> man einer Organisation lernen hilft, und eine andere, ein Experte
> im Hinblick auf die tatsächlichen Managementprobleme zu sein,
> die die Organisation zu lösen versucht.[6]

Unserer Meinung nach mag es zu manchen Zeiten angemessen sein, dem Klienten sowohl bei der Wahl der Methoden als
auch bei der Auswahl der Probleme zu helfen. Aber man sollte dabei sehr vorsichtig und zurückhaltend sein. Jeder gibt
gern Ratschläge. Solchen Ratschlägen wird jedoch Widerstand entgegengebracht, wenn sie nicht zu einem ganz bestimmten Zeitpunkt in der Beziehung, der Situation und dem
Problemlösungsprozess gegeben werden. Am Anfang gibt der
Berater häufig technische Ratschläge, um den unmittelbaren
Bedürfnissen des Klienten Rechnung zu tragen. Später in der
Beziehung kann der Berater als Katalysator bei der Verwirklichung der von ihm getroffenen Empfehlungen fungieren. Sowohl der interne wie der externe Berater können sich darauf
spezialisieren, dem Klienten entweder inhaltlich bei der Problemlösung oder im Hinblick auf die Art und Weise der Pro-
blembearbeitung behilflich zu sein.

## Trainer (oder Erzieher)

Innovative Beratung ist häufig auf die Durchführung eines re-
gelmäßigen oder ständigen Trainings und auf eine Weiterbildung des Klientensystems angewiesen. Der Berater kann ein
Gestalter von Lernerfahrungen oder ein Lehrer im direkten
Sinne sein. Diese Rolle setzt bei dem Berater besondere methodische Kenntnisse voraus, wie Lernen ermöglicht werden
kann.

In der Trainer/Erzieher-Rolle kann der Berater Lernprozesse oder Prozesse organisatorischer Veränderung in Gang setzen und fördern. Wir haben beobachtet, dass die Einführung neuer organisatorischer Methoden, wie zum Beispiel „Management by Objectives" (Management durch Zielvorgabe), Programmbudget-Managementsysteme, strategische Planung oder Management-Informationssysteme, häufig fehl geschlagen ist, weil der Berater und die Organisationsleiter dem Trainingsprozess nicht die erforderliche Aufmerksamkeit geschenkt haben. Wenn Personen in der Organisation keine Erfahrung mit gleichrangigen Beziehungen, dem Führen von Interviews und der Beobachtung von Arbeitsabläufen haben, werden die Verfahren und Formen einer Innovation wie dem „Management by Objectives" nicht funktionieren.

Der Berater wird irgendeine Form des Trainings zum Bestandteil seiner helfenden Rolle machen, wenn

- eine Organisation ihre eigenen Strategien zur Selbstentwicklung verbessern und ihren Mitarbeitern zu wirklicher zwischenmenschlicher Kompetenz verhelfen möchte;
- eine Organisation sich verpflichtet fühlt, ihre Mitarbeiter in Human Relations zu schulen, um deren Einstellungen und Verhaltensweisen zu entkrampfen;
- eine Organisation die zwischenmenschliche Kompetenz ihrer Führungskräfte entwickeln oder kultivieren möchte, um die Effektivität der Problemlösungsaktivitäten von Individuen und Gruppen zu steigern;
- eine Organisation die Anpassungsfähigkeit ihrer Mitarbeiter im zwischenmenschlichen Umgang fördern möchte, wobei sie sich darauf konzentriert, die Werte Verantwortungsgefühl, gegenseitige Wertschätzung und Selbstbejahung zu entwickeln;
- der Klient neue berufliche Fähigkeiten entwickeln oder die Fähigkeiten zur Ausübung der gegenwärtigen Tätigkeiten verbessern muss, um seine Leistung zu steigern.

Der Berater in der Trainer/Erzieher-Rolle hat unter anderem
folgende Aufgaben. Er muss

- die sich aus dem Problem ergebenden Trainingsbedürfnis-
  se einschätzen;
- messbare Ziele für Lernerfahrungen entwickeln und vor-
  geben;
- den Lern- und Veränderungsprozess verstehen;
- eine bestimmte Lernerfahrung anvisieren;
- Erziehungsereignisse planen und entwerfen;
- über das traditionelle Training hinausgehen und sich heu-
  ristischer Laboratoriumsmethoden bedienen;
- vielfältige Lernanreize verwenden, einschließlich Multi-
  media-Einsatz;
- als Gruppenlehrer oder -trainer fungieren;
- anderen helfen lernen, wie man lernt.

Die Trainingsrolle kann Bestandteil einer anhaltenden Beratungsbeziehung sein. Zum Beispiel beriet einer von uns einen
Collegepräsidenten, der einen Fünfjahresplan für sein College entwickeln wollte, und diente ihm als Experte und Mit-
planer. Im Anschluss an die Beratungsphase schlug der Berater eine Arbeitskonferenz vor, die sich in Umfang und Zusammensetzung nach den Grundsätzen der Organization
Renewal Work Conference der Itorp (Implementing the Organizational Renewal Process) richtete. Der Collegepräsident
war einverstanden, und die Arbeitskonferenz, bestehend aus
zehn Mitgliedern der Verwaltung, zehn Studenten, zehn Ku-
ratoriumsmitgliedern und zehn Fakultätsmitgliedern, wurde
an einem Wochenende abgehalten.

Während der beiden letzten Sitzungen der Konferenz, die für
die Planung und Durchführung von Maßnahmen vorgesehen
waren, gab die Gruppe vierzehn Handlungsempfehlungen.
Eine der Empfehlungen fiel in den Zuständigkeitsbereich des
Präsidenten, eine in den des Studentenrates, zwei lagen im
Verantwortungsbereich des Kuratoriums, eine wurde dem

Fakultätssenat übertragen und eine dem Zulassungsdirektor. Somit blieben acht Problembereiche übrig. Der Präsident und die Gruppe stellten acht Expertenteams zusammen, die auf die Durchführung jener acht Empfehlungen hinarbeiten sollten. Die kürzeste Zeit, die von einem Team benötigt wurde, betrug drei Monate, die längste vierzehn Monate. Innerhalb von fünfzehn Monaten waren alle vierzehn Empfehlungen von den jeweils zuständigen Personen oder Gruppen ausgeführt worden.

Diese Trainings-/Konferenz-Erfahrung erhöhte das Engagement der Teilnehmer, machte Problembereiche kenntlich und setzte Maßnahmen in Gang, die zur Aufstellung eines Fünfjahresplanes führten. Das Training in der Mitarbeit an Problemlösungen wurde zu einem natürlichen, fließenden Bestandteil eines zweijährigen Beratungsprozesses.

## Mitarbeiter an Problemlösungen

Ein Berater, der sich als Mitarbeiter an Problemlösungen versteht, arbeitet mit dem Klienten innerhalb der für die Problemlösung erforderlichen Wahrnehmungs-, Erkenntnis- und Handlungsprozesse zusammen. Der Berater trägt zur Wahrung der Objektivität bei, indem er während der Formulierung des Problems Ideen und Interpretationen anregt. Zusätzlich muss der Berater die grundlegenden Faktoren zu bestimmen und herauszuarbeiten helfen, die das Problem verursacht haben oder zu seiner Lösung aktiviert werden könnten.

Er trägt ferner dazu bei, Alternativen abzuwägen, die sie beeinflussenden wichtigsten Kausalbeziehungen zu ermitteln und ein Handlungsmodell zu entwickeln. In dieser Rolle ist der Berater an den Entscheidungen als Kollege beteiligt. In Konfliktsituationen kann er jedoch manchmal auch die Rolle eines Vermittlers zwischen zwei Parteien übernehmen.

Der Berater in der Rolle eines Mitarbeiters an Problemlösungen kann einem Klienten von großem Nutzen sein, indem er

- die Situation genauer wahrnimmt;
- durch Überprüfung der Annahmen eine umfassende Perspektive auf die Situation ermöglicht;
- Ziele eindeutiger definieren hilft;
- Alternativen vorschlägt und prüft;
- dem Klienten ein Gefühl für die Realität vermittelt;
- empfindliche Bereiche miteinander konfrontiert;
- dem Klienten Zeit und Mittel sparen hilft;
- das Engagement der Mitarbeiter verstärkt;
- vorhandene Ressourcen mit anderen Ressourcen verknüpft;
- als Katalysator bei der Durchführung von Handlungen fungiert;
- ein Problem in zu bewältigende Portionen unterteilt;
- die Ressourcen des Klienten zum Einsatz bringt und entfaltet.

Der Berater kann diese positiven Wirkungen erst entfalten, wenn der Klient dafür empfänglich ist und der Berater verschiedene Rollen flexibel übernimmt.

## *Erkenner von Alternativen und Verbindungsglied für Ressourcen*

In dieser Funktion erkennt der Berater weitere Lösungen für ein Problem, stellt Kriterien zur Abschätzung der verschiedenen Alternativen auf, stellt ihre Ursache-Wirkungs-Beziehung fest, schätzt mögliche Folgen der Alternativen ab und stellt für den Klienten die Verbindung zu internen und/oder externen Ressourcen her, die zur Lösung des Problems beitragen könnten. Der Berater nimmt allerdings nicht am Entscheidungsprozess zur endgültigen Lösung teil.

Manche Forscher halten die Mobilisierung der außerhalb des Klienten oder des Beraters liegenden Ressourcen für eine gesonderte Rolle. Nach HAVELOCK (1973) ist ein Verbindungsglied „jemand, der die Ressourcen kennt, den Bedarf kennt und weiß, wie man Klient und Ressourcen zusammenbringt" (S. 18). Wir sind jedoch der Meinung, dass es sich dabei um einen notwendigen Bestandteil des Erkennens von Alternativen überhaupt handelt. Ein guter Berater begrenzt die Alternativen und Ressourcen nicht auf sein eigenes Fachwissen. FRENCH und BELL (1973) äußern sich dazu folgendermaßen:

> In der Zukunft müssen Organisationsentwicklungsspezialisten viel mehr über diese Dinge wissen (d. h. über die Aufgabe, ihre technischen und strukturellen Aspekte und ihre Wechselbeziehungen), und sie müssen Verbindungen zu Praktikern auf solchen Gebieten wie Managementwissenschaft, Mitarbeiter- und Industriepsychologie, Operations Research und Industrietechnik herstellen, um ein größeres Spektrum an organisatorischen Interventionsentscheidungen bieten zu können.[7]

## Faktenermittler

Das Recherchieren von Fakten ist ein wesentlicher Bestandteil eines Beratungsprozesses. Es dient dem Aufbau einer Informationsgrundlage oder der Lösung komplizierter Probleme. Obwohl die Recherche beim eigentlichen Problemlösen und Fällen von Entscheidungen häufig am wenigsten beachtet wird, ist sie möglicherweise ausschlaggebend. Zum Recherchieren und Analysieren der Fakten braucht man Kriterien und Leitlinien.

Das Auffinden von Fakten kann durch bloßes Zuhören geschehen oder aber so komplexe Verfahren erforderlich machen wie etwa eine computergestützte Umfrage. In dieser Rolle arbeitet der Berater in erster Linie als Forscher.

Der interne wie der externe Berater sollten über bewährte Methoden zum Auffinden der Fakten oder zum Sammeln der

Daten verfügen. Diese Methoden können sich bei beiden Beratern unterscheiden: Der interne Berater ist Teil des Systems und wahrscheinlich eher in der Lage, die für das Problem relevanten Daten zu sammeln, während der externe Berater möglicherweise nicht so leicht Zugang in das System findet, dafür aber den Vorteil glaubwürdiger Objektivität besitzt. Beide Berater können sich der folgenden fünf grundlegenden Methoden beim Sammeln ihrer Daten bedienen:

1. Interviews (paarweise oder in der Gruppe)
2. Fragebogen
3. Beobachtung
4. Analyse von Berichten und Dokumenten
5. Durchführung und Analyse geeigneter Tests

Der Berater muss wissen, wie und wann er jede einzelne Technik anwenden kann, und er muss die Mitarbeit des Klienten sicherstellen. Bei der Wahl der geeigneten Technik sind folgende Schlüsselvariablen zu berücksichtigen:

1. *Zeit:* Welche Technik ist erforderlich, um die Daten rechtzeitig zu erhalten?
2. *Kosten:* Welche Kosten sind mit dem Sammeln der Daten verbunden? Der Berater sollte nicht nur die in Geld anfallenden Kosten, sondern auch die Kosten in Form der zeitlichen Beanspruchung menschlicher Arbeitskraft berücksichtigen.
3. *Bedürfnisse:* Welche Technik entspricht dem gegenwärtigen Bedürfnis des Klienten am besten? Welche Methode ist als Ansatz am besten geeignet?
4. *Wesen des Klienten:* Welche Werte vertritt der Klient? Welche Technik ist für den Klienten am besten geeignet?

Das Sammeln der Daten – egal nach welcher Methode – ist ein wichtiger Bestandteil der Arbeit des Beraters. Der Berater muss erkennen, dass er mit jeder der Techniken in einem bestimmten Maße in die Funktionsweise des Klientensystems eingreift, und er muss wissen, wie viel direkte Intervention das Klientensystem ertragen kann. Ein verantwortungsbewusster Helfer muss vertrauliche Mitteilungen respektieren und seine Informationsquellen schützen.

Fakten können dem Berater helfen, den Klienten zu verstehen und ihm einen Einblick in die Art der Ziel- oder Planerfüllung des Klienten geben. Mit Hilfe dieser Einsichten können der Berater und der Klient beurteilen, wie gut ein Veränderungsprozess funktioniert und wie gut er die Problemlösungsziele erfüllt hat oder erfüllt.

Außerdem übt der Berater, indem er beim Klienten Daten sammelt, einen Einfluss auf das Klientensystem aus. Die Art der Planung und Durchführung des Faktensammelns ist also ein wichtiger Bestandteil des Beraterverhaltens. Die Fähigkeit, Daten *rückzukoppeln,* gehört wesentlich zum Faktensammeln.

## Prozessberater

Es ist wesentlich, dass der Berater als Verfahrens- oder Prozessspezialist fungiert. SCHEIN (1969) definiert diese Rolle folgendermaßen:

> Prozessberatung besteht in einer Reihe von Aktivitäten auf Seiten des Beraters, die dem Klienten helfen, Prozesse, die sich in seiner Umgebung abspielen, besser zu erkennen, zu verstehen und zu beeinflussen.[8]

Wichtig ist bei dieser Definition der Verfahrens- oder Prozessberatung vor allem, dass der Berater und der Klient die Diagnose gemeinsam erstellen mit der Absicht, dem Klienten die für die Fortführung einer solchen Diagnose notwendigen Fähigkeiten zu vermitteln.

Sein Hauptaugenmerk richtet der Berater auf die den Problemlösungsprozess beeinflussende Dynamik zwischen Individuen einerseits und Gruppen andererseits. Häufig ist die Prozessberatung eng mit der Methode der Beobachtung beim Auffinden von Fakten verbunden. Der Prozessberater stellt unmittelbare Beobachtungen an Personen in Aktion an und führt Interviews mit Managern in der Ranghöhe vom Präsidenten abwärts. Diese Aktivitäten dienen dem Zweck, Fakten zu erhalten und die Daten dem Klientensystem mitzuteilen, damit die Beziehungen und Prozesse innerhalb der Organisation verbessert werden können. Der Prozessberater muss in der Lage sein, erfolgreich zu diagnostizieren, wer und was die organisatorische Effektivität behindert, und diese Beobachtungen der richtigen Person oder den richtigen Personen in der Organisation zu berichten.

Ziel des Beraters ist es, gemeinsam mit dem Klienten solche diagnostischen Fertigkeiten zu entwickeln, die eine Bearbeitung spezifischer und wichtiger Probleme ermöglichen. Dabei konzentriert er sich darauf, *wie* gearbeitet wird und weniger darauf, woran gearbeitet wird. Er hilft dem Klienten, zwischenmenschliche Fähigkeiten, Gruppenfähigkeiten und Ereignisse mit aufgabenorientierten Tätigkeiten zu integrieren und dann die beste Verknüpfung zu realisieren.

## Objektiver Beobachter

Die Rolle des objektiven Beobachters besteht in einer Reihe von Berateraktivitäten, die dem Klienten helfen sollen, einen Einblick in seine Entwicklungsmöglichkeiten zu gewinnen, bessere Methoden ausfindig zu machen, langfristige Veränderungsmöglichkeiten zu erkennen und größere Unabhängigkeit zu erlangen.

Dies ist der am wenigsten direktive Beratungsansatz. Der Berater behält seine Überzeugungen und Ideen für sich und trägt keine Verantwortung für die Arbeit oder das Ergebnis der Arbeit. Der Klient ist für die eingeschlagene Richtung verantwortlich und trifft seine Entscheidungen selbst.

Der Berater, der als Reflektor arbeitet, erweitert die Entscheidungsbasis des Klienten durch reflektierende Fragen, die zur Klärung oder zur Veränderung einer bestimmten Situation beitragen sollen. Der Berater kann diese Rolle sowohl als Schiedsrichter als auch dadurch ausüben, dass er ergänzt oder sich in die Situation hineinversetzt, um so gemeinsam mit dem Klienten jene Schwierigkeiten nachzuvollziehen, die ein Problem verursacht haben. In dieser Rolle ist der Berater eher eine Art Philosoph, der die Dinge überblickt und durchschaut.

Das vom objektiven Beobachter geforderte Verhalten ähnelt dem des Prozessberaters, der Schwerpunkt ist jedoch teilweise ein anderer. Eine interessante Frage in diesem Zusammenhang ist die der Beziehung zwischen Beraterfunktionen und Klientenentscheidungen. Normalerweise enden die Maßnahmen auf der Beraterseite an beiden Enden des Rollenspektrums nicht, bevor eine Entscheidung gefällt worden ist - im Falle des Advokaten durch den Berater, im Falle des objektiven Beobachters vom Klienten.

Die Rolle des objektiven Beobachters fordert von beiden Seiten einen erhöhten Einsatz; dies gilt es bei diesem Vorgehen zu berücksichtigen. Auf Seiten des Beraters sind zeitliches Engagement und Flexibilität verlangt, auf Seiten des Klienten Akzeptanz und Vertrauen gegenüber dem Berater.

Zwei weitere Hinweise sind für die nicht-direktive Beobachterrolle anzumerken:

1. In der Beobachterrolle ist die Arbeit des Beraters erst dann beendet, wenn der Klient eine Entscheidung getroffen hat. Dies mindert den Einfluss des Beraters zu einem gewissen Grad hinsichtlich der Zeit, die er mit dem Klienten verbringt.

2. Diese Form der Beratung führt tendenziell zu mehr Frustration im Klientensystem. Frustrationserfahrungen gehen zwar allen Bewusstwerdungsprozessen voraus, doch mag dies für eine Geschäftsorganisation oder einen leitenden Angestellten in einem anstrengenden Umfeld nicht akzeptabel sein.

Wie auch alle anderen Rollen kann diese Rolle für den ganzen Beratungsprozess bestimmend sein oder aber nur einen einzelnen Aspekt im Rahmen einer Beratung darstellen.

## Kriterien für die Wahl einer Beraterrolle

In diesem Abschnitt wird untersucht, welche Variablen den Berater bei der Wahl seiner Rolle beeinflussen. Wir haben deutlich gemacht, dass es a) zahlreiche Beraterrollen gibt, die in vielfältiger Weise interpretiert werden können, und dass b) die vom Berater übernommene Rolle sich von Augenblick zu Augenblick ändern kann. Diese Rollen lassen sich also nur gedanklich scharf voneinander trennen, in der Praxis ist das nicht möglich. Richtiger wäre es, nach der Rolle zu fragen, die in einem bestimmten Augenblick oder am längsten vorherrscht.

Man könnte fragen: „In welchem Maße trifft ein Berater eine bewusste Entscheidung über die Rolle, die er übernehmen will?" Wir sind zwar der Meinung, dass die Reaktionen des Beraters auf eine Situation seiner ganzen Persönlichkeit entspringen und dass sein Verhalten weniger von einem bewussten Entscheidungsprozess bestimmt wird als vielmehr von einem Komplex eingeübter Reaktionen und erfahrungsbedingter Verhaltensweisen, von denen manche unerklärbar sind. Aber wenn man etwas darüber erfahren will, wie man Beraten lernt, ist es wichtig, über solche Unterscheidungen und Entscheidungen nachzudenken.

Unsere Kriterien für die Wahl einer Beraterrolle sind nicht zwingend. Sie haben eher beschreibenden Charakter und sind das Ergebnis unserer eigenen Erfahrungen und Empfindungen. Unser Ziel für den Berater ist Effektivität, und in dem Maße, wie unsere Rollenwahl-Kriterien für den praktizierenden Berater effektiv sind, haben wir dieses Ziel erreicht.

Wir haben keinen Weg gefunden, zuverlässig festzustellen, welche Faktoren die Schlüsseldeterminanten bei der Rollenwahl des Beraters sind. Meistens werden in der Literatur zu diesem Thema persönliche Erfahrungen beschrieben, die dann mit universellen Konstanten in Verbindung gebracht werden. Die Faktoren, die im Folgenden genannt werden, scheinen für die Rollenwahl besonders wichtig zu sein. Es sind nicht die einzigen, noch sind es die besten, aber wir meinen, dass sie in der Praxis am häufigsten vorkommen.

## Das Wesen des Kontraktes

Die Übereinkunft zwischen Berater und Klientensystem über ihre Arbeitsbeziehung ist ihr *Kontrakt*. Dabei kann es sich um ein schriftliches Dokument oder um eine mündliche Vereinbarung handeln. In welcher Form dieser Vertrag auch geschlossen werden mag, er wird zu einem *psychologischen Kontrakt*. Schwierigkeiten im Zusammenhang mit dem Kontrakt können sich daraus ergeben, dass die betroffenen Individuen ganz unterschiedliche Vorstellungen von dem Vertrag haben.

Beratung bedeutet nicht nur eine Auseinandersetzung mit Erwartungen, sondern auch mit sich ändernden Wahrnehmungen und den durch die Interaktion herbeigeführten Modifikationen. Der Kontrakt ist ein Prozess, weil Veränderung im Wesen menschlicher Beziehungen immer enthalten ist und weil die Gegenwart einer neuen Kraft (der Berater) das zu bewältigende Problem in seinem Kern verändert.

Der Kontrakt, so wie er vom Klienten und vom Berater wahrgenommen wird, bestimmt wahrscheinlich die anfängliche
Hierarchie der Beraterrollen. Die erste Form des Kontrakts
wird entweder mit Beginn der Beratung oder vorher festgelegt. Der Kontrakt wird sich mit jeder nachfolgenden Entwicklung verändern, aber wie er sich ändert, wird weitgehend
von seiner ursprünglichen Form abhängen. Je strukturierter
und spezifischer der Kontrakt ist, um so weniger wird sich die
Rolle des Beraters ändern (und damit wird auch die Entstehung eines neuen Kontrakts verhindert). Je allgemeiner und
unstrukturierter der Kontrakt ist, um so eher ist eine kontinuierliche Veränderung der Rolle des Beraters möglich.

## Ziele

Auch die Ziele können prozesshaft aufgefasst werden. Der
Berater und die Mitglieder des Klientensystems beginnen
nicht nur mit vielfältigen Zielen, sondern sie verändern sie
auch und legen von Zeit zu Zeit die Prioritäten neu fest. Der
Berater wirkt, weil er die Wahrnehmungen und die Arbeitsweise des Systems beeinflusst, auch verändernd auf die Ziele
des Klientensystems.

Die Rolle eines Dritten kommt für einen Berater in Betracht,
der an der Lösung eines Konflikts zwischen zwei Gruppen beteiligt ist. Wenn die beiden Gruppen aber Verantwortung
übernehmen sollen, ist die Rolle des Trainers/Erziehers für
den Berater relevant, da er den Gruppen auf diese Weise helfen kann, Konfliktlösungsfähigkeiten zu entwickeln.

## Normen und Standards des Klientensystems und des Beraters

Mit Normen und Standards meinen wir das ganze Spektrum
an Werten von der Etikette bis zu Sitten und Lebensweisen.

Im Gegensatz zum Beratungsvertrag sind Normen und Standards gegen Veränderung ziemlich resistent. Obwohl auch sie Veränderungsprozessen unterliegen, haben Normen und Standards die Tendenz, sich langsamer zu ändern, so wie sie sich vielleicht im Laufe des Alterns von Individuum und Klientensystem ändern.

Es ist tatsächlich eine der unbekanntesten Aufgaben des Beraters – besonders des Prozessberaters –, die Wertsysteme des Klienten zu verändern.

Je festgefügter die Normen und Standards des Klientensystems sind, um so eingeengter ist im Allgemeinen der Berater in der Wahl seiner Rolle. Das gilt so lange, wie erstens die Normen und Standards zwischen den Mitgliedern eines Klientensystems übereinstimmen und zweitens der Berater nicht die Taktik wählt, das Klientensystem zu verändern, indem er es mit einer unerwarteten Rolle konfrontiert.

Je mehr sich die Wertvorstellungen des Klientensystems von denen des Beraters unterscheiden, um so eher wird der Berater dazu neigen, die direktive Rolle des Advokaten zu wählen. Dabei kann er sich anderer stützender Rollenorientierungen bedienen, um die Übereinstimmung mit dem Klienten sicherzustellen.

## *Persönliche Neigungen und Grenzen des Beraters*

Wir sind der Meinung, dass die natürlichen Voreingenommenheiten und Fähigkeiten eines Beraters die entscheidenden Faktoren bei der Wahl seiner Rollen sind. Der persönliche Stil bestimmt, wie WALTON (1969) betont, in starkem Maße die Rollen und Interventionen des Beraters. BECKHARD (1969) nennt zwischenmenschliche Kompetenz als wichtigste Voraussetzung für den Berater in der Organisationsentwicklung, wozu er auch Selbstbewusstsein rechnet. Zu zwischen-

menschlicher Kompetenz führendes Selbstbewusstsein setzt
das Akzeptieren der eigenen Grenzen voraus. Die Rollenwahl
eines Beraters wird deshalb wahrscheinlich davon beeinflusst,
in welcher Rolle er sich am effektivsten und wohlsten fühlt.
Je vielseitiger und größer das Rollenrepertoire des Beraters
ist, um so eher wird er in den unterschiedlichsten Situationen
Erfolg haben.

## Was vorher funktioniert hat

Alle Menschen haben die Neigung, die Methoden wieder anzuwenden, die sich bereits als erfolgreich erwiesen haben. Berater sind da keine Ausnahme. Solange sich die Klientengruppe von einem Beratungsauftrag zum nächsten nicht verändert, wird der Berater wahrscheinlich dieselben Rollen benutzen. Um aber mit veränderten Klientensystemen arbeiten
zu können, sollte der Berater in der Lage sein, diese Tendenz
zum Bewährten zu erkennen und sich ändernden Umständen
anzupassen.

## Intern und extern

Die Rollenwahl eines Beraters hängt in hohem Maße davon
ab, ob er Mitglied des Klientensystems ist oder nicht. Z. B.
wird der Berater, der denselben Vorgesetzten hat wie die
Gruppe, mit der er arbeitet, häufig gezwungen sein, die Rolle des Polizisten oder „Wachhundes" zu übernehmen. Die
Wahrscheinlichkeit dafür ist geringer, wenn der Berater aus
einem anderen Teil der Organisation kommt. Natürlich gibt
es auch Ausnahmen von der Regel, aber meistens trifft diese
Feststellung zu.

Die Rollenerwartungen, die an den internen Berater gerich-
tet werden, sind insofern begrenzt, als dieser kein unabhängig Handelnder ist und seine Funktionen innerhalb der Or-

ganisation genau festliegen. Abgesehen davon, dass der interne Berater wegen seiner Interventionen auf Ressentiments stoßen wird, muss er sich mit vorgefassten Meinungen darüber auseinandersetzen, wie viel er wohl dem Boss erzählen wird und welche spezifischen Veränderungen durchgeführt werden sollen.

In dieser Situation scheinen sich zwei Trends abzuzeichnen: Zum einen, dass der interne Berater zu einem externen wird, d. h., dass das Beratungspersonal zum Beispiel aus dem Unternehmen ausgegliedert wird und eine eigene Firma bildet. Und zum anderen, dass der Berater in seiner Rolle und in seinem Wirkungsbereich immer mehr eingeengt wird.

## Umweltereignisse

Außerhalb des Beratungsprozesses liegende Ereignisse können tiefgreifende Auswirkungen auf das Klientensystem und/oder den Berater haben und den Berater veranlassen, seine Rolle zu ändern. Die Geburt eines Kindes, der Ausbruch eines Krieges, eine Veränderung in der organisatorischen Führung, Rassenunruhen oder Schwankungen am Aktienmarkt können den Charakter des Klientensystems oder die Einstellung des Beraters so sehr verändern, dass ein Rollenwandel eintritt.

Zu Beginn dieses Kapitels haben wir ein Modell vorgestellt, in dem die vielfältigen Rollen des Beraters nach dem Grad ihrer Direktivität bzw. Nicht-Direktivität geordnet wurden. Der Nutzen und die Gültigkeit dieses Modells – wie auch all der anderen Modelle, die menschliche Situationen darzustellen versuchen – ist begrenzt. Ein solches Modell ist immer nur vorübergehend wahr und richtig. Wir bitten den Leser nun, sich die Rollenwahl als einen Prozess vorzustellen, der durch eine Reihe anderer Prozesse determiniert wird, von denen einige beschrieben wurden. Wie in jedem System voneinander abhängiger Prozesse verursacht die Wahl einer Rolle Veränderungen in den determinierenden Prozessen selbst, die ihrerseits wieder die Rollenwahl modifizieren usw. Jeder einzelne Prozess beeinflusst alle anderen. Wegen der Komplexität dieses Gesamtprozesses konnten wir kein Modell davon konstruieren. Wenn jedoch das Verhalten des Beraters als ein Prozess in einem Prozess wahrgenommen wird, dann sind die Realitäten der Beratungspraxis verstanden worden.

# 5 Ethik der Beratung

Ethisches Verhalten ist für einen Berater von entscheidender Bedeutung. In diesem Kapitel[9] untersuchen wir die Ethik der Hilfeleistung, beschäftigen uns mit ausgewählten ethischen Problemen und formulieren einige moralische Richtlinien für den Berater.

Wir wollen vor allem die Komplexität verschiedener ethischer Probleme bewusst machen. Ein ethischer Konflikt kann sich zum Beispiel aus vorgefassten Meinungen über die Berater-Klient-Beziehung, aus den Gefahren der Manipulation menschlichen Verhaltens und aus Begriffsverwirrungen ergeben.

In jedem Bereich der Hilfeleistung hat der Berater eine Vertrauensposition, und deshalb nehmen die ethischen Aspekte seiner Arbeit und seiner Beziehungen einen wichtigen Stellenwert in der Diskussion über den Beratungsprozess ein. Alle professionellen Helfer müssen bei ihrer Arbeit Diskretion üben und über ein gutes Urteilsvermögen verfügen. Ihre Klienten sind vielleicht nicht in der Lage, die Qualität der angebotenen Dienste oder die damit verbundenen Risiken zu beurteilen. Sie müssen sich folglich ganz auf die Verhaltensstandards des Helfers und das Ethos des Berufsstandes als solchen verlassen. Der Klient erwartet mit gutem Recht gewisse Verhaltensstandards und muss sicher sein können, dass ein beruflicher Verhaltenskodex ihm Schutz bietet.

SHAY (1965) versteht unter Berufsethos:

> Standards der Berufsausübung und -praxis, die sich aus der Natur des Berufes ergeben. Sie stehen in Übereinstimmung mit den Zielen und Aufgaben des Berufes in der Gesellschaft und werden im Allgemeinen als die beste Form der Anwendung der für den Beruf eigentümlichen Kenntnisse und Fertigkeiten angesehen.[10]

Nach SHAY verkörpert das Berufsethos Einstellungen, Prinzipien und Methoden, die:

1. zum Erfolg der Arbeit des jeweiligen Berufsvertreters beitragen;
2. die Herstellung angemessener und zufriedenstellender Beziehungen zum Klienten fördern;
3. die richtige Verbindung herstellen zwischen dem Beruf
   und dem Teil der Gesellschaft, dem er dient.[11]

## Professionalität

Berufsethos und berufliche Verhaltensstandards sind durch
den Beruf bedingt, und das Ansehen des Berufs wiederum ist
weitgehend eine Folge des Berufsethos und der beruflichen
Verhaltensstandards. Somit muss also geklärt werden, was
unter Beruf zu verstehen ist. Die Association of Consulting
Management Engineers (1966) definiert ihn folgendermaßen:[12]

> Der Beruf ist eine Beschäftigung, die ein umfassendes intellektuel-
> les Training erfordert, die für andere und nicht nur für einen selbst
> ausgeübt wird und deren Bedeutung an ihrem Beitrag zur Gesell-
> schaft und nicht an ihrer individuellen finanziellen Belohnung ge-
> messen wird.

Alle Standarddefinitionen von Berufen enthalten als Elemente die Hingabe an den Beruf, die außerordentliche Bedeutung
der eigenen ethischen Position, den Stolz auf die Anwendung
der eigenen Kenntnisse und Fähigkeiten und der integren
Ausübung des Berufes. In einem so komplexen und vielfältigen Bereich wie dem der Beratung bedeutet ethische Praxis
viel mehr als nur das Lernen aus den vergangenen Fehlern des
Berufsstandes. Beratung setzt die Bereitschaft voraus, gegenüber neuen Situationen wachsam zu sein und auf sie zu
reagieren, während sie im Entstehen begriffen sind.

SHAY (1965) nennt fünf Merkmale, die für den Fachmann in jedem Beruf charakteristisch sind:

1. Kenntnis des Berufs, seiner Philosophie, seiner Prinzipien und seiner Praktiken;
2. Ständige Weiterbildung und Verantwortung für die Förderung und Verbreitung des Fachwissens;
3. Eine Verhaltensnorm, die die Beziehungen zwischen den Praktikern und zukünftigen Klienten, Kollegen, Mitgliedern verwandter Berufe und der Öffentlichkeit regelt;
4. Das Motiv des Helfens im Unterschied zu einem primären Profitinteresse;
5. Berufsstolz – der Glaube des Berufsausübenden an den Wert seiner Berufung und der Einfluss, den diese Überzeugung auf seine Handlungen hat.[13]

Entsprechend muss ein effektiver Berater bereit sein:

1. das fachliche Wissen zu erwerben und die für den Beruf notwendigen Regeln zu erlernen;
2. die beruflichen Kenntnisse und Fertigkeiten effektiv anwenden zu lernen;
3. das Interesse des Klienten immer vor persönliche Interessen oder Gruppeninteressen zu stellen;
4. hohe Maßstäbe an seinen Dienst am Kunden anzulegen;
5. sich immer den Forderungen seines Berufsstandes entsprechend zu verhalten.

Aus diesen Feststellungen ergibt sich die grundlegende Verpflichtung, bei den Entscheidungen und Handlungen in jeder Beratungsbeziehung oder -rolle ethische Richtlinien zu beachten. Leser, die selbst helfende Funktionen annehmen möchten, ohne sich einem bestimmten Beruf zugehörig zu fühlen, könnten sich durch ihre Taten als qualifizierte, professionelle Helfer beweisen.

## Quellen ethischer Richtlinien

Wer wenig Beratungserfahrung hat, meint vielleicht, es müsse doch ganz einfach sein, die Beratung in Übereinstimmung mit den höchsten ethischen Standards auszuführen. Der Unterschied zwischen dem Zulässigen und dem Unzulässigen sollte doch ziemlich klar sein. Aber ganz so einfach ist es nicht. Nur zu häufig kommt es vor, dass sich der Berater vor Entscheidungen gestellt sieht, die schwer lösbare ethische Fragen aufwerfen. Manche Berater arbeiten in Bereichen, in denen nur unklare und verschwommene ethische Normen existieren. In vielen Fällen muss der Berater einen Balanceakt vollführen, wenn er versucht, die manchmal konfligierenden Interessen all derjenigen, mit denen er beruflich zu tun hat, in fairer Weise auszugleichen.

Der praktizierende Berater fällt selbst Werturteile. Beratung umfasst Aktivitäten, die eine Wahl zwischen alternativen Handlungsverläufen notwendig machen. Indem der Berater zwischen möglichen Alternativen entscheidet, trifft er eine Wahl zwischen zwei oder mehr Wertpositionen. Eine solche Wahl bedeutet oft eine ethische Entscheidung. Werturteile sind ein wesentlicher und vom Beratungsprozess nicht zu trennender Bestandteil.

Der Berater fällt seine Werturteile in einem sozialen Zusammenhang, für den die Gesellschaft bereits Werte in Form gesetzlicher Vorschriften und Verbote festgelegt hat. Infolgedessen sind die Richtlinien für die Entscheidungen und das Verhalten im Beratungsprozess manchmal im Gesetz oder in institutionellen Bestimmungen zu finden.

Diese Ebene der Beratungsrichtlinien bezeichnen Philosophen als normative Ethik. Ein bestimmtes Verhalten ist gut oder richtig, wenn es mit der akzeptierten Norm übereinstimmt. Solange der Berater damit zufrieden ist, die gegebene Norm zu akzeptieren, kann er mit relativer Leichtigkeit Wertent-

scheidungen treffen. „Er ist an die Kultur gebunden und glücklich, ihren Ansprüchen zu genügen" (GOLIGHTLY, 1971).

Das Fällen von Werturteilen wird beschwerlich, wenn der Berater mit den Bestimmungen der herrschenden Gesetzgebung
und der Institution nicht zufrieden ist oder wenn die Probleme nicht durch Präzedenzfälle und Normen abgedeckt sind.
Wie kann ein Berater wissen, ob eine bestimmte Idee, Empfehlung oder Politik richtig ist oder ob eine vorgeschlagene
Veränderung gut ist, wenn er nicht weiß, was unter *richtig*
und *gut* zu verstehen ist?

Wie unterscheiden sich Werte von Tatsachen? Kann die Rich-
tigkeit von Werten genauso bewiesen werden wie die von Tatsachen? Werte entstehen aus menschlichen Überzeugungen
und Wünschen. Menschen setzen Ziele fest, und sie experimentieren mit Mitteln, um ihre Ziele zu erreichen. Auf diese
Weise stellen sie eine Kette von Zielen und Mitteln her, die
Normen über angemessene Verhaltensweisen unterworfen
sind. Diese Normen sind in der Welt der Praxis einer ständigen Überprüfung ausgesetzt. Funktionieren die Normen, werden sie eingehalten, funktionieren sie nicht, entsteht die Tendenz, sie zu revidieren oder aufzugeben. Ein strenger, mora-
listischer Standpunkt torpediert oft den Kreislauf, in dem die
Folgen der eigenen Handlungen zu einer Überprüfung der eigenen Überzeugungen und Motive führen.

Nach FLETCHER (1968) gibt es im Wesentlichen drei Wege
oder Methoden, ethische Entscheidungen zu treffen. Dabei
handelt es sich

1. um die legalistische Methode,
2. um die gesetz- oder prinzipienlose Methode und
3. um die situationsorientierte Methode.

Bei der legalistischen Methode hat man für jede Entschei-
dungssituation einen ganzen Kodex vorformulierter Regeln
und Vorschriften parat, sozusagen ein Gesetzbuch. Bei der ge-

setzlosen Methode verfügt man über keine derartigen Grundsätze oder Maximen, außer vielleicht einem gewissen Eigeninteresse. Die situationsorientierte Methode liegt zwischen beiden. Da jede Situation einzigartig ist, muss man sich auf die jeweilige Situation selbst verlassen und ihr die Anhaltspunkte für eine ethische Entscheidung entnehmen. Bei dieser Methode begibt man sich in jede Beratungssituation mit den ethischen Maximen, die man früher aus anderen ähnlichen Situationen entwickelt hat.

Im Mittelpunkt der Anwendung ethischer Richtlinien in den meisten Beratungssituationen steht die Erkenntnis, dass die Fälle sich mit den Umständen verändern. Der Berater, der sich der situationsorientierten Ethik bedient, ist bereit, Prinzipien anzuwenden. Er wird sie jedoch nicht als starre Gesetze, sondern nur als Orientierungsrahmen behandeln. Die situationsorientierte Ethik und die an Prinzipien orientierte Ethik widersprechen sich also nur graduell.

Ethik beschäftigt sich mit menschlichen Beziehungen, und situationsorientierte Ethik befasst sich mit Menschen, nicht mit Gesetzessammlungen. Gegen die situationsorientierte Ethik wird oft der Einwand erhoben, dass sie mehr Selbstdisziplin hinsichtlich der Einbringung von Werten verlange, als die meisten Leute aufbringen könnten.

Die vielfältigen Zwänge und rapiden Veränderungen nach dem Zweiten Weltkrieg haben mehr und größere ethische Probleme in Beratungsbeziehungen mit sich gebracht. Diese Zunahme an Wertkonflikten trägt zu der allgemeinen Haltung bei, traditionelle Werte in Frage zu stellen – eine Haltung, die für die postindustrielle Gesellschaft charakteristisch zu sein scheint. Werte ändern sich im Laufe eines Prozesses der Infragestellung und der Anpassung im Spannungsfeld zwischen bestehenden Werten einerseits und neuen Technologien, Handlungszwängen und daraus resultierenden sozialen Veränderungen andererseits.

Diese widersprüchlichen sozialen Einflüsse haben zur Entstehung einer sozialen Ethik und einer individualistischen Ethik geführt. Die individualistische Ethik verherrlicht die Freiheit des Individuums, das Konkurrenzprinzip und die Selbstbestimmung als Zielwerte des Lebens. Die soziale Ethik betont die Wichtigkeit der Verantwortung des Individuums gegenüber der Gruppe und gegenüber der Gesellschaft ganz allgemein. Sie geht davon aus, dass das auf menschlichen Beziehungen beruhende Sozialsystem der grundlegende Weg zur Befriedigung menschlicher Bedürfnisse sei. GOLEMBIEWSKY (1965) schreibt, dass keine der beiden Ethiken an sich dieser Aufgabe gerecht werde: „Beide sind moralisch unspezifisch; und keine von beiden [...] kann beweisen, dass sie notwendig und ausreichend ist, unter den gegebenen Bedingungen effektives Handeln zu bewirken." (S. 45–47)

Neben den beiden genannten Ethiken sind drei spezifischere Wertsysteme in Erscheinung getreten, die von Beratern in Betracht gezogen werden müssen. Es handelt sich um die wissenschaftliche Ethik, die humanistische Ethik und um den wissenschaftlichen Humanismus. Alle drei Orientierungen sind in den beiden letzten Jahrzehnten als Antwort auf bedeutende gesellschaftliche Veränderungen zunehmend in den Vordergrund getreten.

Die Werte der wissenschaftlichen Ethik sind Rationalität, Mäßigung, Flexibilität, Berechnung, Planung und Vorsicht.

Die Werte der humanistischen Ethik sind Freiheit, Spontaneität, Kreativität, Beteiligung und Selbstverwirklichung.

Der wissenschaftliche Humanismus stellt eine Kombination der beiden anderen Systeme dar.

Die wissenschaftliche Ethik kommt vielleicht am augenfälligsten in den neuen wissenschaftlich fundierten Analyse- und Entscheidungsfindungstechniken zum Ausdruck, die in zu-

nehmendem Maße in Wirtschaft und Politik Verbreitung finden. Diese Techniken, wie zum Beispiel Operations Research
und Systemanalyse, setzen eine eindeutige Festlegung der Ziele voraus und sind daher geeignet, Wertpräferenzen deutlich
zu machen. Die humanistische Ethik äußert sich in dem von
MASLOW (1965) entwickelten humanistischen Trend in der
Psychologie, der für die zwischenmenschlichen Aspekte des
Beratungsprozesses vielleicht am einflussreichsten und wichtigsten ist. MASLOW hebt als Werte Offenheit der Kommunikation, gemeinsame Entscheidungsfindung, persönliche Entwicklung und Erfüllung hervor.

## Auswahl ethischer Verhaltensregeln

Ein Kodex ethischer Regeln für einen Beruf gewährleistet die
faire Behandlung der Klienten und sichert den Schutz ihrer
Rechte. Die ethischen Prinzipien für helfende Berufe sollten
so beschaffen sein, dass sie dem Klienten:

- Richtlinien für ein attraktives und vertretbares Beraterverhalten zur Verfügung stellen;
- Vertrauen geben, der Berater werde sich am Vorteil des
  Klienten orientieren;
- die Selbstverpflichtung des Beraters signalisieren, in Erwi-
  derung des Vertrauens des Klienten und im Interesse des
  Klienten gute Arbeit zu leisten.

In jedem Beruf ist es notwendig gewesen, zum Schutz der Kli-
enteninteressen einen ethischen Kodex aufzustellen. In diesem
Verhaltenskodex sind einige der leichter bestimmbaren Verhaltensregeln schriftlich niedergelegt. Darin kommt die Bereitschaft zum Ausdruck, sich über die gesetzlichen Erfor-
dernisse hinaus, zu freiwilliger Selbstdisziplin zu verpflichten.
Ein Kodex, der sich umfassend mit den ethischen Dimensionen einer Berufsrolle in der Gesellschaft auseinanderzusetzen
versucht, kann eine nützliche Funktion haben. Er wirkt er-

zieherisch, indem er den Mitgliedern eines Berufs Richtlinien für ethisches Verhalten liefert, das, entsprechend den früheren Erfahrungen der Gruppe, am ehesten das Vertrauen des Klienten rechtfertigt. Und ein Kodex kann ferner den Bereich einschränken, in dem der Berater mit Unsicherheit kämpft.

## Kodex der Association of Consulting Management Engineers

Die Association of Consulting Management Engineers (1966) hat die Funktionen eines Kodex beruflicher Verhaltensnormen folgendermaßen umrissen:

- Er hilft dem Praktizierenden, sich in seinen beruflichen Beziehungen angemessen zu verhalten;
- er vermittelt die Art beruflicher Einstellung, die der Praktiker entwickeln und beibehalten muss, wenn er Erfolg haben will;
- er liefert Klienten und potentiellen Klienten eine Basis für ihr Vertrauen, dass der professionelle Berater ernsthaft beabsichtigt, ihnen zu helfen, und dass ihm das wichtiger ist als die finanzielle Belohnung;
- er liefert den Klienten eine Basis für ihr Vertrauen, dass der professionelle Berater seine Arbeit in Übereinstimmung mit den beruflichen Standards der Kompetenz, der Objektivität und der Integrität tun wird.

## Kodex der American Society for Training and Development

Die American Society for Training and Development (1977) hat einen „Code of Ethics" veröffentlicht. Folgende Punkte aus diesem Kodex halten wir im Interesse einer guten Berater-Klient-Beziehung für besonders wichtig. Berater sollen

1. nichts tun, was irgendeinen Kollegen oder Trainingsteil-
nehmer unnötig in Verlegenheit bringen oder herabsetzen
könnte;
2. sich nicht über vertrauliche Mitteilungen hinwegsetzen
oder Versprechen brechen, es sei denn, die Enthüllung ver-
traulicher Informationen dient fachlichen Zwecken oder
wird gesetzlich verlangt;
3. sich bei ihrer Tätigkeit zur Herbeiführung von Veränderungen auf Aufgaben beschränken, für die sie entsprechend ausgebildet worden sind, und sich, besonders von
psychologischen Aktivitäten fernhalten, für die sie keine
fachliche Qualifikation besitzen;
4. keinem Individuum, keiner Organisation und keinem Arbeitgeber gegenüber eine absichtlich verzerrte oder falsche
Darstellung der Trainings- und Entwicklungsaktivitäten
geben;
5. Informationen und Daten, die dem Fachgebiet förderlich
sind, offen zugänglich machen;
6. gegenüber der Einführung neuen Wissens auf dem Gebiet
der Ausbildung und Entwicklung eine ihrem Beruf würdi-
ge Einstellung bewahren;
7. das Bedürfnis von Individuen und Organisationen nach
Erfolg verbessern, anerkennen und keinen Mißbrauch dieses Bedürfnisses durch den Berufsstand oder seine Mitglieder dulden;
8. anerkennen, dass ihnen die Gesellschaft im Allgemeinen
einen Rechtsstatus gewährt und dass sie ihrerseits eine Verpflichtung haben, den Bedürfnissen der Gesellschaft zu
dienen.[14]

Die drei ersten Regeln geben Empfehlungen, wie Offenheit
und Vertrauen zwischen den Mitgliedern des Klientensystems
und dem Berater gefördert werden können. Die Regeln vier
bis sechs handeln von der ethischen Verantwortung und wollen die Entwicklung des Berufsstandes schützen und fördern.
Regel sieben dient dem Schutz der Rechte sowohl des Klienten als auch des Beraterberufs. Die achte Regel bezieht sich
auf die Verantwortung und Verpflichtung des Berufsstandes

gegenüber der Gesellschaft im Allgemeinen. Der Berufsstand sollte in der Lage sein, die Auswirkungen zu erkennen und zu rechtfertigen, die seine Tätigkeit auf die Gesellschaft ganz allgemein hat.

## Kodex der Academy of Management

Die Academy of Management, Abteilung Organisationsentwicklung (1976), hat einen Kodex ethischer Verhaltensregeln aufgestellt, dem wir folgende relevante Punkte entnehmen. Berater sollen

1. die Bedürfnisse der Klientenorganisation über ihre eigenen Bedürfnisse stellen und darauf achten, dass ihre eigenen Bedürfnisse den Beratungsprozess nicht stören;
2. die Integrität der Klientenorganisationen respektieren und deren Wohl und Interessen schützen;
3. die Klientenorganisationen in vollem Umfang über Aspekte der potentiellen Beziehung informieren, die die Entscheidung des Klienten, ob er in die Beziehung eintreten will, beeinflussen könnten;
4. irreführende Angaben über ihre eigenen Qualifikationen, Verbindungen und Absichten oder über Organisation, der sie angehören, vermeiden.[15]

Die ersten drei Regeln handeln allgemein von der Verpflichtung, die jeder professionelle Berater im Umgang mit einem Klienten und, spezifischer, in der Organisationsentwicklung hat. Die vierte Regel soll dem Wohl des Klienten dienen und den guten Namen des Berufsstandes schützen.

## Der ethische Kodex der Autoren

Aus einer Anzahl von ethischen Kodizes, die wir zu Beginn dieses Abschnitts erwähnt haben, und aufgrund unserer eigenen Erfahrungen schlagen wir folgenden Prinzipienkodex vor:

*Ethischer Kodex des professionellen Beraters*

1. Verantwortlichkeit
   a) Der Berater legt großen Wert auf Objektivität und Integrität und stellt die höchsten Anforderungen an seine Tätigkeit;
   b) er plant seine Arbeit so, dass die Möglichkeit irreführender Ergebnisse gering gehalten wird.

2. Kompetenz
   a) Der Berater stellt hohe Ansprüche an seine berufliche Kompetenz aus Verantwortung gegenüber der Öffentlichkeit und seinem Berufsstand;
   b) er erkennt die Grenzen seiner Kompetenz und bietet keine Dienste an, die über seine berufliche Qualifikation hinausgehen;
   c) er hilft Klienten, professionelle Hilfe zu erhalten in Bereichen, die den Rahmen seiner eigenen Kompetenz überschreiten;
   d) er enthält sich jeglicher Aktivitäten, die infolge eigener persönlicher Probleme für den Klienten eine minderwertige Leistung zur Folge haben oder diesem schaden.

3. Moralische und gesetzliche Standards
   Der Berater beachtet sorgfältig die sozialen Regeln und moralischen Erwartungen der Gemeinschaft, in der er arbeitet.

4. Irreführende Angaben
   Der Berater vermeidet irreführende Angaben über seine eigenen beruflichen Qualifikationen, Verbindungen und Absichten oder über diejenigen der Organisation, der er angehört.

5. Vertraulichkeit
   a) Der Berater gibt vertraulich empfangene Informationen nur an die zuständigen Vorgesetzten weiter;

b) er wahrt die Vertraulichkeit beruflicher Mitteilungen über Personen;

c) er informiert die Klienten über die Grenzen der Vertraulichkeit;

d) er wahrt die Vertraulichkeit im Hinblick auf die Verfügung über die Berichte und ihre Aufbewahrung.

6. Das Wohl des Klienten

a) Der Berater definiert die Grenzen seiner Loyalität und seiner Verantwortung bei möglichen Interessenskonflikten, zum Beispiel zwischen dem Klienten und dem Arbeitgeber des Beraters, und hält alle betroffenen Parteien über die eingegangenen Verpflichtungen auf dem Laufenden;

b) er versucht, eine Beratungsbeziehung zu beenden, wenn ziemlich sicher ist, dass der Klient nicht von ihr profitiert;

c) er ist in Fällen, die eine Überweisung an einen anderen Berater erforderlich machen, solange für das Wohl seines Klienten verantwortlich, bis dieser Berater seine Arbeit aufgenommen hat oder bis die Beziehung zu dem Klienten in gegenseitigem Einvernehmen beendet worden ist.

7. Ankündigung von Diensten

Der Berater orientiert sich bei der Ankündigung seiner Verfügbarkeit für Beratertätigkeiten vor allem an beruflichen Standards und nicht nur an den Verdienstmöglichkeiten.

8. Berufsübergreifende Beziehungen

Der Berater befleißigt sich gegenüber Beraterkollegen und Mitgliedern anderer Berufe eines integren Verhaltens.

9. Vergütung

Der Berater sorgt dafür, dass die finanziellen Abmachungen für Dienste mit beruflichen Standards in Ein-

klang stehen, die die Interessen des Klienten und des Berufsstandes am besten zu wahren in der Lage sind.

10. Verantwortlichkeit
    gegenüber der Herkunftsorganisation
    Der Berater respektiert die Rechte und den Ruf der Or-
    ganisation, in deren Namen er tätig ist.

11. Verkaufsfördernde Aktivitäten
    Wenn der Berater mit der Entwicklung oder Verkaufs-
    förderung von kommerziell angebotenen Produkten zu
    tun hat, wird er die Produkte in einer den Tatsachen ent-
    sprechenden Weise präsentieren.

## Anwendung eines Ehrenkodexes

Mit der Aufstellung eines Verhaltenskodex, wie vollständig
und detailliert dieser auch sei, ist es jedoch nicht getan. Die
Berater sollten diese Verhaltensmaßregeln studieren, die
Gründe für seine Vorschriften kennen und seine allgemeine
Bedeutung als Teil der beruflichen Kompetenz verstehen.

Einfach einen Verhaltenskodex aufzustellen, garantiert noch
nicht, dass Berater ihre Verhaltensweisen auch tatsächlich ändern. Zur Durchsetzung dieser Verhaltensregeln ist ein praktisches System erforderlich, das von professionellen Beratern
akzeptiert wird. Der Hauptgrund dafür, dass sogar gut durch-
dachte Regeln keinen wesentlichen Einfluss auf die Beratungspraxis gehabt haben, ist darin zu sehen, dass meistens
keine Strafen vorgesehen sind. Einige Berufsverbände jedoch
haben genau definierte Vorgehensweisen bei Verletzungen ihres Kodexes entwickelt. Die eindeutigsten Sanktionen finden
sich bei der Association of Consulting Management Engineers, Inc., und der American Psychological Association,
Inc. (APA). Die APA entwickelte 1953 einen Verhaltenskodex

für die psychologischen Berufe, zu einer Zeit also, als diese sich noch im Entwicklungsstadium befanden. Nach mehreren Jahren der Anwendung revidierte die APA den Kodex 1959, 1963 und dann wieder 1966.

Das Committee on Scientific and Professional Ethics (CSPEC) ist gegründet worden, um den Mitgliedern der APA ein Instrument zur Verfügung zu stellen, das es ihnen erlaubt, über Verstöße ihrer Berufskollegen gegen den Kodex zu urteilen. Das CSPEC wurde auf viele eventuelle Verletzungen des APA-Kodex aufmerksam gemacht. Der Ausschuss hat es aber nicht für notwendig befunden, in jedem Fall gegen den vermeintlichen Übeltäter vorzugehen. Manchmal ist der Nachweis der Übertretung durch die Beschwerdeführer unzureichend, oder die angeblichen Verstöße waren eigentlich gar keine. Viele Situationen werden konstruktiv dadurch gelöst, dass über die näheren Umstände des fraglichen Verhaltens oder der fraglichen Aktivitäten korrespondiert wird. Mitglieder der APA, die gegen die Berufsvorschriften des Kodexes verstoßen haben, werden aus dem Verband ausgeschlossen oder müssen eine Bewährungszeit durchlaufen.

Die APA und ihre Mitglieder beschäftigen sich auch mit dem beruflichen Verhalten von Personen, die behaupten Psychologen zu sein, aber nicht dem Verband angehören. Gegen Nicht-Mitglieder können jedoch nur die Regierung oder andere Behörden, die für die betreffende Person rechtlich zuständig sind, disziplinarisch vorgehen. Das CSPEC (1968) befasst sich nur mit Fragen der beruflichen Ethik und auch nur in einer untersuchenden und beratenden Rolle. Für disziplinarische Maßnahmen ist der Verwaltungsrat der APA zuständig, der die Untersuchungsergebnisse des Ausschusses berücksichtigt.

Die APA hat die Ergebnisse des CSPEC als Indikator für die Brauchbarkeit und Fairness ihres Kodexes benutzt. Außer-

dem hat sie aus dem Material des Ausschusses eine Sammlung
von verschlüsselten Fallbeispielen zusammengetragen, in der
auch die angewandten Prinzipien und getroffenen Entscheidungen enthalten sind. Diese Sammlung, das „Casebook on
Ethical Standards of Psychologists" (1967), liefert der APA
und lokalen Ausschüssen für berufsethische Fragen Präzedenzfälle und wird allgemein von Psychologen zu erzieheri-
schen Zwecken benutzt.

Auch der Kodex hat für die APA sowohl eine rechtsetzende
als auch eine erzieherische Funktion. Er setzt die Normen fest,
auf deren Grundlage Entscheidungen getroffen werden und
stellt einen Leitfaden für ethisches Verhalten im Beruf dar. Somit dienen Fallsammlung und Kodex dem gleichen Zweck:
rechtliche Prinzipien festzulegen und erzieherisch zu wirken.

Ein weiteres Mittel zur Durchsetzung ethischen Verhaltens ist
das in manchen Staaten zu durchlaufende Zulassungsverfah-
ren. Flagrante Verletzungen des akzeptierten Kodexes, die
vom Rechtsausschuss des Verbandes festzustellen wären,
müssten ein Berufsverbot für den Berater zur Folge haben.
Derartige Sanktionsmöglichkeiten würden dem Kodex als
dem akzeptierten Gesetz für angemessenes berufliches Verhalten gewiss die richtige Beachtung verschaffen.

Solche beruflichen Verhaltensvorschriften sind gewöhnlich
auf die Korrektur von Mängeln und Pflichtverletzungen ge-
richtet, die in der Vergangenheit bekannt geworden sind. Für
zukünftiges Verhalten können sie jedoch höchstens einen An-
haltspunkt liefern. Bei Entscheidungen in neuen, komplizier-
ten oder noch nicht aufgetretenen Situationen ist der Berater
ganz auf sich allein angewiesen (BECK, 1971).

Der wichtigste Aspekt bei der Formulierung eines Verhal-
tenskodexes ist jedoch die Anerkennung einer grundlegenden
moralischen Norm. Erst dadurch ist die Einhaltung der Vorschriften gewährleistet.

Neben den Berufsverbänden der Spezialisten gibt es viele
Gruppen, die auf Kompetenz basierende Kriterien für eine
Mitgliedschaft definieren und verwenden. Solche Gruppen
sind das Institute of Management Consultants, die Interna-
tional Association of Applied Social Scientists, NTL Institu-
te for Applied Behavioral Science, Association for Creative
Change, Society of Professional Management Consultants,
Organization Renewal und die International Consultants
Foundation.

## Beispiele für ethische Beratungskonflikte

Es gibt einige ethische Dilemmas, die real oder potentiell in
jeder Beratungsbeziehung vorhanden sind. Sie ergeben sich
aus den nicht immer übereinstimmenden Erwartungen an die
Beziehung, die der Berater und der Klient in den Beratungsprozess einbringen. Drei mögliche Konfliktursachen sind:

1. Die Klienten haben ganz bestimmte Erwartungen, wie die
   Hilfe aussieht, die sie benötigen, und wie sie diese erhalten können.
2. Der Berater bringt ethische Standards in die Beziehung
   mit, die er in seinen anderen beruflichen Erfahrungen erworben hat.
3. Es ergeben sich Konflikte zwischen den Wertvorstellungen
   aus dem Privatleben des Beraters und den Werturteilen, die
   in einem Beratungsprozess gefällt werden.

Die Integrität des Beraters kann gefährdet sein, wenn die Forderungen des Klienten an die Grenzen der ethischen Konzepte und Richtlinien des Beraters stoßen. Wie mit einem solchen
Problem fertig zu werden ist, bedarf sowohl technischer als
auch ethischer Erwägungen des Beraters. Der Klient erwartet
vielleicht eine bestimmte Antwort oder Methode, die der Berater aus fachlichen und technischen Gründen nicht zu geben
bzw. nicht anzuwenden bereit ist. Eine solche technische,

fachliche und ethische Beurteilung setzt äußerste Flexibilität auf Seiten des Beraters voraus, wenn er die Beziehung effektiv gestalten und die Ziele des Klienten erreichen will. Die Erwartungen des Klienten und des Beraters müssen sich aneinander anpassen.

Berater fungieren häufig sowohl als Sozialwissenschaftler, technische Spezialisten, Erzieher wie auch als professionelle Berater. Aus diesen Rollenüberschneidungen und aus den Bemühungen des Beraters, diese beruflichen Rollen und Orientierungen zu integrieren, ergeben sich ethische Probleme. Der Berater stellt vielleicht fest, dass die von den Berufsverbänden aufgestellten Normen durch die Anforderungen des Klientenverhaltens und durch die aktuelle Beratungssituation bedroht werden. Folglich entwickelt sich ein Konflikt zwischen den ethischen Forderungen der beiden Rollen.

Da der Berater seine nicht-beruflichen (privaten) Werte weniger systematisch artikuliert, sind die ethischen Probleme, die sich aus diesen Werten ergeben können, auch schwerer fassbar. Dennoch entstehen solche Probleme in bestimmten Klientensituationen. Es ist zum Beispiel fraglich, ob ein Berater mit einem Klientensystem arbeiten kann, dessen Zwecke und Ziele seinen eigenen persönlichen, religiösen oder politischen Überzeugungen entgegengesetzt sind. Sollte sich ein Berater, der aus Gewissensgründen gegen die Anwendung militärischer Macht zur Beilegung internationaler Konflikte ist, an einer Beratung für ein Projekt zur nationalen Verteidigung beteiligen? Sollte ein Berater, der für eine strikte Waffenkontrolle ist, einen Jägerverband beraten?

Situationen, wie sie in diesen Beispielen angesprochen werden, sind nicht sehr wahrscheinlich. Sollten sich aber die Werte von Berater und Klientensystem so sehr unterscheiden, wäre der Berater berechtigt, einen derartigen Auftrag „aus Gewissensgründen" abzulehnen. Andernfalls bestünde die Gefahr, dass eine effektive und integere Beratung nicht zustande käme.

Der Berater muss solche ethischen Konflikte persönlich lösen. Wir haben es in solchen Situationen als sehr hilfreich empfunden, die Meinung geachteter Kollegen einzuholen, die einen auf ihrer Erfahrung und ihren Einsichten basierenden, konstruktiven Rat geben konnten. Den zu erwartenden ethischen Konflikten sollte im Beratertraining vor und während der Berufsausübung die nötige Aufmerksamkeit geschenkt werden. Berater sollten sich während des Trainings darin üben, sich nicht mit Standardlösungen zufrieden zu geben, sondern Lösungen zu finden, die für den individuellen Berater und für den Klienten richtig sind.

## Manipulation

Die Erkenntnis, dass Beratung normalerweise – direkt oder indirekt – mit der bewussten Beeinflussung menschlicher Einstellungen, Werte und Verhaltensweisen zu tun hat, schafft eine Vielzahl ethischer Probleme. Das Ergebnis der Beratertätigkeit mag die unmittelbaren Bedürfnisse des Klienten zwar befriedigen, doch können die langfristigen Folgen und Auswirkungen für andere Einheiten des Klientensystems problematisch sein. Daher ist es notwendig, dass sich der Berater mit dem weiterreichenden Einfluss der von ihm bewirkten Prozesse und Ergebnisse auseinandersetzt. Wie kann der Berater mit der Tatsache, das persönliche und soziale Schicksal anderer Leute zu beeinflussen, umgehen? Eine Lösung besteht darin, dem Klienten die „freiwillige Natur der Beratungsbeziehung" (LIPPITT, WATSON u. WESTLEY, 1958) vor Augen zu halten und dafür zu sorgen, dass der Klient dies versteht und akzeptiert.

KELMAN (1965) diskutiert ausführlich das gleiche ethische Dilemma für den Sozialwissenschaftler/Berater, dessen Arbeit manipulativen Charakter hat. Das Dilemma hat im Wesentlichen zwei Aspekte. In den Augen derjenigen, die die Vergrößerung der Wahlfreiheit des Menschen für einen funda-

mentalen Wert halten, stellt jede bewusste Beeinflussung des
Verhaltens anderer eine Verletzung ihres grundlegenden
Menschseins dar. Andererseits übt der Berater bei jedem ef-
fektiven Veränderungsverhalten eine gewisse Macht und
Kontrolle aus und drängt dem Klientensystem möglicherwei-
se seine eigenen Werte auf. KELMAN zufolge

> besteht das Dilemma also darin, dass jede Manipulation menschli-
> chen Verhaltens schon an sich einen fundamentalen Wert verletzt,
> es aber keine Möglichkeit gibt, effektive Veränderung ohne jegliche
> Manipulation herbeizuführen.[16]

KELMAN nennt zwei Gefahren, denen Berater ausgesetzt sind,
wenn sie eine Veränderung des Klientenverhaltens zu erreichen versuchen:

> Die eine Gefahr besteht darin, dass [der Berater] die Kontrolle, die
> er über das Verhalten des Klienten ausübt, nicht erkennt. Die an-
> dere besteht darin, dass er so sehr davon überzeugt ist, dem Klien-
> ten Gutes zu tun, dass er die Zweischneidigkeit der von ihm aus-
> geübten Kontrolle nicht sieht.[17]

Der Berater muss sich dieser Gefahren bewusst sein, um sie
in den Griff zu bekommen.

KELMAN schlägt drei allgemeine Schritte vor, die helfen sollen, den manipulativen Aspekt der Bemühungen um Verhal-
tensänderung zu mildern. Er nennt außerdem geeignete Maßnahmen aus Praxis, angewandter Forschung und Grundla-
genforschung. Dies sind seine Hinweise für den fachlich
kompetenten Berater:

1. Der Berater muss sich selbst und anderen die manipulativen Aspekte seiner Arbeit und die damit verbundenen ethischen Probleme bewusst machen, indem er seine eigenen
   Werte sich selbst und dem Klienten gegenüber kenntlich
   macht und dem Klienten erlaubt, die seinen zu nennen.
2. Der Berater muss einen Schutz vor Manipulation in den
   Prozess einbauen, indem er die eigenen Werte minimiert

und die Werte des Klienten als die bestimmenden Kriterien für Veränderung maximiert.

3. Der Berater muss sich die Vergrößerung der Wahlfreiheit als zentrales positives Ziel für die eigene Praxis setzen, indem er mit Hilfe seiner beruflichen Fertigkeiten die Fähigkeiten des Klienten zu wählen, verbessert und mehr Wahlmöglichkeiten anbietet.

BENNE (1959) nennt zwei ethische Dilemmas, die er im Hinblick auf die Beraterrolle für relevant hält. Bei einem geht es um den inneren Konflikt, der sich aus den unterschiedlichen Interessen des „wissenschaftlichen Selbst" und des „Berater-Selbst" des Beraters in seiner Beziehung zu dem Klienten ergeben kann. Wie BENNE sagt, kann der Konflikt sich in der Form äußern, dass der Berater „Angst [hat], seine wissenschaftliche Nüchternheit zu verlieren, wenn er die psychische Befriedigung genießt, seinem Klienten zu helfen" (S. 64). BENNE ist der Meinung, dass die persönlichen Konflikte des Beraters, seine Angst und sein Unbehagen reduziert werden können, wenn der Berater Zeit und Überlegung auf die Artikulierung und Formulierung seiner eigenen politischen, religiösen und persönlichen Überzeugungen und moralischen Grundsätze verwendet – eine Voraussetzung für das Erkennen und Handhaben ethischer Probleme, die in der Beratungsbeziehung auftreten können.

Dieses ethische Dilemma ähnelt der weiter oben diskutierten Situation, wenn der Berater nicht mit den Wertvorstellungen des Systems übereinstimmt, er also einen „falschen" Klienten gewählt hat. Als Auswahlkriterien kommen in Frage: die Bedürfnisse des Klientensystems, die Bedürfnisse des Beraters, mögliche Lernprozesse für den Berater, die persönliche Anziehungskraft des Beraters für einen Klienten und der mögliche Beitrag zum Gemeinwohl, den die Arbeit mit einem bestimmten Klienten zu leisten vermag.

## Ethische Konflikte bei internen und externen Beratern

Man könnte annehmen, dass sich die Richtlinien für ethisches Verhalten bei internen und externen Beratern unterscheiden. Der Hauptunterschied zwischen beiden Beratern besteht wohl darin, dass sie sich infolge ihrer verschiedenenartigen Stellung im Klientensystem unterschiedlich objektiv verhalten.

COLLIER (1962) sagt, dass der Standort die Perspektive bestimmt, mit der man ein Unternehmen betrachtet. Es ist ein großer Unterschied, ob man sich draußen befindet und nach drinnen sieht oder ob man sich drinnen befindet und nach draußen sieht. Als Mitglied einer Organisation sieht man die Organisation niemals in der gleichen Weise wie ein Nichtmitglied. Als Mitglied hat man gewisse Verantwortlichkeiten, gewisse Pflichten, gewisse Hoffnungen und Befürchtungen, die zwangsläufig die eigenen Wahrnehmungen der Organisation beeinflussen und bereichern. Der Bezugsrahmen des Mitgliedes unterscheidet sich also wesentlich von dem des Nichtmitgliedes.

1969 führte die American Management Association eine zwanzigmonatige Untersuchung über den internen Beratungsprozess in annähernd sechzig Geschäftsunternehmen durch (DEKOM, 1969). Die Ergebnisse ihrer Arbeit stellten sie folgendermaßen dar:

1. Die *Beratungsstäbe* waren im Allgemeinen mit gut ausgebildeten, analytischen, scharfsichtigen, diplomatischen, sehr erfahrenen und für eine Stabsrolle temperamentsmäßig geeigneten Leuten besetzt. Außerdem waren sie hohen persönlichen und professionellen Verhaltensstandards verpflichtet. Die Stäbe wurden jedoch durch Beförderungen guter Leute in Linienpositionen auch personell geschwächt.

2. *Beratertraining und -ausbildung.* Die Ausbildung erfolgte außerhalb des Unternehmens, doch jedes Unternehmen stattete ihre internen Berater mit einem Handbuch über professionelles Beraterverhalten aus.

3. *Vergütung.* Die Vergütung hing nicht vom Erfolg des individuellen Beratungsprojektes ab.

4. *Auftraggeber.* Die meisten Aufträge wurden von einer Tochtergesellschaft oder von einem nachgeordneten Manager erteilt.

5. *Arbeitsaufnahme.* Die Beratungstätigkeit wurde mit einem Brief eingeleitet, der einen Überblick über die Reichweite der Arbeit enthielt; der Klient umriss das Projektziel. Anschließend ermittelte der interne Berater den wahrscheinlichen Umfang der Beteiligung des Klientenpersonals und schätzte die von ihm aufzuwendende Zeit sowie die entstehenden Kosten und seine Spesen.

6. *Berichte.* Dem Klienten wurde sowohl mündlich als auch schriftlich Bericht erstattet. Der Klient prüfte den Berichtsentwurf, bevor dieser seine endgültige Form erhielt; Wesentliche Einwände des Klienten gegen den Bericht wurden in den Schlussbericht aufgenommen.
Die meisten Berater berichteten nur dem Klienten. Die Beziehungen zum Klienten wurden vertraulich behandelt. Ergebnisse und Empfehlungen wurden ohne Genehmigung des Klienten nicht an das höhere Management weitergegeben.

7. *Durchführung:* Der Berater arbeitete an der Durchführung mit. Die Effektivität der Beratung wurde an den vom Klienten ergriffenen Maßnahmen und an der Zahl weiterer Hilfeersuchen gemessen.

8. *Kosten*. Die Beratung war effektiver, wenn der Berater die Kosten dem Klienten direkt anstatt einer übergeordneten Stelle des Unternehmens in Rechnung stellte.

9. *Einsatz externer Berater*. Interne Berater schlugen vor, Hilfe von außen in Anspruch zu nehmen, wenn ein Spitzenbedarf an ausgebildetem Personal bestand, wenn außergewöhnliche Fachkenntnisse oder vollständige Objektivität nötig waren.

Aus den Erfahrungen der befragten Firmen in dieser Untersuchung kann der Schluss gezogen werden, dass interne und externe Berater sich nur hinsichtlich der Objektivität unterscheiden, die beim internen Berater vermindert war. Die ethischen Richtlinien waren für beide im Wesentlichen gleich. Auf beide konnte derselbe Verhaltenskodex angewendet werden. Auch unsere Diskussionen mit internen und externen Helfern bestätigen uns, dass die ethischen Normen und Grundsätze der Beratung für alle Berater relevant sind.

*Beispiele aus unserer Erfahrung*

Ron:
Wenn ich die verschiedenen Bemühungen Revue passieren lasse, zu einem Werte-Leitfaden für ein „korrektes" berufliches Verhalten zu gelangen, bekomme ich immer wieder dasselbe unangenehme Gefühl, das mich überkommt, wenn durch Vorträge Verhaltensänderungen herbeigeführt werden sollen. „Sollvorschriften" sollen Werte sein, die das Verhalten leiten; allerdings bekommen wir nicht viel Anleitung, wie diese „Sollvorschriften" im Rahmen der konkreten Interventionsentscheidung wirken könnten. Ebenso wenig erfahren wir darüber, wie man die Leitlinien verinnerlicht und so zur Wirkung bringt, dass sie unser Verhalten lenken, gemeinsam mit den anderen Kräften, die unsere Entscheidungen beeinflussen.

Gordon:
Ich bin ganz deiner Meinung. Vielleicht liegt daher der
Schwerpunkt auf der Einhaltung der Peer-system-Politik und
weniger darauf zu lernen, wie man diese Normen bei der
konkreten Entscheidungfindung einsetzt.

Ron:
Ich will einmal ein Beispiel nennen; vielleicht hilft es uns zu
bestimmen, wie Werte bei der Entscheidung eine Rolle spielen können und sollen. Vor kurzem war für mich als Berater
in einer Situation die wichtigste Wertefrage eine sehr
grundsätzliche: Ob, wann und wie ich meinem Klienten gegenüber bestimmte Einstellungen vertreten sollte, die ich hinsichtlich korrekter Werte und Verhaltensweisen von Menschen im Klientensystem habe.

*Die Situation*
Der Vorstand der Klientenorganisation war gerade dabei,
Zweijahres-Ziele aufzustellen, die ich für zu ehrgeizig hielt (d.
h. in diesem Zeitraum nicht zu erreichen). Die Mitglieder des
Vorstands versäumten es auch, wahrscheinliche Überlappun-
gen von Diensten mit interdependenten Institutionen zu untersuchen, was möglicherweise einige sehr schädliche Konsequenzen hinsichtlich vernachlässigter Kunden und Verschwendung von Geldmitteln gehabt hätte.

*Das Entscheidungsdilemma*
Sollte ich den Vorstandsmitgliedern sagen, welche Ziele mir
vernünftig erschienen und für eine Initiative zur Zusammenarbeit mit anderen Institutionen eintreten oder würde ich
durch Äußerung konkreter Ratschläge für ihr Vorgehen meiner Beraterrolle untreu werden?

*Meine Entscheidungs-/Handlungsalternativen*
1. Ich könnte meinen Empfehlungen präsentieren, indem ich
   als Vertreter meiner eigenen Position (meiner Überzeugungen) auftrat.

2. Ich könnte dem Vorstand meine Ideen als eine weitere, zu erwägende Alternative präsentieren.
3. Ich könnte Problemlösungsverfahren vorschlagen, von denen ich glaubte, dass sie ihnen dabei helfen würden, weitere Alternativen und Konsequenzen zu entdecken.
4. Ich könnte ihnen helfen, an den von ihnen gewählten Zielen zu arbeiten, unabhängig davon, wie ich über diese Ziele dachte.
5. Ich könnte entscheiden, dass ihre Werte mit meinen unvereinbar seien und dass ich mich von der Beratung zurückziehen sollte.

*Wertekriterien, die ich dabei berücksichtigt habe*
1. Jeder Klient hat das Recht und die Verantwortung, seine Werteentscheidungen zu treffen (d. h. sich für bestimmte Ziele zu entscheiden).
2. Der Berater ist dafür zuständig, dem Klienten zu helfen, Methoden und Ressourcen zur Problemlösung zu verwenden, die für derartige Entscheidungen und Pläne möglichst geeignet sind.
3. Der Berater sollte die Tatsache akzeptieren, dass unterschiedliche Werte normal sind; er kann nicht erwarten, dass der Klient dieselben Werte vertritt wie er selbst.
4. Wenn ich den Eindruck habe, dass das Verhalten meines Klienten für ihn oder andere Schaden bringen könnte, muss ich möglicherweise Ressourcen mobilisieren, die über meine eigenen hinausgehen, um Schaden zu verhindern.

*Meine Entscheidungen und Maßnahmen*
1. Für das Zielesetzen empfahl ich zwei Schritte. Der erste bestand darin, alle vorstellbaren gewünschten Ergebnisse und Zielvorstellungen zu sammeln. Der zweite war, eine Übung zum Setzen von Prioritäten, einschließlich Machbarkeitsprüfung durchzuführen, indem die Handlungsschritte entworfen werden, die zur Realisierung der Zweijahres-Zielvorstellungen nötig sein werden.

2. Ich brachte meine eigenen Punkte im Brainstorming-Prozess ein.
3. In Rollenspielen übernahm ich die Rolle von Direktoren anderer Institutionen, spielte deren Reaktion auf die Zielideen der Vorstandsmitglieder und empfahl ihnen, im Rahmen des abschließenden Zielsetzungsprozesses auch Daten bei diesen anderen Direktoren einzuholen.
4. Wenn es Klagen über „zu viel Aufmerksamkeit" für die Auswirkungen der Zielentscheidungen und -pläne auf andere Institutionen gab, brachte ich Fragen der Motivation und Werte ein.
5. Ich entschloss mich, die Beratungstätigkeit trotz einiger Entscheidungen, mit denen ich nicht einverstanden war, fortzusetzen.

*Werteprinzipien, die ich dabei vertreten habe*
1. Es besteht ein grundsätzlicher Unterschied zwischen der Vertretung einer Position und der Vertretung einer Methode (d. h. einerseits den Vorstandsmitgliedern sagen, was sie nach meiner Ansicht glauben oder tun sollten, oder sie andererseits bei Problemlösungsmethoden zu beraten, die sie nach meiner Ansicht verwenden sollten).
2. Die Entwicklung und der Einsatz von Werten und Fertigkeiten geschehen in einem mehrstufigen Prozess (von den Vorstandsmitgliedern Perfektion oder problemloses „Funktionieren" in meinem Sinne zu erwarten wäre unrealistisch gewesen und hätte es von vornherein ausgeschlossen, dass ich in diesem Entwicklungsprozess hilfreich gewesen wäre).
3. Der Berater ist dafür verantwortlich, seine eigene Perspektive als Ressource den anderen mitzuteilen, dies sollte jedoch im Kontext eines gemeinsamen Problemlösens geschehen und nicht zu einer Abhängigkeit des Klienten oder zu einer Zurschaustellung des Expertenstatus des Beraters führen.
4. Der Berater muss den Vertrag eventuell lösen können, wenn er zu der Ansicht gelangt, dass in der Zusammenar-

beit wesentliche ethische Prinzipien verletzt werden und dass der Klient nicht an diesen Problemen arbeiten kann oder will.

*Fertigkeiten, die ich dabei eingesetzt habe*
In diesem Beratungsbeispiel habe ich alle folgenden Fertigkeiten eingesetzt. Wer in seinem Beruf als Helfer effektiv arbeiten möchte, für den gehören diese Fertigkeiten dazu. Jede erfordert Übung zum Feedback, zur Auswertung von Sitzungen und noch einmal Übung.
1. Den Wert von Brainstorming-Alternativen glaubhaft darstellen und die Folgen abschätzen.
2. Die Klienten-Gruppen bei diesen Aktivitäten führen.
3. Sich in die Rolle der Abwesenden versetzen, ohne in eine verteidigende Position zu geraten
4. Persönliche Überzeugungen mitteilen, ohne ihnen bei der Problemlösung übertriebenes Gewicht beizumessen.

Gordon:
Ich halte das für eine sehr nützliche Analyse. Sie zeigt, dass Wertekriterien nur ein Teil der zu berücksichtigenden Faktoren der Interventionsentscheidung darstellen und dass Verhaltenstechniken entscheidend sind, um festzustellen, ob die Werte tatsächlich in die Entscheidung eingearbeitet werden können. Sie hilft mir auch zu erkennen, dass vermutlich jede Entscheidungsintervention, die wir durchführen, vielfache Wertekriterien berücksichtigen muss und nicht einfach den Regeln eines bestimmten einzelnen Wertes folgen kann.

Ron:
Diese Frage der verschiedenen Werte oder Regeln fand ich schon immer wesentlich, wenn wir unsere Werte ernst nehmen wollen. Ich glaube, die wertvollsten Werte, die mich in meinem Berufslebens geleitet haben, waren die Leitlinien der methodischen Werte, die KEN BENNE aufgestellt hat, die seiner Meinung nach von einer grundlegenden Analyse demokratischer Prinzipien und von den Methoden der angewandten Wissenschaft abgeleitet sind.

## Sieben methodische Werte als Leitlinie für Interventionen

BENNE (1959) nennt die folgenden sieben Werte, die als Leitlinien für Interventionen dienen sollen:

1. *Experimentieren.* Der Prozess des Helfens sollte experimentell sein und das Ziel haben, angemessenere Möglichkeit zu entwickeln, über Werte nachzudenken und einer teilweise unbekannten Zukunft zu begegnen. Vorläufige Pläne, die gemacht werden, sollten eine Verpflichtung zu kontinuierlicher Auswertung und Überprüfung enthalten, die unter dem Gesichtspunkt der Rückmeldung der Folgen des Experiments durchgeführt wird.

2. *Gegenseitige Interaktion und Einflussnahme.* Der Berater wird in dem Maße auf den Klienten Einfluss nehmen können, wie der Klient sich wiederum in der Lage sieht, den Berater zu beeinflussen.

3. *Objektive Auseinandersetzung mit Aufgaben und Situationen.* Angemessene Interventionen beruhen auf Objektivität anstatt die Prestige- oder Statusbedürfnisse und -systeme der Klienten oder des Beraters aufrechtzuerhalten oder auszuweiten. Mit anderen Worten: der Berater muss über Kategorien wie „Experte", „erfahren", „sehr jung" und „zuständig" hinweggehen.

4. *Lernerfolge des Klienten als Schwerpunkt.* Beratung sollte Zielsetzungen und Techniken enthalten, die behilflich sind, dass der Klient lernt, wie man lernt und/oder umlernt. Impliziert wird hier, dass es ein Kriterium für erfolgreiche Beratung darstellt, die Fähigkeiten des Klienten zu steigern, damit er Problemsituationen in Zukunft auch ohne die Mithilfe des Beraters mit Problemsituationen bewältigt.

5. *Nutzung aller verfügbaren Ressourcen.* Zu den angemessenen Beratungsverfahren gehört es auch, nach verfügbarer relevanter Information und Erfahrung zu suchen und vollen Gebrauch davon zu machen. Dieser Wert steht im Gegensatz zur Vorstellung, der Berater sei diesbezüglich die Hauptquelle; vielmehr ist es eine der Aufgaben des Beraters, als Bindeglied zu anderen Ressourcen zu dienen.

6. *Freiwillige Übernahme von Verantwortung.* Eine angemessene Haltung gegenüber der Beratung besteht darin, alle Klienteneinheiten als Teile von interdependenten Systemen zu betrachten, in denen die Verantwortung für das Geben und Neben und das Lösen der Probleme durch einen gegenseitigen Prozess des Wachsen und der Weiterentwicklung freiwillig übernommen wird. Diese Haltung steht der Ansicht entgegen, dass die Hauptziele des Beratungsprozesses die individuelle Anpassung und persönliche Unabhängigkeit seien.

7. *Selbstauswertung, Selbstkorrektur und Selbsterneuerung.* Angemessene Beratungsprozesse müssen Verfahren enthalten, anhand derer sowohl der Berater als auch der Klient Selbstauswertung, Selbstkorrektur und Selbsterneuerung vornehmen kann. Dieser Wert beinhaltet eine offene Einstellung gegenüber der Überprüfung von Werten und Zielen sowie von Techniken und Methoden.

Wenn Berater diese Werte in ihrer beruflichen Arbeit einsetzen, werden die meisten ethischen Normen, die in diesem Kapitel besprochen wurden, respektiert werden und sie werden in der Beratungssituation in Erscheinung treten. Die große Herausforderung besteht darin, nicht noch längere und bessere Aufzählungen ethischer Normen zu verfassen, sondern diese Werte in der praktischen Arbeit umzusetzen.

# 6 Gestaltung partizipativen Lernens

Nach unserer Beobachtung ist die Konzeptionierung von Lerneinheiten ein stark vernachlässigter Bereich innerhalb der Beratungspraxis, obwohl es einer der wichtigsten ist. Viel Zeit wird damit verschwendet, „nach Gefühl" vorzugehen oder anzunehmen, dass sich das Konzept schon „ergeben" wird, das den Bedürfnissen des Klienten Rechnung trägt. Will der Berater die Trainingsdauer effektiv nutzen, muss er sich jedoch sorgfältig vorbereiten, indem er sich in die Lage des Klienten versetzt und Informationen über dessen Bedarf gründlich auswertet. Wir sind der Meinung, dass die systematische Vorbereitung jeder erforderlichen Lerneinheit die ethische Verantwortung jedes professionellen Beraters ist. Ein gutes Konzept für partizipatives Lernen zu entwickeln ermöglicht es dem Klienten, offen und flexibel auf sich ändernde Pläne zu reagieren, wenn neue Bedürfnisse auftauchen. Für die Gestaltung von Lerneinheiten verwenden wir die folgenden zehn Annahmen als Leitlinie:

1. Jede Klientengruppe ist anders als alle bisherigen Gruppen und ist entsprechend zu behandeln.
2. In der Klientengruppe gibt es Unterschiede in Bereitschaft, Erfahrung, Können und Motivation, was die Beteiligung an den Lernaktivitäten betrifft.
3. Die Lernenden sollen an der Planung des Lernkonzepts maßgeblich beteiligt sein (indem sie zum Beispiel Daten über Bedarf und Interessen beisteuern oder Vertreter auswählen, die beim Planungsprozess helfen).
4. Um diesen partizipativen Einfluss zu ermöglichen, sollte der Berater den Aufbau der für die Initiative im Planungsprozess erforderlichen Ressourcen modellhaft vorführen.
5. Es ist wichtig, dass der Berater ein Verfahren gegenseitigen Feedbacks aufbaut und nachweist, dass das Feedback tatsächlich verwendet wird.

6. Der Berater sollte das Netz an Personen, die in der Klientengruppe den maßgeblichen Einfluss (die Leitung) ausüben sollen, bestimmen und legitimieren.

7. Das Konzept sollte Pläne für eine konstruktive Erfolgskontrolle enthalten.

8. Der Berater sollte innerhalb der Klientengruppe Teams von Gleichgestellten bilden, die den Lernprozess und die Erfolgskontrolle unterstützen.

9. Eine der Absichten derartiger Konzepte ist die Weitervermittlung methodischen Könnens an die Lernenden, damit sie fachlich von der Leitung und Hilfe des Beraters unabhängig werden können.

10. Auf allen Ebenen des Klientensystems – der individuellen, der Ebene der Gruppe und der gesamten Organisation – zählt es zu den größten Herausforderungen für den Berater, jeweils eine Verbindung herzustellen zwischen der Information und der betreffenden Anwendung, der Handlungsbereitschaft, der Zielsetzung und der Maßnahmenplanung, der Entwicklung von Fertigkeiten in Bereichen wie der Präsentation von Maßnahmenplänen vor der Geschäftsleitung und dem Eingehen angemessener Risiken.

## Erwartungen der Klienten an den Lernprozess

Annahme 10 der obigen Liste verweist auf die Verantwortung des Beraters, den Erwartungen der Lernenden im Klientensystem zu entsprechen. Denn der aktive Einfluss der Lernenden ist ein mittlerweile weit verbreitetes Phänomen. Die Verbraucherrevolution der sechziger, siebziger und achtziger Jahre hat sich auch auf die Lernsituation und die Beratungsbeziehung ausgeweitet. Trainees und Auszubildende haben – wie die Schüler und Studenten der verschiedenen Bildungseinrichtungen – entdeckt, dass sie das Recht und die Macht haben, darauf Einfluss zu nehmen, wie ihre Bedürfnisse und

Interessen definiert werden, was ihnen beigebracht und wie es ihnen beigebracht wird. Viele Lehrende und Ermöglicher „obligatorischer" Lernmaßnahmen haben bei den Beteiligten eine wachsende Tendenz festgestellt, ihre Bedürfnisse geltend zu machen und direktive Unterrichtsformen abzulehnen oder zu umgehen. Berater stellen denselben Trend fest.

NORMAN COUSINS (1981) bringt diese Verbraucherrevolution wunderbar auf den Punkt:[18]

> Die Menschen wollen heute einen größeren Einfluss auf Entscheidungen, die ihr Leben betreffen. Trotz ihres Respekts vor dem überlegenen Wissen ihrer Lehrer, sind sie der Meinung, dass sie selbst etwas Wertvolles anzubieten haben, wenn sie festlegen, worin sie unterrichtet werden wollen und sogar in welcher Weise. Sie sehen sich nicht lediglich als Empfänger von Anweisungen, sondern als wesentliche Beteiligte der Bildungserfahrung. Sie spiegeln die zentrale Tendenz dieses Zeitalters wider – das Streben nach individuellem Respekt. Und schließlich meiden sie diejenigen Menschen, für die Denken reflexiv und nicht reflektierend ist und immer mehr von computerisierten Entscheidungen abhängt.

Die Förderer von Erziehungs-, Trainings- und Beratungsmaßnahmen stellen immer höhere Anforderungen hinsichtlich der Überprüfbarkeit. – Sie suchen nach verschiedenen „harten" Möglichkeiten der Überprüfbarkeit in Form von Konzepten und Fertigkeiten, die von den Lernenden erworben und angewendet werden, um ihre Produktivität, ihre Kompetenz und ihr Engagement zu erhöhen.

## Das Verbindungsmodell zur Erfüllung von Lernerwartungen

Eine Möglichkeit für den Berater, den Lernerwartungen des Klienten zu entsprechen, ist der Einsatz des sogenannten Verbindungsmodells. Dieses Modell basiert auf mehreren grundlegenden Verbindungsgliedern, die der Klient mit Unterstüt-

zung des Beraters einsetzt, um im Sinne der Einsichten lernen
und handeln zu können. Die neun Verbindungsmöglichkeiten
werden im Folgenden beschrieben.

## Verbindung 1: Informations-Input

Es gibt verschiedene Arten von Lernressourcen: Forschungsergebnisse, Beispiele aus der Praxis, Fallstudien, die Erfahrungen anderer, nonverbale Kommunikation, Dokumen-
tarfilme und so weiter. In den meisten Fällen ist sich der
Lernende dieser Mittel nicht bewusst, bis der Berater – durch
entsprechende Informationen, Förderung von Nachfor-
schungen und beispielhaft vorgeführter Lernmotivation – die
Verbindung zwischen diesen und dem Klienten herstellt. Aufgrund dieser neuen Verbindung erwirbt der Klient Informationen.

## Verbindung 2: Von der Information zum Verständnis

Die Herausforderung an den Berater besteht darin, dem Lernenden zu helfen, die erworbenen Informationen in Verständnis (Verallgemeinerungen und Einsichten) umzuwan-
deln, um den Fakten Bedeutung zu verleihen. Im Unterricht
wird meist entweder Wissen oder Verständnis geprüft; unserer Ansicht nach ist dies lediglich der erste Schritt des funktionalen Lernprozesses.

## Verbindung 3: Vom Verständnis zur Relevanz

Ein großer Anteil des Informations-Inputs wird nie nach seiner Bedeutung für die spezifische Situation des Informati-
onsinhabers (bzw. für die Abläufe der Organisation) bewertet. Eine der wichtigsten Aufgaben des Beraters ist es, dem

Klienten zu helfen, diese Relevanz wahrzunehmen. Vergleichweise wenige Berater halten regelmäßig inne, um die Lernenden zu bitten, über Möglichkeiten nachzudenken, wie die vorgetragenen Ideen auf ihre eigene Situation und Bedürfnisse angewandt werden können.

## *Verbindung 4: Von der Relevanz zur Handlungsbereitschaft*

Eine weitere Herausforderung für den Berater stellt es dar, eine Brücke zwischen der vom Lernenden wahrgenommenen Relevanz und der möglichen Anwendung des Wissens durch Handeln zu bauen. Als wir dieses Verbindungsmodell einem unserer europäischen Kollegen vorstellten, meinte dieser: „Ich bin in den Wiener Kaffeehäusern aufgewachsen. Meine Freunde und ich konnten an einem Nachmittag jedes Problem der Welt in drei Stunden lösen. Wir hatten eine sehr differenzierte Wahrnehmung und konnten alle Fakten auf unsere Situation beziehen." Als wir ihn jedoch fragten, ob diese Kaffeehaus-Gruppe jemals die Lösungen umgesetzt hatte, sagte er: „Nein, nie! Wir hatten das Problem im Kopf gelöst, das genügte uns."

Viele Fallanalysen und Gruppendiskussionen hören an diesem Punkt auf, ohne an die Bereitschaft zum Handeln anzuknüpfen. In dieser Phase der Beratung ist es uns oft wichtig, die Ambivalenz gegenüber einzugehenden Risiken als normal zu legitimieren. Wir setzen verschiedene Techniken ein, um einen „inneren Dialog" zwischen den vorsichtigen, beschützenden und den risikobereiten, aktiven Elementen zu fördern.

Aktives Handeln geschieht jedoch manchmal sehr impulsiv; und solche impulsiven Schritte haben in der Regel keinen Erfolg, weil sie nicht durch Überlegungen zur Problemlösung geleitet werden und ihnen die Sensibilität für die Bedürfnisse

der anderen fehlen. Die Herausforderung für den Berater als
Trainer besteht darin, eine Verbindung zur Suche nach Alternativen herzustellen, bevor man zur Tat schreitet.

## Verbindung 5: Von der Handlungsbereitschaft zur Problemlösung und Zielsetzung

Sobald Bereitschaft zum Handeln besteht, sollte der Berater
dem Klienten helfen zu erkennen, dass mehrere unterschiedliche Vorgehensweisen in Betracht gezogen werden sollten.
Dies ist in vielen Beratungs- und Trainingssituationen eine
ganz zentrale Intervention. Sie kann dazu führen, dass vorhandene neue Lösungen erforscht, Alternativen überlegt und
Konsequenzen beurteilt und/oder Machbarkeitsanalysen er-
stellt werden.

In vielen Beratungsprojekten wird an diesem Punkt eine Alternative ausgesucht und umgesetzt. Eine solche Maßnahme
hat sicherlich höhere Aussicht auf Erfolg als die spontan ent-
standene Aktion, doch es kann ihr immer noch einiges an
Qualität für die Umsetzung fehlen. Der unterstützende Berater hat noch viel beizusteuern, um den Erfolg zu sichern.

## Verbindung 6: Von der Zielsetzung zur Maßnahmenplanung

Das Festlegen von Zielen ist die Ausgangsbasis für kreative
und realistische Schritte der Maßnahmenplanung. Zu diesem
Planungsprozess gehört nicht allein die projektierte Hand-
lungsfolge, sondern auch die Überlegung, welche weitere Per-
sonen(gruppen) einbezogen werden müssen und wie deren
Beteiligung auszusehen hat. Die Bewertung sollte auch unter
dem Gesichtspunkt nachweisbarer Fortschritte erfolgen. Dazu zählt auch, wie man Fortschritte auf das Ziel hin feiern

könnte. Feiern ist wichtig, da es die Motivation liefert, um weitere Zeit und Energie in die Angelegenheit zu investieren.

## Verbindung 7: Von der Maßnahmenplanung zum Probelauf der Managementpräsentation

Wenn man den Lernenden vermittelt, wie sie ihren Handlungsplan dem leitenden Management zur Genehmigung präsentieren, sollte es unbedingt eine Gelegenheit geben, die Präsentation in einem risikofreien Kontext zu proben, wo Feedback gegeben und weiter geübt werden kann. In dieser Phase sind Rollenspiele, Simulationen und geleitete Visualisierungen nützlich.

## Verbindung 8: Vom Probelauf zur tatsächlichen Präsentation

Der Zeitpunkt, an dem die Lernenden bereit sind, der Geschäftsleitung ihren Maßnahmenplan zu präsentieren, lässt sich nicht präzise bestimmen. Sie müssen das Gefühl haben, bereit zu sein und die erforderlichen Fertigkeiten in entsprechendem Maße entwickelt zu haben. Der Berater muss bereit sein, bei der Entscheidung zu helfen und sie mit zu tragen.

## Verbindung 9: Von der Präsentation zur Aktion und dem Aufbau von Unterstützungsmaßnahmen

Ein guter Berater hilft seinen lernenden Klienten, die notwendigen Quellen zur Unterstützung für die erwogenen Maßnahmen zu bestimmen. Er hilft bei der Entwicklung einer Strategie, die diese Quellen in das Handeln einbezieht. Zum Beispiel könnte der Berater gegenüber der Geschäftsleitung betonen, wie wichtig es sei, sich die Präsentation der Lernenden wohlwollend anzuhören und mit ihnen zusammenzuarbeiten. Potentielle Unterstützungssysteme so vorzubereiten, dass sie den Initiativen derjenigen, die das Risiko eingehen, mit Wohlwollen begegnen, gehört zu den Hauptaufgaben eines Beraters.

## Ein Verfahren zur Gestaltung von Lerneinheiten

Nachdem wir zur Entwicklung von Hunderten von Lerneinheiten für die verschiedensten Gruppen mit ganz unterschiedlichen Zwecken beigetragen haben, sind wir zu dem Schluss gekommen, dass es drei entscheidende Phasen bei der Gestaltung von erfolgreichen Lerneinheiten gibt sowie vier Arten von Entscheidungen, die zu jeder Phase der Konzeptionierung gehören. In den folgenden Abschnitten werden wir die drei Phasen kurz definieren, ein Exzerpt des von uns hierfür eingesetzten Planungsbogens liefern und die vier Arten von Entscheidungen beschreiben.

### *Phase 1: Vorbereitung*

Bevor mit der eigentlichen Konzeptionierung begonnen wird, muss der Berater folgende Fragen beantworten:

– Was sind die Bedürfnisse, Interessenslagen und Erwartungen der Klienten/Lernenden? Welche individuellen Unterschiede gibt es unter ihnen?
– Welche möglichen Resultate der Lerneinheit würden die Bedürfnisse und Erwartungen der Lernenden und der Planer erfüllen?
– Welche Aktivitäten, welches Material, welche personellen Voraussetzungen und Programmpunkte könnten die Erreichung von vorrangigen Ergebnissen ermöglichen?

Ein Teil des Planungsbogens, den wir in Phase 1 verwenden,
ist in Abbildung 5 dargestellt.

| Teilnehmer (Anzahl, Untergruppen, individuelle Unterschiede und Bedürfnisse) | Angestrebte Ergebnisse (Fertigkeiten, Information, Werte, Konzepte, Maßnahmenpläne) | Mittel zur Ermöglichung der Ergebnisse (Maßnahmen, Ressourcen, Einrichtungen, Arbeitsgruppen) |
|---|---|---|
| • Sieben Abteilungsleiter, jeweils mit zwei angesehenen Mitgliedern ihrer Abteilung<br><br>• Zwei Frauen und fünf Männer<br><br>• Drei neue und vier langjährige Mitarbeiter<br><br>* • Große individuelle Unterschiede, vom autokratischen bis zum demokratischen Führungsstil<br><br>* • Manche gewohnt, mit ihren Mitarbeitern zusammen zu planen, andere nicht | • Einen Ideen-Pool schaffen, wie die Arbeitsmoral und -effizienz während der nächsten sechs Monate verbessert werden könnte<br><br>* • Sich über Empfehlungen zu Maßnahmen, die Priorität haben, einigen sowie darüber, wer dafür verantwortlich ist<br><br>• Behilflich sein, die Kommunikation unter den Abteilungsleitern und zwischen den Abteilungen zu verbessern | * • Brainstorming zu Ursachen der Schwierigkeiten bei der Arbeitsmoral<br><br>• Abteilungsübergreifende Untergruppen<br><br>• Vervielfältigungsgerät, um die Empfehlungen der Arbeitsgruppe sofort verbreiten zu können<br><br>* • Sitzungen zum „Innehalten", um sich Hindernisse und Hilfen für eine offene Kommunikation anzusehen |
| * Der Berater versieht die wichtigsten Merkmale und Unterschiede unter den Teilnehmern mit einem Sternchen, um sie im Gedächtnis zu behalten | * Der Berater versieht die Ergebnisse mit der höchsten Priorität mit einem Sternchen | * Der Berater versieht die Punkte, die für das Konzept am angemessensten, effektivsten und praktikabelsten erscheinen, mit einem Sternchen. |

*Abb. 5: Planungsbogen für Phase 1 (Vorbereitung)*

## Phase 2: Aufbau

Die zweite Phase betrifft den Aufbau des eigentlichen Konzepts für die Sitzung (bzw. Abfolge von Sitzungen, falls mehrere erforderlich sein sollten). In Phase 2 muss sich der Berater folgende Fragen stellen:

- Wie fängt die Sitzung an?
- Wieviel Zeit wird für jede Maßnahme, die in Betracht gezogen wird, benötigt?
- Welche Maßnahmen, Methoden und Untergruppen sollen eingesetzt werden?
- Wer ist für die Durchführung der jeweiligen Aktivität verantwortlich?
- Welche Vorkehrungen sind hinsichtlich Räumen, Geräten und Material zu treffen?

Abbildung 6 präsentiert einen Ausschnitt aus dem Planungsbogen, wie wir ihn in Phase 2 verwenden.

| Geschätzter Zeitaufwand | Wer ist verantwortlich | Vorkehrungen hinsichtlich Räumen, Geräten und Material |
|---|---|---|
| **Vor der Sitzung und Anlaufphase** 1. 20 Minuten: Jeweils zwei Personen aus verschiedenen Abteilungen interviewen einander; Beginn, sobald ein solches Paar eingetroffen ist | Der Berater begrüßt die Teilnehmer an der Tür und bringt die Gespräche in Gang | Interview-Schema; Aufstellung der Stühle für Interviews; Blatt mit Anweisungen für den Start; Filzstifte |
| **Verlauf der Sitzung nach den Anlaufaktivitäten** 2. 10 Minuten: Plenum; Begrüßung der Teilnehmer; Erinnerung an die im Programm dargestellten Absichten der Sitzung; Vorstellung der Abteilungsleiter, die dann ihre Leute vorstellen | Berater | Zu fünft oder sechst an Tischen sitzen; zusätzliche Kopien des im voraus erstellten und verschickten Programms |

| 3. 25 Minuten: „Zukunfts-bild", bei dem die Teams sich vorstellen, wie die Situation in einem Jahr sein soll; Beobachtung aller Anzeichen für hohe Arbeitsmoral und Produktivität | Berater, Abteilungsleiter | Papierbogen und Filzstifte an jedem Tisch |
|---|---|---|
| 4. 20 Minuten: Plakate zum Zukunftsbild werden aufgehängt; die Teilnehmer lesen und überprüfen die wichtigsten Punkte auf Priorität usw. | Berater | Papierbogen, die an die Wand geheftet werden, Filzstifte, um Punkte auf dem Papier anzukreuzen, Klebeband usw. |

*Abb. 6: Planungsbogen für Phase 2 (Aufbau)*

## Phase 3: Erfolgskontrolle

Diese Phase bietet Erfolgskontrolle und Unterstützung, damit die am Ende der Sitzung geplanten Maßnahmen und eingegangenen Verpflichtungen erfüllt werden. Die Konzeption von Sitzungen ist vermutlich der am meisten vernachlässigte Aspekt der Beratung, obwohl er der wichtigste ist, wenn es darum geht, nicht die Zeit und Energie der Lernenden zu verschwenden. Die folgenden Fragen müssen in diesem Zusammenhang beantwortet werden:

– In welcher Form soll die Sitzung enden? Welche abschließenden Verpflichtungen und Auswertungen sollen durchgeführt werden?
– Welche Art der Erfolgskontrolle ist erforderlich, um sicherzustellen, dass die Maßnahmen und Verpflichtungen durchgeführt werden? Wer ist für Unterstützung verantwortlich? Wer macht was? Wann? Wo?

Ein Teil des für Phase 3 vorgesehenen Planungsbogens ist in Abbildung 7 dargestellt.

1. **Pläne für die Beendigung der Sitzung** (Abschlussaktivitäten, Auswertung usw.):
   - Abteilungs-Dreiergruppen kommen zusammen, um erste Handlungsschritte zu planen und dann allen anderen von diesen Plänen zu berichten, einschließlich der Pläne für weitere Sitzungen und die Beteiligung anderer Personen;
   - Auswertungsbogen zur Sitzung verteilen, von den Teilnehmern ausfüllen lassen und wieder einsammeln.

2. **Maßnahmen zur Erfolgskontrolle** (Wer wird wann was tun? Pläne, Zusagen, usw.):
   - Ein Treffen nach zwei Monaten, um über Planungsfortschritte zu berichten.
   - Ernennung eines Beraters für jedes Team, der die Arbeit unterstützt und dazu beiträgt, dass Erfolge gefeiert werden; und
   - Versendung von Instrumenten und anderem Material, das von etwaigen Nichtmitgliedern angefordert wird.

*Abb. 7: Planungsbogen für Phase 3 (Erfolgskontrolle)*

## Vier Arten von Konzeptionsentscheidungen

In jedem Stadium der Konzeptentwicklung gibt es folgende vier Arten von Entscheidungen:

1. Entscheidungen über Anordnung und Verwendung der Einrichtungen und Geräte, die der Kommunikation, Beteiligung und Interaktion am besten dienen;
2. Entscheidungen über den Verlauf der geplanten Arbeit und über Verpflichtungen, die zu erfüllen sind.
3. Entscheidungen über die detailliertere Gestaltung einzelner Teile, Module oder Blöcke der Gesamtsitzung (einschließlich Überlegungen zu Abfolge, Inhalten und dergleichen); und
4. Entscheidungen über erforderliche spezifische Maßnahmen oder Verhaltenweisen, um den produktiven Fluss der Gesamtsitzung sowie einzelner Abschnitte in Gang zu setzen und zu unterstützen.

## Die Freiheit, Pläne zu ändern

Wir haben entdeckt, dass diejenigen Berater, die Hilfsmittel wie die in den Abbildungen 5, 6 und 7 dargestellten Planungsbogen verwenden, flexibler sind, wenn es darum geht, ihre Pläne auf der Grundlage der Rückmeldungen zu überprüfen. Sie sind flexibler als solche Berater, die sich in der Sitzung von ihrer Spontaneität leiten lassen. Eine Planung, wie sie hier von uns dargestellt wird, liefert den Anreiz, aus der Sicht der Bedürfnisse und Interessen der Klienten zu denken. So kann von einem Standpunkt der Sicherheit und Zuversicht aus geplant werden: der Grundlage für die Freiheit, Überprüfungen und Veränderungen vorzunehmen. Der Berater muss nicht nur in der Lage sein, gründlich zu planen, sondern auch den Plan gegebenenfalls zu ändern und festzustellen, welche Art von Änderung erstrebenswert wäre.

## Fallen, die sich vermeiden lassen

Es gibt eine ganze Reihe von Fallen, die man bei den Konzeptions- und Planungssitzungen vermeiden sollte:

1. Sich vor der Sitzung keine Daten darüber verschaffen, wer die Lernenden sind bzw. warum sie kommen;
2. Die Lernenden nicht in die Sitzungsplanung einbeziehen;
3. Das Konzeptphase im Voraus weglassen in dem Glauben, man könne die Pläne erst dann machen, wenn die betreffenden Personen eingetroffen seien, da es ja jede Woche bzw. jeden Monat eine Sitzung gebe;
4. Eine Sitzung abhalten, nur weil sie im Zeitplan vorgesehen ist;
5. Es versäumen, ein bestimmtes Vorgehen zur Eröffnung der Sitzung festzulegen (besonders, wenn bekannt ist, dass die Teilnehmer zu verschiedenen Zeiten eintreffen könnten);

6. Den Lernenden das Programm der Sitzung nicht mitteilen;
7. Sich voll und ganz auf einen anwesenden Experten verlassen, anstatt mit Hilfe dieser Person die Ressourcen aller Lernenden zu erschließen;
8. Sich nicht mit den Gefühlen der Lernenden zum Sitzungsinhalt oder den anstehenden Aufgaben auseinandersetzen;
9. Nicht sicherstellen, dass die visuellen Hilfsmittel gut lesbar sind, indem man sie vorher im betreffenden Raum testet;
10. Unvorgesehene, lange Kaffeepausen zulassen, die die Arbeit unterbrechen und viel Zeit verschwenden;
11. Die Sitzgelegenheiten in einer Weise anordnen, in der die Teilnehmer einander nicht sehen können bzw. ihre Mitarbeit erschwert wird;
12. Die Geräte nicht vorab testen, um sicherzustellen, dass sie funktionieren;
13. Es nicht zulassen, dass einzelne Präferenzen zur Sprache gebracht werden darüber, woran die Lernenden arbeiten wollen oder welcher Teilgruppe sie sich anschließen möchten;
14. Keine Pläne für die Übergänge von einer Aktivität, einem Thema, einer Sitzung zur anderen haben;
15. Pläne zur Erfolgskontrolle unter den Tisch fallen lassen, einschließlich der Festlegung und schriftlichen Fixierung, wer wann was machen wird;
16. Willkürliche Gruppeneinteilungen vornehmen, anstatt über die beste Größe und Zusammensetzung der für die jeweils anstehende Aufgabe gebildeten Untergruppe nachzudenken;
17. Die Aufzeichnung und Verteilung von Sitzungsprotokollen unzureichend vorbereiten; und
18. Die Teilnahme einer ungenügend vorbereiteten, unbekannten und unbequemen Person zulassen, auch wenn sie eine Ressource darstellt.

# Checkliste für die Sitzungsplanung

Bei der Planung von Sitzungen muss der Berater Fragen wie etwa die nach der Gruppengröße, der Sitzungshäufigkeit, dem Zweck und der Länge der Sitzung(en) und einige andere Angelegenheiten berücksichtigen. Abbildung 8 zeigt eine Checkliste, die für Berater bei der Sitzungsplanung hilfreich sein kann.

**1. Benachrichtigung**
_____ Ankündigung(en)
_____ Memo
_____ Brief
_____ Telefonischer Anruf
_____ Persönlicher Kontakt
_____ Schwarzes Brett
_____ Sonstiges:

**2. Programm und andere Hilfsmittel**
_____ Anzahl der Kopien des Programms
_____ Reden
_____ Protokolle
_____ Nachdrucke
_____ Berichte
_____ Sonstiges:

**3. Zuständigkeiten bei der Sitzung**
_____ Leiter
_____ Protokollant
_____ Ressource-Person(en)
_____ Beobachter
_____ „Hüter" der Regeln
_____ Sonstiges:

## 4. Prüfung des äußeren Umfelds

_____ Größe des Raumes
_____ Elektroanschlüsse
_____ Lautsprecheranlagen
_____ Beleuchtung
_____ Akustik
_____ Klimaanlage
_____ Türen
_____ Toiletten
_____ Zahl der Personen, die untergebracht werden können
_____ Treppen
_____ Aufzüge
_____ Parkmöglichkeiten
_____ Telefonanschlüsse
_____ Hausmeister/Techniker
_____ Abgetrennte Räume für Kleingruppenarbeit
_____ Sonstiges:

## 5. Ausrüstung

_____ Tische
_____ Stühle
_____ Mikrofone
_____ Kassettenrekorder
_____ Videorekorder
_____ Kassetten
_____ Verlängerungskabel
_____ Pult
_____ Ständer
_____ Filmprojektor
_____ Diaprojektor
_____ Leinwand
_____ Kaffee-/Teeautomat
_____ Wasserkrug

_____ Kreidetafel
_____ Schreibmaschinen
_____ Papierkörbe
_____ Sonstiges:


## 6. Materialien

_____ Namensschilder
_____ Papierbogen und Flipcharts
_____ Filzstifte
_____ Klebeband
_____ Weißes Papier
_____ Bleistifte oder Kugelschreiber
_____ Optische Hilfsmittel
_____ Bücher
_____ Anschauungsmaterial
_____ Kreide
_____ Sonstiges:


## 7. Letzter Check vor Sitzungsbeginn

_____ Sitzordnung
_____ Zusätzliche Tische und Stühle
_____ Lautsprecheranlage
_____ Geräte
_____ Material
_____ Aschenbecher
_____ Wassergläser
_____ Heizung/Klimaanlage
_____ Kaffee, Tee, usw.
_____ Sonstiges:


## 8. Während der Sitzung

_____ Die Lernenden begrüßen und auffordern,
            sich einen Platz zu suchen

_____ Ein Protokollverfahren festlegen
_____ Spätankömmlinge begrüßen und
einbeziehen
_____ Material verteilen
_____ Sonstiges:


9. **Nach der Sitzung**
_____ Verbrauchtes und nicht verbrauchtes
Material einsammeln
_____ Geräte zurückgeben
_____ Aufräumen
_____ Vereinbarungen zur Erfolgskontrolle
treffen
_____ Sonstiges:

**Abb. 8:** *Checkliste für die Sitzungsplanung*


# Beraterrollen bei der Sitzungsmoderation

In ihrem Bemühen, die Lernenden an hochproduktiven Sitzungen zu beteiligen, agieren Berater manchmal in mehreren unterschiedlichen Rollen:

1. *Sammler diagnostischer Daten.* Der Berater sammelt zum Beispiel Feedback bei den Stabsmitarbeitern hinsichtlich ihrer Bewertung der Sitzungen und ihrer Überlegungen zu Veränderungen, die zukünftige Sitzungen sinnvoll machen könnten. Manchmal werden diese Daten über Gruppeninterviews eingeholt, in anderen Fällen über persönliche Interviews und manchmal über Fragebogen, die verteilt werden. Es ist wichtig, dass der Berater die gesammelten Daten verwendet, um daraus Folgerungen für die spezifische Verbesserung der Sitzungskonzepte abzuleiten.

2. *Gestalter und Leiter.* Manchmal trägt der Berater die gesamte Verantwortung für die Gestaltung und Leitung der
Sitzung. Bei einer solchen Sitzung kann es sich um die Sitzung eines Ausschusses, einer Arbeitsgruppe oder einer
ständigen Stabseinheit handeln.

3. *Co-Planer.* In manchen Situationen hilft der Berater einer
Person, die die Sitzung leiten wird, bei der Planung. In dieser Funktion agiert der Berater als Konzeptberater, äußert
sich zu einem vorläufigen Plan, den der Leiter entwickelt
hat bzw. hilft beim Probelauf der Sitzung, um sicherzustellen, dass das Konzept Erfolg hat.

4. *Prozessbeobachter.* Manchmal wird der Berater gebeten,
eine Sitzung zu beobachten und danach Rückmeldung
darüber zu geben, um die Gestaltung zukünftiger Sitzungen zu verbessern.

5. *Ausbilder für Moderatoren.* Manchmal ist der Berater in
der günstigen Lage, eine Trainingssitzung für Stabsmitarbeiter entwerfen und durchführen zu können, in der es um
Methoden der Konzeptionierung und Durchführung guter Sitzungen geht.

## Schlussüberlegungen

Es mag auf den ersten Blick so scheinen, als sei die Gestaltung
von Sitzungen für die Organisationsentwicklung nicht entscheidend. Unserer Erfahrung nach ist gerade das Gegenteil
der Fall. Unterstützung bei der Verbesserung von Sitzungen
ermöglicht oft einen nicht-bedrohlichen Einstieg in das System und liefert schnelle erkennbare Erfolge. Außerdem bietet diese Form der Hilfe einen ausgezeichneten Rahmen, um
Stabsmitgliedern grundlegende Techniken zu vermitteln, ohne die Art von Widerstand zu erzeugen, die leicht bei ande-

ren Vorgehensweisen zur Änderung persönlichen Verhaltens und persönlicher Werte entsteht. Diese Beratungsfunktion ist also oft ein erfolgreicher erster Schritt, der viele verschiedene Schritte innerhalb des Organisationssystems nach sich ziehen kann. Wir empfehlen daher jedem Berater, ein ausgeprägtes Repertoire an Fertigkeiten zur Gestaltung von Sitzungen und Unterstützung von Klienten zu entwickeln, damit sie eine kompetente und kreative Sitzungsleitung anbieten können.

Gordon:
Ich möchte noch einmal betonen, dass der Einstieg in das System durch Hilfen bei der Verbesserung von Sitzungen eine strategische Intervention zur Organisationsentwicklung sein kann. Klienten erleben deutlich sichtbare und sinnvolle Ergebnisse, wenn sie an diesem relativ „gefahrlosen" Verbesserungsversuch teilnehmen. Außerdem betrifft dies alle Abteilungen und Einheiten.

Ron:
Ich habe festgestellt, dass diese Intervention auf zwei Arten durchgeführt werden kann. Die eine besteht darin, den Sitzungsleitern bei einem guten Konzeptionsprozess zu helfen. Die andere Art besteht darin, mit der ganzen Gruppe aktiv zu arbeiten und die Teilnehmer dazu zu bringen, bei einem Brainstorming über gute und schlechte Sitzungen mitzumachen, aktive Moderation einer guten Sitzung zu bieten und dann auszuwerten, aus welchen Gründen die Sitzung gut verlief und wie man sicherstellen könne, die positiven Aspekte in die Zukunft mitzunehmen.

Gordon:
Mir gefällt der Gedanke, mit der ganzen Gruppe an guten Sitzungen zu arbeiten. Man kann den Gruppenmitgliedern, inklusive Leiter, helfen, ihren Prozess bewusst wahrzunehmen und auf Ideen zu kommen, wie künftige Sitzungen verbessert werden können.

Ron:
Ein wichtiger, oft vernachlässigter Punkt betrifft die kreative Anordnung der Möbel, um ein gutes Arbeitsumfeld für die Kommunikation zu schaffen. Weiterhin ist es wichtig, einen Flipchart-Ständer, Papierbogen und Filzstifte bereit zu haben, um verschiedene Informationen während der Sitzung festhalten zu können.

Gordon:
In eine Falle tappt man auch, wenn man es versäumt, die Kleingruppenarbeit möglichst produktiv zu gestalten und keine wertvolle Zeit zu verschwenden. Ich glaube, bei den meisten guten Sitzungen, an denen ich teilgenommen habe, wurde mindestens die Hälfte der Zeit in der Kleingruppe verbracht – Gruppen von drei bis vier Personen bzw. kleine Gruppen mit Teilnehmern mit ähnlichen Interessen. Kleingruppenarbeit ist sowohl bei der Problemlösung als auch für Lerngruppen wichtig.

# 7 Diagnostische Analyse und Bewertung des Beratungsprozesses

Eine der wichtigsten Funktionen eines guten Beraters ist es nach unserer Ansicht, in Zusammenarbeit mit einem Klienten das Sammeln von Daten und die Handlungsforschung anzuleiten. Eine Kernaussage in KURT LEWINS Konzept der Handlungsforschung (CORSINI, 1984) ist es, dass die gesammelten Daten größere Glaubwürdigkeit besitzen, wenn der Klient bei der Datenerhebung mitwirkt. Außerdem wird der Klient die Daten bereitwilliger zu verstehen versuchen und wird die eventuell folgenden Veränderungen aktiv begleiten. Nach unserer Erfahrung kann der Klient bei der Datensammlung folgendermaßen hilfreich mitwirken:

– festlegen, welche Art von Daten für das Verständnis des jeweiligen Problems gebraucht werden,
– herauskriegen, auf welche Art und Weise diese Daten erhoben werden können,
– sie herbeiholen,
– sie analysieren und zusammenfassen, und
– die wichtigsten Folgerungen für Veränderungsbemühungen daraus ableiten.

Eine wichtige Aufgabe des Beraters ist es demnach, die mithelfenden Klienten in ihren Fähigkeiten und Techniken, die sie für das Sammeln von Daten brauchen, zu trainieren. Wir haben z. B. bei vielen Projekten aus verschiedenen Mithelfern Teams gebildet und haben diese in Interviewtechniken trainiert. Die Teammitglieder haben dann mit Teilen der Klientenorganisation aussagekräftige Interviews geführt. Die Ergebnisse dieser Interviews haben wir geprüft und sie mit denen professioneller Interviewer verglichen. Wir fanden die Interviews in der Qualität stets vergleichbar, wenn unsere freiwilligen Helfer an mindestens zwei Trainingssitzungen mit einem Versuchsinterview dazwischen teilgenommen hatten.

## Arten und Quellen von Daten

Der Berater nimmt fälschlicherweise oft eine zu nahe Perspektive ein, wenn es um die Einschätzung der Arten und Quellen der Daten geht, die für die Problemlösung relevant sein könnten. Die meisten Berater haben nur ein oder zwei konventionelle Recherchemethoden in ihrem Repertoire, z. B. Fragebogen austeilen und Stichproben-Interviews führen. Oft verlassen sie sich auf einen besonderen Ausschnitt der Klientenorganisation als einzige Datenquelle. Nach unserer Erfahrung sind für die Diagnose einer problematischen Situation mehrere verschiedene Informationsquellen vonnöten. Erst dann lassen sich Handlungspläne erstellen.

1. *Traditionen, Werte und Normen.* Die Traditionen und das Wertesystem einer Organisation, die dessen Vergangenheit und Fortbestehen repräsentieren, sind eine vorzügliche Datenquelle. Sie symbolisieren gewissermaßen das Gleichgewicht einer Organisation, die sich, in LEWINS Begriffen, selbst behauptet, durch viele verschiedenen Kräfte hindurch, die einmal in Richtung Veränderung und einmal in die Gegenrichtung wirken.

2. *Ziele, Absichten und Unternehmenspolitik.* Die gegenwärtigen Ziele und Absichten sowie die „Firmenpolitik" einer Organisation, die deren aktuelle Aktivitäten steuern, sind eine weitere Datenquelle. Selbstverständlich lassen sich diesbezügliche Daten auf den verschiedenen Ebenen des Systems finden, sei es die Organisation als Ganzes, seien es ihre Untereinheiten (Abteilungen, Arbeitsbereiche etc.), Arbeitsgruppen oder einzelne Mitarbeiter. Auf allen Ebenen gibt es Konflikte und Ambivalenzen, die aufgespürt und untersucht werden müssen.

3. *Probleme und Sorgen.* Informationen über die Sorgen, Probleme, Frustrationen und Schmerzen, mit denen der Klient aktuell zurecht zu kommen versucht, sind wichtig.

Dieses Phänomen äußert sich in verschiedenen Bereichen
des Systems vielleicht ganz unterschiedlich (z. B. unter
Topmanagern anders als bei Angestellten ohne Führungsverantwortung, oder im Marketing anders als in der Produktion).

4. *Erwartungen von (potentiellen) Kunden.* Die Wünsche
und Bedürfnisse dieser Gruppen repräsentieren einen
wichtigen Aspekt des Organisationsumfelds.

5. *Annahmen über die Zukunft.* Die vorherrschenden Zu-
kunftserwartungen in einer Organisation können zusätz-
liches Datenmaterial liefern. Dazu gehören Annahmen
über die Zukunft des Umfelds und der Organisationen, die
vielleicht die gegenwärtigen sozialen, ökonomischen, politischen und technologischen Trends extrapolieren.

6. *Szenarios über die gewünschte Zukunft.* Die in der Leitung
und Planung der Organisation Tätigen haben zweifellos
solche Szenarios entwickelt.

Selbstverständlich gibt es noch weitere Arten und Quellen
wichtigen Datenmaterials. Die obige Liste ist nur eine Art
Muster, das sich für unsere Arbeit als wichtig erwiesen hat.
Es hat uns dabei geholfen, das Klientensystem zu verstehen
und Verbesserungspläne zu entwerfen, die auf Zusammenarbeit beruhen.

## Objekte der Datensammlung

Der Berater muss entscheiden, welche Teile und welche Ebenen des Klientensystems untersucht werden sollen, um die bestehenden Probleme und die Veränderungsbereitschaft des
Klienten genauer zu bewerten. Diese Aufgabe lässt sich auf
verschiedene Weise angehen. Viele Berater, besonders welche
mit medizinischem Hintergrund, konzentrieren ihre Daten-

sammlung auf die individuellen „Lebensräume" der Mitarbeiter – ihre Motivationen, ihre geistige Gesundheit, ihre Haltung gegenüber den Formen der Mitarbeiterbeteiligung der
Organisation, wie sie die Qualität des Arbeitslebens erleben
und schließlich welche Art von Lohn und Anerkennungen sie
erhalten. Andere Berater hingegen finden es besonders wichtig, sich auf die Gruppen und die strukturellen Einheiten des
Systems zu konzentrieren, und untersuchen eher, ob die bestehenden Normen und Erwartungen die Gruppenprodukti-
vität fördern oder behindern. Die Datensammlung konzentriert sich in diesem Fall eher auf die Führerschaft in der
Gruppe und auf die zwischenmenschlichen Beziehungen, die
der Teamarbeit zugrunde liegen.

Eine dritte Gruppe von Beratern findet es am bequemsten,
zunächst die Gesamtorganisation in seinen Dimensionen zu
analysieren: die Verteilung der Verantwortlichkeit innerhalb
des Topmanagements, die Kommunikation zwischen den
Hierarchieebenen und die Art und Weise, wie Entscheidungen zustande kommen und durchgesetzt werden. Wieder andere Berater untersuchen das systemische Umfeld, dass die
Produktivität und das Überleben der Organisation beeinflussen – das Gemeinwesen, interorganisationale Beziehungen,
internationale Vereinigungen und das gesellschaftliche Umfeld.

## Methoden und Techniken

### *„Harte Daten"*

Manche Berater suchen in ihrer Diagnose nach „harten Daten", d. h. sie wollen quantitativ messbare, zuverlässige und
statistisch repräsentative Daten. Dazu werden Standardme-
thoden gewählt, die in vielen Situationen anwendbar sind. So
z. B. vorstrukturierte Beobachtungen, sorgfältig vorbereitete
Stichproben-Interviews und Analyse von schriftlichen Quel-

len mithilfe von Checklisten für das Chiffrieren und Analysieren von Daten. Beantwortet werden soll damit die beschreibende Frage: „Wie sieht die Situation jetzt aus?"

## „Weiche Daten"

Andere Berater suchen eher „in der Tiefe" nach aussagekräftigen Daten über die Variablen oder Dimensionen der jeweiligen Situation und wollen eher persönlich gefärbte Informationen. Sie sammeln anekdotenhafte Daten eines kleinen Personenkreises und schriftliche Beschreibungen der gegenwärtigen Situation. Auf dieser Grundlage analysieren sie die Veränderungsbereitschaft sowie die Veränderungswünsche und -hoffnungen des Klienten.

Die Berater machen z. B. Gruppeninterviews mit jeweils fünf bis sechs Personen und beobachten – neben den tatsächlich vermittelten Informationen – besonders die Interaktionen zwischen den Gruppenteilnehmern. Bei dieser Methode werden auch informelle Gespräche unter vier Augen mit Mitarbeitern des Klientensystems geführt. Deren Beobachtungen werden als weitere Informationen notiert und gesammelt. Statt sich auf die Repräsentativität und Zuverlässigkeit der Daten zu stützen, wie es für die Recherche nach „harten Daten" charakteristisch ist, gilt hier das Hauptaugenmerk der Fülle und Tiefgründigkeit der gesammelten Informationen.

## Intuition des Beraters

Immer mehr Berater merken, wie wichtig es ist, sich auf die eigene Intuition als Datenquelle zu besinnen. Effektive Beratungen beruhen wohl meist nicht nur auf einer rein rationalistischen Problemlösung. Die Wörterbücher definieren Intuition als „schnelle Wahrnehmung der Wahrheit ohne bewusstes Wissen oder bewusste Überlegung", als „Wissen von

innen" oder als „instinktives Wissen oder Gefühl, gepaart mit
einer deutlichen und konzentrierten Vision". Für viele ist ein
intuitives Vorgehen ein sehr bedeutsamer Prozess, der einzigartige und nützliche Ergebnisse bringt, während viele andere
Intuition für eine zweifelhafte Sache halten, weil sie nur
schwer erklärbar und beweisbar ist und nach ihrer Ansicht
deshalb nicht stichhaltig ist.

Der spezifische Nutzen von Intuition hängt von jedem Klienten und seinen jeweiligen Problemen ab. Ein Berater wird sel-
ten eine Situation vorfinden, in denen klare und eindeutige
Antworten zu erwarten sind. Wenn sich der Berater bei der
Suche nach Antworten der Intuition und anderer angemessener Untersuchungsmethoden bedient, wird der Klient ermutigt, sich auf seine eigene Intuition zu verlassen und gewinnt
dadurch Selbstvertrauen. Die Stärkung der Intuition erhöht
die Fähigkeit des Klienten zur kreativen Selbsterneuerung.

Sowohl der rationale als auch der nicht-rationale Zugang
können dem Klienten helfen, wichtige Themen zu erkennen
und Alternativstrategien für Veränderung zu entwickeln. Das
dynamische Zusammenspiel von Intuition und Analyse führt
zu den besten Ergebnissen. Nach unserer Überzeugung hat
ein guter Berater sowohl das Handwerkszeug der „harten"
Datenanalyse als auch die „weichen" Untersuchungsmethoden in seinem Repertoire. Und er ist offen für eine intuitive
Synthese beider Verfahren.

## Ziele und Ebenen der Datensammlung

Nach unserer Meinung ist das Verfahren der Datensammlung
abhängig vom jeweils gewünschten Ergebnis:

–  Diagnostische Problemanalyse
–  Bewertung und Dokumentation des Fortschritts oder
–  Einschätzung der Ergebnisse und Fundamentaldaten

Über Evaluationsmethoden und diagnostische Verfahren zu reden, ist unserer Einschätzung nach zu vage. In den folgenden Abschnitten, werden wir deshalb jedes dieser drei gewünschten Ergebnisse separat diskutieren und uns darauf konzentrieren, wie die Daten jeweils entsprechend der Organisationsebene (einzelne Mitarbeiter, Gruppe, Organisation, Makrosystem) gesammelt werden können.

## Diagnostische Problemanalyse

Wenn der Berater die diagnostische Problemanalyse als Ziel vor Augen hat, wird er normalerweise einige Ursachen der Problemsituation untersuchen wollen, z. B. Produktivitätshemmnisse, Hindernisse für gute zwischenmenschliche (Gruppen-)Beziehungen, Klarheit von Zielen, das Vorhandensein oder der Mangel von Vorstellungen über zukünftige Ergebnisse, die Leistung der Führung und der Kommunikationsfluss.

Wenn sich das diagnostische Interesse auf die Einzelperson konzentriert, werden in der Regel intensive Einzelinterviews geführt und Fragebogen zur Arbeitsmoral oder Checklisten zu Einstellungen und Bedenken ausgeteilt ausgeteilt werden. Individuelle Unterschiede lassen sich eventuell mit dem Myers-Briggs Type Indicator[19] untersuchen, um die individuellen Teilgruppen herauszufinden, aus denen sich die zu untersuchende Belegschaft zusammensetzt. Besonderes Interesse gilt vielleicht der Qualität des Arbeitslebens und den Konflikten zwischen dem Berufs- und dem Privatleben des Einzelnen. Berater, die bei der Beratung einer Organisation mit der individuellen Diagnose beginnen, haben wahrscheinlich ein besonderes Interesse an den individuellen Unterschieden, die nach ihrer Ansicht das Management verstehen sollte.

Stehen das Funktionieren der Gruppe und die diversen Aspekte der Gruppendynamik im Zentrum, wird der Berater wahrscheinlich von vornherein die Gruppe beobachten, Gruppeninterviews führen und verschiedene Arten von Fragebogen zu folgenden Themen einsetzen: Normen, Supervision, Ziele, produktivitätsstörende Kommunikationshemmnisse, informelle Machtverhältnisse etc.

Gilt das Interesse der Organisation als gesamtes System, bieten sich noch andere Methoden an. Bei einem Berater, der die „harten Daten" bevorzugt, sind vielleicht Interviews oder Fragebogen für einen bestimmten Teil der Organisationsmitglieder die geeigneten Instrumente. Wer „weiche Daten" zutage fördern möchte, wird vielleicht einzelne Personen aus verschiedenen Teilen der Organisation für ein Interview auswählen, um etwas über besondere Aspekte des Systems und die Interaktionen zwischen Teilen des Systems zu erfahren. Außerdem interessiert sich der Berater vielleicht stark dafür, ein Bild zu erstellen, wie die Führung auf den verschiedenen Ebenen des Systems und die Dynamik der Kommunikation nach oben und nach unten funktioniert. Vielleicht untersucht er auch das Leitbild der Organisation und seine Verbindung oder Nicht-Verbindung mit den tatsächlichen Operationen und dem bestehenden Produktivitätsstand. Die verschiedenen schriftlichen Produkte, die die Arbeit der Organisation dokumentieren, wie z. B. Jahresberichte, Firmenzeitschriften, Rundbriefe und schriftliche Vermerke des Topmanagements, können ebenso untersucht werden.

Die Dynamik des Makrosystems lässt sich ebenfalls untersuchen. Der Schwerpunkt der Diagnose wird dann bei den Beziehungen der Organisation zu seiner Umwelt liegen, d. h. zu anderen Organisationen und zu den gegenwärtigen ökonomischen, politischen und sozialen Gegebenheiten. Auch die Art und Weise, in der die Organisation Daten aus ihrer Umwelt ermittelt und diese in die Systemplanung einbezieht, können untersucht werden. Zusätzlich analysiert der Berater vielleicht die gesellschaftlichen und regionalen Entwicklungen, die eine Auswirkung auf die Funktion und Zukunft der

Organisation haben. Die Informationssuche kann auch die Analyse der wichtigsten Medien, der Dokumente über die interorganisationalen Beziehungen, der Beziehungen der Organisation zu ihrem Markt, der politischen und ökonomischen Führung sowie der technologischen Innovationen einschließen.

## Bewertung und Dokumentation des Fortschritts

Der Berater ist u. a. dafür verantwortlich, dem Klienten bei der Festlegung von Zwischenschritten in Richtung auf das Endziel zu helfen. Dazu gehört auch ein adäquater Maßstab, mit dem das Erreichen eines Fortschritts bewertet werden kann. Ein solcher Maßstab sollte auch dazu dienen festzustellen, ob sich der Klient in eine Sackgasse begibt oder auf unerwartete Hindernisse stoßen wird.

Außerdem sollte der Berater dem Klienten gegenüber betonen, wie wichtig es ist, positive Fortschritte zu feiern. In unserer Arbeitskultur wird der Idee des Feierns nur wenig Raum gegeben, auch wenn gerade dies entscheidend ist für die Motivation und die Erneuerung der Bereitschaft sich anzustrengen. Dabei ist es ganz wichtig sicherzustellen, dass der Beweis für jeden positiven Schritt gut dokumentiert und z. B. dem Topmanagement im Rahmen eines Anerkennungs- und Entlohnungssystems mitgeteilt wird.

Konzentriert sich die Bewertung des Fortschritts auf die Einzelperson, verwendet der Berater vielleicht Verfahren wie z. B. wiederholte Messungen des Leistungsniveaus, Berichte des Supervisors über Verbesserungen hinsichtlich der Zielsetzung während Sitzungen zur Leistungsüberprüfung sowie Berichte der jeweiligen Person selbst über ihre eigenen Fortschritte und Veränderungen in der Einstellung zum Beruf. Der individuelle Fortschritt lässt sich auf die verschiedenste Art feiern: vom anerkennenden Schulterklopfen bis zum Artikel am

schwarzen Brett oder in der Firmenzeitschrift oder bis zu kurzen Briefen vom Management sind viele verschiedene Formen
der Anerkennung denkbar.

Auf der Ebene der Gruppe lassen sich die Fortschritte anhand
von Daten über die Produktivität oder einer Qualitätskon-
trolle bewerten (z. B. Zahlen über Ausschuss, Erfolge bei der
Reduzierung von Fehlzeiten, Angaben der Gruppenmitglieder
über ihre Zufriedenheit mit der Gruppe und ihrer Produktivität). Eine exzellente Möglichkeit, auf der Gruppenebene zu
einer Bewertung zu gelangen, ist der Einsatz eines Prozessberaters, welcher der Gruppe bei der Überprüfung ihres eigenen
Prozesses und den Entscheidungen über mögliche Verbesserungen ihrer Arbeit hilft. Jeder Berater sollte wissen, wie er
solche Sitzungen zur Selbstüberprüfung einer Gruppe aufbaut
und mit welchen Methoden und Techniken er die Gruppenmitglieder unterstützen kann.

Wenn der Fortschritt der Organisation als Ganze bewertet
werden soll, können Daten über laufende Geschäftskosten,
Qualitätsproduktion, Produktionsstand, Gewinnniveau, Erfolg bei Innovationen in Produktion und operativen Verfahren herangezogen werden. Manchmal ist es vorteilhaft, eine
Gruppe von Beobachtern einzusetzen, die regelmäßig überprüfen, welche Fortschritte innerhalb der Organisation gemacht worden sind. Sowohl von Angestellten mit und ohne
Führungsverantwortung können Daten über ihre Einschätzung des Fortschrittes seit einem bestimmten Zeitpunkt gesammelt werden.

Bei der Suche nach Informationen über Fortschritte auf der
Ebene des Makrosystems wird der Berater wahrscheinlich an-
thropologische Verfahren anwenden. Auf diese Weise lassen
sich z. B. Daten sammeln, welches Bild die Organisation bei
ihren eigenen Mitgliedern und bei den Verbrauchern ihrer
Produkte abgibt. Ein interessanter Bewertungsgegenstand ist
auch die Frage, in welchem Grad das Unternehmen Innova-

tionen anderer Systeme adaptiert und Fortschritte in Wettbewerb und Zusammenarbeit mit anderen Systemen zu beider-
seitigen Nutzen analysiert.

## Einschätzung der Ergebnisse und Fundamentaldaten

Ein dritter Zweck der Datensammlung ist es, zu einem festgelegten Zeitpunkt zu messen, inwieweit die Ziele erreicht
und die Fundamentalkriterien erfüllt worden sind. Die dafür
benötigten Informationen sind oft im Jahresbericht enthalten
oder lassen sich den Erfolgsbilanzen der strategischen Planung entnehmen. Die Dokumentation wird gebraucht, um
darüber berichten zu können, was geleistet wurde und wie es
geleistet wurde.

Bei der Einschätzung einer Einzelperson erhält der Berater seine Informationen vielleicht aus den Aufzeichnungen der Gespräche mit dem Supervisor. Die Aufzeichnungen sollten Informationen darüber enthalten, inwieweit die gesteckten Lei-
stungsziele und die persönlichen Entwicklungswünsche im
vergangenen Jahr erreicht wurden, aber auch darüber, auf
welchen Gebieten Verbesserungen angestrebt werden. Die
Fundamentaldaten beziehen sich in diesem Zusammenhang
darauf, inwieweit die Ressourcen der jeweiligen Person adä-
quat genutzt worden sind oder auf welchem Niveau deren
Beiträge zu den Zielen der beteiligten Gruppe oder Organisation sind.

Auf der Ebene der Gruppe konzentriert sich die Evaluation
vorrangig auf die Produktivität und das Engagement einer besonderen Gruppe. Auch ein Vergleich dieser Kriterien zwischen verschiedenen Gruppen mit ähnlichen Aufgaben in der
Organisation bringt Aufschluss. Eine Einschätzung auf Ebene der Gesamtorganisation wird sich auf die Fundamentaldaten, wie z. B. Gewinn, Verluste, Reduzierung der laufenden
Geschäftskosten, konzentrieren. Doch ebenso wichtig ist es,

inwieweit die Mitarbeiter aller Hierarchieebenen das Wohl
der Organisation als ihre Sache betrachten. Geht der Blick
darüber hinaus auf das Makrosystem, so gilt die Einschätzung
der Frage, inwieweit zwei oder mehr benachbarte bzw. gleich
ausgerichtete Systeme sich einen schädlichen und kostspieli-
gen Wettbewerb liefern oder nützlich zusammenarbeiten.

## Forschung zur Bewertung des Beratungsprozesses[20]

Obwohl fast jede Art von Unternehmen, staatlicher Institution oder Dienstleistungsorganisation in irgendeiner Form bereits die Hilfe von Beratern in Anspruch genommen haben,
gibt es nur wenige wissenschaftliche Untersuchungen zum Beratungsprozess. Unsere Erfahrung hat gezeigt, dass sowohl
der Berater als auch der Klient Bedarf an einer evaluativen
Untersuchung haben. Unsere erste wissenschaftliche Studie zu
diesem Thema war über die Veröffentlichung (LIPPITT, 1959)
hinaus auch als Handlungsforschung über das Problem des
Klienten von unschätzbarem Wert.

Die allgemeine Literatur über Beratung ist mit der beruflichen
Praxis immer umfangreicher geworden. HOLLANDER stellte
eine umfassende kommentierte Bibliographie für dieses Gebiet zusammen, die 1962 (rev. 1972) vom Bureau of Business
and Economic Research, Graduate School of Business Admi-
nistration, Michigan State University, veröffentlicht wurde.
Die Zahl der Literaturhinweise stieg von 478 in der Ausgabe
von 1962 auf fast das Doppelte in der Ausgabe von 1972. Bei
etwa 85 Prozent der Literaturhinweise handelte es sich jedoch
um Beschreibungen, theoretische Darstellungen oder Fallbe-
richte. Die meisten genannten wissenschaftlichen Untersuchungen wurden von privaten Beratungsfirmen und Behörden durchgeführt.

Eine Umfrage bei Beratern und Klienten (BIDWELL und LIP-
PITT, 1971) ergab, dass der wissenschaftlichen Untersuchung

des Beratungsprozesses verschiedene Hindernisse im Wege stehen (siehe Tabelle 1). Den fünfundsiebzig befragten Personen zufolge waren die Haupthindernisse: Mangel an Zeit, fehlendes Bezugssystem für solche Untersuchungen und die Unfähigkeit, messbare Beratungsziele zu bestimmen. Dass Mangel an Zeit und Geld eine wichtige Rolle spielen, ist verständlich. Interessant aber ist die große Zahl der Befragten, die ihre Unfähigkeit nannten, ein geeignetes Bezugssystem für die Durchführung solcher Forschungsaktivitäten zu entwickeln.

| Hindernisse | Zahl der Antworten* (N = 52) |
|---|---|
| 1. Mangel an Zeit | 20 |
| 2. Fehlendes Bezugssystem | 15 |
| 3. Unfähigkeit des Beraters und des Klienten, die Erwartungen des Klienten in meßbare Ziele umzusetzen | 14 |
| 4. Mangel an Geld für Forschung | 12 |
| 5. Notwendigkeit, das Management zu überzeugen | 9 |
| 6. Mangel an effektiven Forschungsmethoden und -instrumenten | 6 |
| 7. Notwendigkeit geeigneter Einrichtungen und Ressourcen | 3 |
| 8. Mangelnde Kooperation zwischen Klient und Berater | 2 |
| 9. Ausmaß der Forschung | 2 |

\* Dreiundzwanzig Befragte beantworteten nicht alle Fragen und sechzehn gaben zwei oder mehr Antworten.

*Tab. 1: Hindernisse der Beratungsforschung*

## Ein Modell zur Erfolgskontrolle

SWARTZ und LIPPITT haben 1975 ein Modell für die Bewertung der Beratungssituation aufgestellt. In Abb. 9 sind folgende Elemente berücksichtigt, die sich wechselseitig beeinflussen:

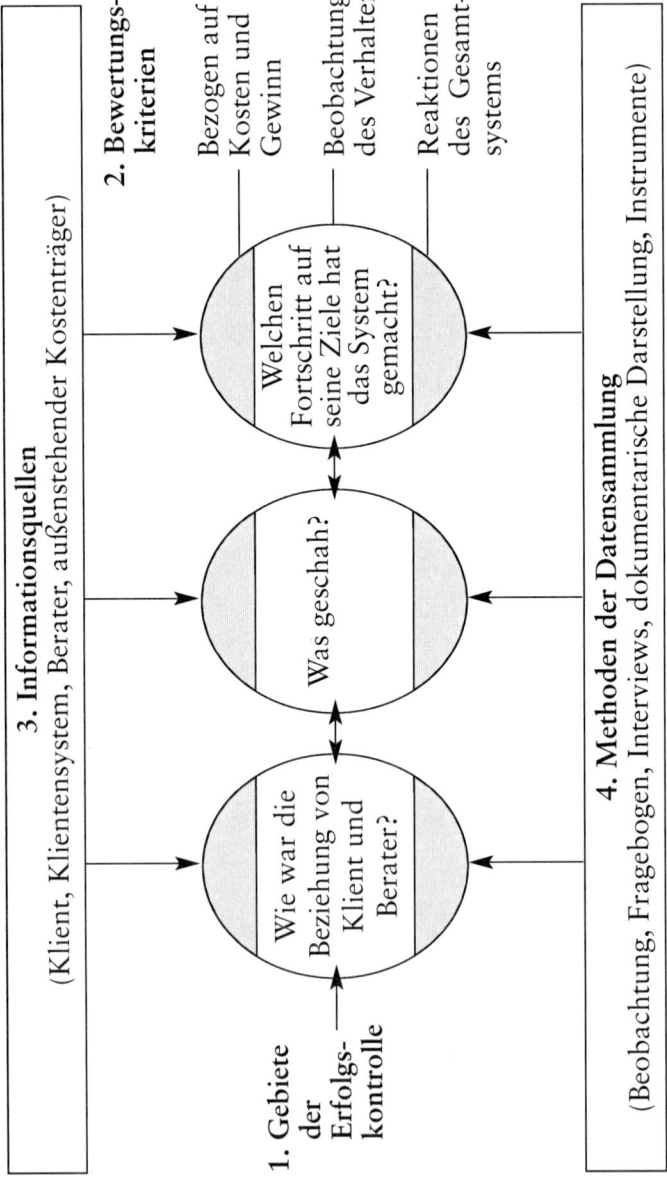

*Abb. 9: Erfolgskontrolle des Beratungsprozesses*

## Forschungs- und Bewertungsbereiche

Die Bewertung des Beratungsprozesses lässt sich nach den folgenden drei Hauptbereichen gliedern:

1. *Klient-Berater-Beziehung.* Dieser Bereich bezieht sich auf die Beurteilung der persönlichen und professionellen Beziehungen zwischen Klient bzw. Klientensystem und Berater. Diese Beziehungen haben oft einen wesentlichen Einfluss auf das Endergebnis des Beratungsprozesses.

2. *Beratungs-/Trainingsereignisse.* Dieser Bewertungsbereich umfasst wichtige Beratungsinterventionen, wie zum Beispiel das Abhalten von Sitzungen, um ein Feedback über die Umfrageergebnisse zu ermöglichen, Training bestimmter Fertigkeiten wie z. B. Zuhören, Konfliktlösungskonferenzen und andere wichtige Aktivitäten. Die Erfolgskontrolle solcher Maßnahmen kann wichtige Informationen sowohl für die Planung zukünftiger gemeinsamer Projekte mit dem Klienten als auch für die Verbesserung ähnlicher Maßnahmen liefern.

3. *Grad der Zielerreichung.* Dieser Bereich bezieht sich auf die Fortschritte des Klientensystems beim Erreichen vorgegebener Ziele und auf den Einfluss der Beratung auf diese Fortschritte. Eine Gesamtbewertung der Ergebnisse hilft die Frage des Klienten beantworten: „Hat sich das Geld, das ich in die Beratung investiert habe, gemessen an den erzielten Resultaten, bezahlt gemacht?"

## Forschungs- und Bewertungskriterien

### Kosten und Nutzen
Am unmittelbarsten lassen sich die Auswirkungen der Beratung auf die Erzielung spezifischer Resultate bestimmen, indem man Kosten und Nutzen miteinander vergleicht. Solche

Kosten-Nutzen-Kriterien sind:

– Beratungszeit und -ausgaben (Soll-Ist-Vergleich);
– gestiegene Verkäufe, abnehmende Kosten infolge der Beratung;
– Trendveränderungen im Hinblick auf Sicherheitsmaßnahmen, Beschwerden, Umsatz, Absentismus, Diebstahl.

Für die kostenbezogenen Bewertungskriterien gibt es dreierlei Messmethoden:

– Man kann messen, ob das Ziel innerhalb einer bestimmten Zeit erreicht wurde;
– man kann den aktuellen Trend mit einem Plan oder einer geschätzten Leistung vergleichen;
– man kann Leistungsstichproben machen und sie mit einer erhofften Veränderung (z. B. Umkehrung eines Abwärtstrends) vergleichen.

*Verhaltensbeobachtung*
Beobachten und dokumentieren Sie genau Verhaltensänderungen bei Ihren Kunden, Gruppen oder Organisationen, die direkt aus dem Beratungsprozess resultieren, oder aus Umfeldveränderungen, die bereits auf den Beratungsprozess zurückzuführen sind. Einige Beispiele für wichtige Verhaltensbeobachtungen:

– Kunde/Patient ist entspannter und reagiert entgegenkommender;
– Veränderungen in der Organisationsstruktur, die z. B. die Kommunikation erleichtern;
– Teilnehmer Ihrer Trainingsveranstaltungen organisieren eigenständig Treffen, um Probleme zu lösen und zu besprechen.

*Reaktionen*

Dieses Kriterium bezieht sich auf die Reaktionen des Kunden oder der Organisation auf den Beratungsprozess. Das sind Gefühls-, Meinungs- und Einstellungsäußerungen, speziell im Hinblick darauf, wie diese sich im Laufe des Prozesses wandeln. Einige Beispiele dafür, welche Reaktionen gemessen werden sollten:

- Die Art und Weise, wie der Kunde/Patient über seine Beziehungen zu dem Beratungsprozess spricht;
- die Bewertung einer Trainingsveranstaltung durch die Teilnehmer;
- Reaktion der Kundenorganisation, wie sie z. B. durch öfteren Einsatz von Stimmungsbarometern während des Beratungsprozesses abgefragt werden kann.

## Wo suche ich Daten?

Wir unterscheiden vier Datenquellen, die für ein Bewertungssystem gebraucht werden:

1. *Der „Förderer".* Eine oder mehrere Personen, die den Beratungsprozess entscheidend beeinflussen können und am meisten an dessen Einführung, Fortschritt und Erfolg interessiert sind. Manchmal ist der Förderer die vorgesetzte Instanz des zu Beratenden, manchmal, speziell an der Spitze einer Organisation – ist der Förderer auch der Beratungskunde selber, z. B. der Vorstand. Auch Gruppen können den Förderer bilden, z. B. ein Stadtrat, ein Aufsichtsrat, ein Komitee oder ein Ausschuss.

2. *Der Klient.* Diese Person bestimmt im Rahmen des Projekts, welche Maßnahmen getroffen werden sollen und welche Richtung einzuschlagen ist.

3. *Das Klientensystem.* Diese Person oder Gruppe ist an dem
   Beratungsprojekt unmittelbar beteiligt oder wird von diesem beeinflusst.

4. *Der Berater.* Diese Person ist der Helfer, dessen Fachwissen der Klient vertraglich in Anspruch nimmt. Der Helfer
   kann dem Klientensystem ganz oder teilweise angehören
   oder von außen kommen. Es können auch mehrere interne und externe Berater gemeinsam als Helfer auftreten.

## Methoden der Datensammlung

Daten können auf vielerlei Weise gesammelt werden. Im Folgenden nennen wir die fünf meistgebrauchten Methoden, um
Daten für die Erfolgskontrolle des Beratungsprozesses zu
sammeln.

1. *Beobachtung.* Das Verhalten von Individuen und Gruppen
   bezüglich der zu erfüllenden Aufgabe wird beobachtet und
   aufgezeichnet. Ebenfalls beobachtet und aufgezeichnet
   wird die Art und Weise, wie Systeme funktionieren, z. B.
   in Form von Flussdiagrammen, Entscheidungsbäumen,
   PERT-Charts[21].

2. *Fragebogen.* Der Aufbau wird dem jeweiligen Zweck entsprechend entworfen oder standardisiert. Die Befragten
   werden um schriftliche Antworten über ihre Einstellungen,
   Ansichten, Meinungen und Wahrnehmungen gebeten.

3. *Interviews.* Einzelne Personen oder Gruppen werden direkt oder telefonisch interviewt, um über ihre verborgenen
   Wahrnehmungen, Gedanken und Gefühle Aufschluss zu
   erhalten.

4. *Dokumentation.* Mit Hilfe von Archivberichten, aktuellen
   Nachrichten und anderen aufgezeichneten Daten werden

die aus dem Beratungsprozess resultierenden Trends und Veränderungen dokumentiert.

5. *Hilfsmittel.* Für den Zweck der Datensammlung werden spezielle Hilfsmittel entworfen mit dem Ziel, individuelles Feedback über eine Situation zu erhalten, und um einen Rahmen für Bewertungsdiskussionen zwischen Klient bzw. Klientensystem und Berater zu schaffen.

Aus Tabelle 2 ergibt sich die interessante Feststellung, dass als Methode für die Bewertung des Beratungsprozesses am häufigsten der Fragebogen genannt wurde, obwohl die Untersuchung von BIDWELL und LIPPITT (1971) noch eine Reihe von zusätzlichen Datensammelmethoden enthält.

| Methoden | Antworten* (N = 64) |
|---|---|
| 1. Fragebogen | 32 |
| 2. Interviews | 16 |
| 3. Klientenberichte | 14 |
| 4. Berichte über Wirksamkeit der Beratung | 10 |
| 5. Diskussionen mit dem Klienten | 9 |
| 6. Periodische Überprüfungen | 9 |
| 7. Inspektionen und Besuche | 8 |
| 8. Einschätzungen des Beraters | 8 |
| 9. Beurteilung unmittelbar nach der Beratung | 7 |
| 10. Berichte über Reaktionen auf die Beratung | 7 |
| 11. Untersuchungs- und Tätigkeitsbericht | 4 |
| 12. Folgeprüfung (6 Monate bis ein Jahr später) | 1 |

\* Elf Befragte gaben überhaupt keine Methoden an, und dreizehn Befragte gaben vier verschiedene Methoden an.

*Tab. 2: Methoden zur Erfolgskontrolle*

An dieser Stelle sollte wiederholt werden, dass jede Beratungssituation ein Prozess des Datensammelns ist. Der Untersuchung von BIDWELL und LIPPITT zufolge wurde Hand-

lungsforschung als häufigster Grund für das Sammeln von
Daten in der Beratungsbeziehung genannt (siehe Tabelle 3).
Dennoch kann man Handlungsforschung nicht einfach nur
als eine Forschungsmethode oder eine Technik der Beratung
ansehen, da der gesamte Beratungsprozess im Wesentlichen
ein Programm der Handlungsforschung ist.

| Zwecke | Antworten*<br>(N = 75) |
|---|---|
| 1. Handlungsforschung bezüglich des Problems | 68 |
| 2. Bewertung des Beratungsprozesses | 55 |
| 3. Befriedigung des Klienten | 53 |
| 4. Verbesserte Fähigkeit oder Leistung des Beraters | 38 |
| 5. Andere** | 23 |

* Vierundfünfzig Befragte nannten drei oder mehr Zwecke der Be-
  ratungsbewertung, und vierzehn zählten fünf Zwecke auf.
** Bei der Kategorie *Andere* ging es zum Beispiel darum festzustellen, ob sich das Geschäftseinkommen erhöht hat, ob sich die Or-
   ganisationsbeziehungen verändert haben, welchen Wert die Beratung für die Organisation hat, wie sich Produktivität und Gewin-
   ne entwickeln, in welcher Weise das Programm beeinflusst wird,
   welche Beziehung zu den Auftragszielen besteht und wie der Vorgesetzte den Wert der Beratung einschätzt.

*Tab. 3: Zwecke der Erfolgskontrolle*

# 8 Beratung in Aktion

In diesem Kapitel wollen wir eine komplette Fallstudie sowie mehrere Beratungsskizzen zu unterschiedlichen Klienten mit verschiedenartigen Bedürfnissen vorstellen. Dazu liefern wir jeweils Kommentare über unsere Absichten und Interventionsentscheidungen.

## Eine Fallstudie

### Die Organisation

Diese Fallstudie betrifft einen langen, andauernden Beratungsprozess bei einer großen Wohlfahrtsorganisation. Diese Organisation hat eine nationale Zentrale mit 655 Mitarbeitern; außerdem gehören ihr vier regionale Büros und eine Niederlassung im Ausland an. In den Regionalbüros gibt es über tausend bezahlte Mitarbeiter, Einsatzpersonal von mehreren hundert Personen ist für direkte Supervision und Beratung von 3.700 lokalen Einheiten der Organisation zuständig. Schätzungsweise zwei Millionen Freiwillige arbeiten in den lokalen und regionalen Büros und der Zentrale mit.

### Das Bedürfnis nach Veränderung in der Organisation wecken

Die leitenden Mitarbeiter der Organisation baten das Trainingspersonal darum, bestehende Methoden und Theorien der Organisationsentwicklung in Industrieunternehmen, Ausbildungs- und Wohlfahrtsorganisationen zu erforschen. Daraufhin stellte das Weiterbildungspersonal ein Team von Mitgliedern aller Führungsebenen zusammen, vom stellvertretenden Vorstandsvorsitzenden bis zu den Leitern der örtlichen Einheiten. Die Aufgaben dieses Komitees bestanden

darin, sich mit verbreiteten Methoden und Theorien vertraut
zu machen, eine Umfrage durchzuführen, um den Bedarf des
Managements innerhalb der Organisation zu ermitteln und
ein dem Bedarf entsprechendes Programm zu empfehlen. Die
Bildung des Teams weckte beim Management die Bereitschaft
zu untersuchen, wie man Führungskräfte in der Organisation entwickeln, sich am Einschätzungsprozess beteiligen und
die Ergebnisse nutzen könne. Angesichts eines so umfassen-
den Klientensystems erschien es uns ganz wichtig, ein internes Team zusammenzustellen, das während aller Phasen des
Projekts mit den verschiedenen Einheiten des Systems kommunizieren sollte. Ohne eine solche Hilfe wären die Datensammlung und die Maßnahmenplanung schwierig.

Seit vielen Jahren hatte die Organisation ein Programm mit
Orientierungskursen, Traineemaßnahmen und fachlicher
Weiterbildung durchgeführt. Eine Umfrage unter den
Führungskräften, die zuvor für dieses Program durchgeführt
worden war, brachte zusätzliche Kraft für die „Bereitschafts-
Phase". Zwar waren nur wenige Empfehlungen aus der
früheren Umfrage in der normalen, täglichen Arbeit der Organisation umgesetzt worden, doch es wurde erkannt, dass
sie durchaus sinnvoll sein könnten. Wegen der Glaubwürdigkeit dieser früheren Empfehlungen wie auch der Annahme, dass die Ergebnisse der neuen Umfrage ebenfalls ihre Bedeutung haben könnten, stand die Organisation der Beratung
wohlwollender gegenüber. Daraufhin wurden wir geholt, um
die Empfehlungen des Teams zu prüfen und nach Möglichkeiten zu suchen, sie in die Praxis umzusetzen. Diese Erfahrung lehrt, dass ein Berater es manchmal versäumt, wichtige,
bisher nicht genutzte Daten zu untersuchen, die möglicherweise nicht nur einen ausgezeichneten diagnostischen Start
liefern, sondern dem Klienten auch Schuldgefühle, dass er von
einem früheren Projekt nicht genügend profitiert habe, nehmen können.

## Entwicklung und Definition der Beratungsbeziehung

Die Beratungsbeziehung zur Organisation veränderte sich, als deren Bedürfnisse wuchsen und sich weiterentwickelten und sich die Anforderungen an ihre Arbeit für die Gesellschaft änderten. Die Beziehung Berater-Klient wurde in der laufenden Zusammenarbeit definiert.

In der Anfangsphase plante ein Berater Bildungsmaßnahmen für das Management. In Zusammenarbeit mit dem Team schätzte der Berater den grundlegenden Bedarf für eine solche Weiterbildung. Man kam dabei zu folgenden Schlüssen:

– Die Führungskräfte brauchten eine größeren Einblick in die Wirkung ihres Verhaltens auf ihre Untergebenen. Sie brauchten bessere Fertigkeiten zur Analyse ihrer Arbeitssituation und mehr Verständnis für das Wesen einer modernen, komplexen Organisation und für die Maßnahmen, mit denen die Ziele der Organisation effektiv zu erreichen sind.

– Die fachlichen Fähigkeiten der Führungskräfte, wie Budget- und Zeitplanung, seien nur effektiv zu nutzen, wenn die Führungskräfte auch bestimmte Einsichten und Erkenntnisse entwickelten.

– Der bestehende Umfang an Informationen der Verhaltenswissenschaften und Betriebswirtschaft über das Wesen von Organisationen und das menschliche Verhalten am Arbeitsplatz, sollten in der Konzeptphase der Organisationsentwicklung als Hilfsmittel zur Verfügung stehen.

Angesichts dieser Folgerungen empfahl das Team keine „schnelle Lösung", sondern ein Organisationsentwicklungsprojekt auf der Grundlage langfristiger Planung. Aufgrund dieser Empfehlung entschloss sich das Management, ein Drei-Jahres-Programm im Bereich Führungskräfteentwicklung zu

unterstützen. Man ging davon aus, dass ein solcher Zeitraum
eine effektive Auswertung des Programms erlauben würde.
Die Durchführung des Führungskräftetrainings und der Organisationsentwicklung hielt man für einen willkommenen
Praxistest der eingesetzten Methoden und Philosophie.

Bei der Planung des Programms zum Führungskräftetraining
erkannten wir, dass der Klient von der Beteiligung externer
Spezialisten aus anderen Bereichen wie z. B. der öffentlichen
Verwaltung, der Sozialarbeit, der Betriebswirtschaft, Soziologie, Psychologie usw. profitieren würde. Im Verlauf des
Programms standen den verschiedenen Ebenen der Organisation weitere Berater zur Verfügung, um unterschiedliche
Spezialisten optimal zu nutzen. Durch diese Beratungsfunktion gewann die Beratungsbeziehung eine weitere Dimension;
wir konnten die Klienten an andere Ressourcen verweisen.

Eine neue, aus dem ursprünglichen Drei-Jahres-Projekt ent-
standene Phase der Beratungsbeziehung erwuchs aus einem
gestiegenen Interesse an Organisationstraining und dem fest-
gestellten Bedarf an einer kontinuierlichen Beratungsbeziehung. Die Organisation engagierte eine Gruppe von drei
„Kernberatern", die zusammenarbeiteten, um eine Bera-
tungsphilosophie und Beratungsmethoden für die Organisation zu entwickeln. Diese drei Personen waren in den Bereichen Forschung, Bildung, Training, Gemeindearbeit und Management geschult. Obwohl die Kernberater häufig einzeln
für die Arbeit an besonderen Projekten eingeteilt waren, blieben sie in engem Kontakt und arbeiteten intensiv mit dem
Trainingsbereich der Organisation zusammen, um den Ge-
samtbedürfnissen der Organisation gerecht zu werden. Ein
solches externes Team, das in diesem Fall aus drei Beratern
bestand, ist bei einem Projekt dieses Ausmaßes meist erforderlich; darüber hinaus wurde die von den Mitgliedern dieses Beratungsgremiums praktizierte Teamarbeit zum Vorbild
für die internen Ressourceteams des Klienten.

## Klärung verschiedener Arten von Schwierigkeiten

Die Arbeit des Ausschusses mit den Beratern klärte eine Reihe von Problemen, die es innerhalb der Organisation gab:

1. *Der Abstand zwischen den Entscheidern und Umsetzern.* Fragebogen, Interviews und Berichte deuteten darauf hin, dass eines der bestehenden Probleme die Distanz zwischen den Entscheidungsträgern auf nationaler Ebene und den letztlich Ausführenden der lokalen Einheiten war. Dieser Abstand verursachte Missverständnisse, Widerstände und mangelnde Kommunikation bei der Arbeit auf kommunaler Ebene.

2. *Isolation und Konkurrenz zwischen den verschiedenen Einheiten.* In einer großen Organisation, die aus vielen Einheiten besteht, die für zahlreiche unterschiedliche Programme zuständig sind, kommt es fast zwangsläufig zu Rivalitäten zwischen den verschiedenen Einheiten. Hier äußerten sie sich in mangelnder Kommunikation untereinander über die Programme sowie in der Unfähigkeit vieler Beteiligter auf der lokalen Ebene, das „Gesamtbild" der Organisation und ihrer Arbeit im Auge zu haben.

3. *Kommunikationsschwierigkeiten zwischen verschiedenen Hierarchieebenen.* Die vier Hierarchieebenen innerhalb der Organisation – die nationale Zentrale, die Regionalbüros, das Einsatzpersonal und die lokalen Einheiten – sorgten für zahlreiche Kommunikationsprobleme. Trotz Rundbriefen, Führungsdirektiven und anderen Mitteln war die persönliche Kommunikation unter den Mitarbeitern auf den verschiedenen Ebenen begrenzt.

4. *Überwachung aus der Ferne.* Das Problem der Überwachung aus der Ferne trat in der Beziehung zwischen den Mitgliedern des Einsatzpersonals, die ständig „auf Achse" waren, und deren Supervisoren in den Regionalbüros zu-

tage. Dieses Arrangement erlaubte zwar ein großes Maß
an Freiheit, verhinderte jedoch eine gute Kommunikation,
die Entwicklung eines internen Services und eine erfolgreiche Beziehung zwischen den Supervisoren und ihren
Untergebenen.

5. *Ineffektive Beziehung zwischen ehrenamtlichen und bezahlten Mitarbeitern.* Die Ehrenamtlichen, zu denen die
   wichtigsten Entscheidungsträger des nationalen Vorstands
   der Organisation gehörten, waren – von der nationalen
   Zentrale bis hinunter zur Ebene der lokalen Eiheiten – ein
   realer Teil des „Mitarbeiterstabs". Allerdings gab es Probleme der Wahrnehmung, Anerkennung, Autorität und
   Rollen in der Beziehung zwischen bezahlten und ehrenamtlichen Mitarbeitern, obwohl die Organisation in ihrer
   Geschichte auf einen erfolgreichen Einsatz von Freiwilligen zurückblicken konnte.
   Dieses Problem gibt es natürlich bei fast allen Einrichtungen, die ehrenamtliche Mitarbeiter einsetzen. In diesem
   Fall war es allerdings ein besonders wichtiger Aspekt, da
   die freiwilligen Helfer auf allen Ebenen der Organisation
   integriert waren. Entsprechend gab es in vielen unterschiedlichen Personalbereichen Beziehungsprobleme.

6. *Fehlende Trainingsstandards.* Es gab für die gesamte Organisation extensive Trainingsangebote, besonders in den
   Programm-Service-Bereichen, wobei die meisten Pro-
   grammsektoren selbst die Verantwortung für Fortbildungen innerhalb ihres Fachgebiets wahrnahmen. Dem Ausschuss war allerdings klar, dass ein Bedarf bestand, gemeinsame Standards für diese vielen unterschiedlichen
   Trainings zu entwickeln und eine gewisse Kontrolle über
   die Ausbildung der Trainer auszuüben.

7. *Versäumnis, dem erhöhten Trainingsbedarf gerecht zu
   werden.* In der Vergangenheit galten die internen Ausbilder als in der Organisationshierarchie eher niedrig ange-

siedelt. Aufgrund des gestiegenen Interesses und des größeren Bedarfs an Weiterbildungsmaßnahmen wurde eine breitere Basis an qualifizierten Trainern auf zahlreichen Organisationsstufen erforderlich. Außerdem war es nun für die Umsetzung etwaiger neuer Programme notwendig, das Leistungsniveau des vorhandenen Ausbildungspersonals zu steigern.

8. *Mangel an guten zwischenmenschlichen Beziehungen.* Die Einschätzung des Ausschusses verwies auf einen eindeutigen Bedarf an verbesserten zwischenmenschlichen Beziehungen auf allen Arbeitsebenen, damit die Organisation die Verpflichtungen ihres Programms effektiver einlösen könne.

Diese Zusammenfassung der Schwierigkeiten stellt ein hohes Niveau an systemischem Denken dar und sie zeigt, wie wichtig es ist, diese Schwierigkeiten als legitim zu akzeptieren. Sie bietet genügend Anreize, mit verschiedenen strategischen Gruppierungen in gemeinsamen Sitzungen Schlussfolgerungen für die Praxis ziehen.

## Veränderungsabsichten festlegen

Der ursprüngliche Beratungsprozess war in Verbindung mit Möglichkeiten des Managementtrainings in Gang gesetzt worden; während der drei Jahre wurde allerdings die Notwendigkeit anderer Veränderungen deutlich. Nicht nur begannen die Führungskräfte ihre Verantwortung hinsichtlich eines besseren Selbstverständnisses und ihrer Arbeitsbeziehung mit anderen zu sehen; sie wurden sich auch des in der Personalentwicklung vorhandenen Potentials sowie der Rolle der Trainer innerhalb der Organisation bewusst. Diese Erfahrung ist uns eine Bestätigung dafür, dass eine gänzlich partizipativ durchgeführte Diagnosephase der beste Weg ist, die Bereitschaft für Veränderungen zu wecken, die Glaubwür-

digkeit der Helfer zu entwickeln und eine Sensibilität für den
Bedarf an fachlicher Hilfe während der Realisierungsphasen
des Veränderungsprozesses zu fördern.

## Von der Veränderungsabsicht zu den Veränderungsbemühungen

Als immer mehr Möglichkeiten deutlich wurden, kam es zu
verschiedenen Aktivitäten und Veränderungen:

1. *Fortsetzung des Führungskräftetrainings.* Nach den drei
   Jahren des Managementtrainings und der Auswertung der
   Ergebnisse kamen aus allen Teilen der Organisation Nach-
   fragen, das Programm fortzusetzen und die Fortbildungen
   auf die weiter unten angesiedelten Führungsebenen auszuweiten.

2. *Einrichtung eines Trainingsprojekts für das Einsatzpersonal vor Ort.* Der Wechsel in der Stimmung der Organisation sowie eine Studie über die lokalen Einheiten zeigten
   den Bedarf, Mitarbeiter des Einsatzpersonals, von denen
   manche mit acht bis zwanzig lokalen Einheiten zusammenarbeiteten, ebenfalls fortzubilden. Da es finanziell
   nicht möglich war, genügend Berater für ein solches Training zu rekrutieren, wurde entschieden, ein Fünf-Jahres-
   Trainingsprogramm unter Gleichgestellten zu installieren.
   Darunter ist zu verstehen, dass jedes Jahr dreißig Mitarbeiter des Einsatzpersonals in Fertigkeiten ausgebildet
   wurden, die sie für ihre Einsätze brauchten; diese Dreißig
   gaben das Gelernte anschließend an andere Mitarbeiter in
   ihrer jeweiligen Region weiter.

3. *Projekte zur Organisationsentwicklung.* Als Folge der
   wachsenden Bedeutung der Ausbildung im Bereich struktureller Veränderungen entwickelten vier der eigenen Bereiche der Organisation Projekte für ihre speziellen betrieblichen Bedürfnisse.

4. *Entwicklung eines nationalen Trainingsrates.* Diesem Rat, der die gesamte Organisation vertreten sollte, gehörten Mitglieder der lokalen Einheiten, der Regionalbüros, der Programmbereiche und des Managements wie auch die vier ranghöchsten Vertreter der Einrichtung an. Der Rat wurde zu einer einflussreichen Kraft, die Veränderungen an der Organisation in Gang setzte. Da der Rat aus je fünfzig Vertretern von Entscheidungsträgern und von Durchführenden bestand, gab das Gremium sich im eigentlichen Sinne selbst Handlungsempfehlungen. Durch die kontinuierliche Wertschätzung von Weiterbildung und Organisationsentwicklung wurde das Training zur Erfüllung verschiedener Bedürfnisse auf allen Ebenen neu belebt.

## Verallgemeinerung und Stabilisierung struktureller Veränderungen

Sobald sich Initiativen zur Umsetzung entwickeln, ist es die Aufgabe des externen Beraters, die internen Leitungsteams zu unterstützen und die Qualität des Handelns zu sichern. Er solte sich um Fragen der Prozessberatung kümmern und behilflich sein, die institutionalisierten Veränderungen zu stabilisieren. Bei diesem Klienten hatte diese Phase des Veränderungsprozesses folgende Dimensionen:

1. *Die Wirkung des Managementtrainings stabilisieren.* Das Interesse an Führungstrainings wuchs bei den meisten Personen – bei den Laien wie auch den Fachleuten.

2. *Die Funktionen des nationalen Trainingsrats verbessern und stabilisieren.* Der nationale Trainingsrat tagt unregelmäßig. Im ersten Jahr war seine Arbeit durch die mangelnde Arbeit zwischen den Sitzungen in den Untereinheiten des Ausschusses ein wenig beeinträchtigt. Infolgedessen wurden mehrere programmbezogene Komitees und programminterne Arbeitsgruppen eingerichtet, die die

Empfehlungen des nationalen Rats ausloten und umsetzen sollten.

3. *Stärkung der regionalen Trainingskomitees.* In jedem Regionalbüro hatten der regionale Trainingsleiter und der regionale Leiter gemeinsam ein Trainingskomitee für den Bereich entwickelt. Interesse daran wurde durch den nationalen Trainingsrat und durch das Trainingsprogramm geweckt. In der ganzen Organisation erwachte ein neues Interesse an regionalen Trainingskomitees. Dieses Interesse trug zur Festigung der Verantwortung für das Training bei und förderte die Umsetzung vieler Maßnahmen.

4. *Aufwertung der Rolle der Trainingsleiter.* Es wurde erkannt, dass die Trainingsmaßnahmen wie die Leute, die diese durchführten, wichtig waren. Diese Anerkennung verlieh den Trainingsleitern und der Trainingseinrichtung einen höheren Status.

5. *Ausweitung des Programms zur Ausbildung von Trainern.* In dem Maße, wie sich die grundlegenden Bedürfnisse für das Programm entwickelten, wurden die Trainer weiter ausgebildet.

6. *Entwicklung einer Trainingsphilosophie.* Infolge der vielen Trainingsmaßnahmen wurde es als notwendig angesehen, eine organisationsspezifische Philosophie für den Trainingsbetrieb zu entwickeln. Entsprechend formulierte der nationale Trainingsrat die Grundlagen für eine solche Philosophie, die einen Teil der erfolgten strukturellen Veränderung widerspiegelte, und Einsichten und Überlegungen deutlich machte, die im Rahmen des Beratungsprozesses zur Organisationsentwicklung entstanden waren. Zu diesen Grundlagen gehörten:

- Training sollte handlungsbezogen sein, um die individuellen Bedürfnisse der Menschen wie auch die grundlegenden inhaltlichen Bedürfnisse der Organisation zu erfüllen.
- Training sollte unter Bedingungen stattfinden, die so weit wie möglich denen der Situation ähneln, für die das Training entwickelt wurde.
- Externe Hilfsmittel sollten wirksam zur Unterstützung der kreativen Enwicklung der Menschen innerhalb der Organisation eingesetzt werden.
- Die vom Training betroffenen Personen sollten in die Planung und Entwicklung des Trainingsprogramms einbezogen werden.
- Training sollte die Sache von jedem sein – Supervisor, ehrenamtlicher Leiter, Führungskraft und Einsatzpersonal.
- Training sollte dezentral organisiert werden.
- Ein Trainingsprogramm sollte flexibel sein und sich veränderten Bedürfnissen der Organisation in der jeweiligen Gesellschaft anpassen können; und
- Training ist ein aktiver Prozess, der auf Erfahrung beruhen und auf spezifische Bedingungen der Organisation bezogen sein sollte.

In den späteren Beratungsphasen wird die „Entropie-Prävention" zu einer vordringlichen Aufgabe, d. h. den Schwung und die Lebendigkeit des Veränderungsprozesses aufrechtzuerhalten und zu verhindern, dass gute Anfänge im Sande verlaufen.

## Die Beratungsbeziehung verändern

In den sieben Jahren seit Beginn der Beratungsbeziehung mit dieser Organisation haben drei wichtige Veränderungen stattgefunden:

1. *Veränderungen in der Kompetenz des Trainingspersonals der Organisation.* In den Anfangsphasen des Beratungsprozesses nahm das Trainingspersonal die Berater als „Experten" wahr. Inzwischen verfügen auch die internen Trainer über einen Teil des Fachwissens, das ursprünglich durch die externen Berater in die Organisation eingebracht wurde. Dieser Wissenstransfer reduziert die Abhängigkeit von der inhaltlichen Hilfe durch die Berater.

2. *Veränderungen in der Rolle der Hauptberater.* Im Frühstadium der Beratung waren meist die Hauptberater bei den jeweiligen Trainingsmaßnahmen die „Macher". Nachdem die Organisation sich allerdings verstärkt um die Entwicklung des internen Trainingsstabs kümmert und sich die Fortbildungen inzwischen in der ganzen Organisation ausbreiten, wird das Können der Hauptberater vor allem für die Planung, die langfristige Entwicklung und das Durchdenken struktureller Probleme genutzt und weniger für die Realisierung von Trainingsmaßnahmen.

3. *Entwicklung eines Netzes von Ressourcen für die Organisation.* Nachdem die Organisation erkannt hatte, wie wichtig es ist, gegebenenfalls Ressourcen-Berater einzusetzen, wurde ein Netz von Ressourcen entwickelt (an Universitäten, Colleges und Institutionen im ganzen Land, die sich in der Nähe lokaler Einheiten der Organisation befanden). Diese Ressourcen stehen nun unter bestimmten Umständen jeder Ebene der Organisation zum richtigen Zeitpunkt zu Verfügung.

Diese Veränderungen veranschaulichen drei der größten Beiträge, die ein externer Berater leisten kann: (1) ein gut ausgebildetes internes Team von Beratern, (2) gute Beziehungen zu einer Vielzahl von externen Ressourcen und (3) klare Vorstellungen bei den Organisationsmitgliedern darüber, wann sie um Hilfe bitten sollen und wo sie sie erhalten können.

## *Reflexionen zur Fallstudie*

Ron:
Gordon, ich würde vermuten, dass die Modellfunktion des externen Beratungsteams – indem es eine nicht durch Eigeninteresse gesteuerte Teamarbeit vorführte – sich stärker ausgewirkt hat, als in der Fallstudie deutlich wurde.

Gordon:
Das könnte durchaus stimmen. Auf jeden Fall entwickelte sich ein starkes internes Team, das, nachdem wir uns zurückgezogen hatten, sehr kompetente Unterstützung anbieten konnte. Die Mitglieder dieses Teams nahmen sich auch weiterhin die Freiheit, uns offen nach unserer Meinung zu fragen.

Ron:
Eine Sache, von der ich hoffe, dass unsere Leser sich mit ihr identifizieren werden, ist ihre Verantwortung, ihre Erfahrungen zu dokumentieren und weiterzuvermitteln.

Gordon:
Diese Art von Vermittlung geschieht nicht nur im Interesse der anderen; sie ist vielmehr eine der besten Möglichkeiten, aus dem eigenen Handeln zu lernen.

## Beratungsskizzen

Bei jedem der folgenden kurzen Beispiele haben wir versucht, einen oder mehr Kernaspekte der Intervention zu beleuchten; es folgen jeweils anschließend Kommentare, in denen wir aus unserer Sicht versuchen, die Schlüsselaspekte der Beratung zu beleuchten.

## Skizze 1: Auf Stärken setzen

Für verantwortungsbewusste Führungskräfte haben Probleme bei der Integration von Talenten, der konstruktiven Nutzung von Konflikten und der Ausrichtung menschlicher Anstrengungen auf die Ziele der Organisation schon immer eine Herausforderung dargestellt. Eine größere (und profitable) Dienstleistungsorganisation hat vor kurzem ein kombiniertes Programm für „Management by objectives" (MBO) und Organisationsentwicklung initiiert, das sich einigen dieser Aufgaben widmet. Die Realisierung des Programms wurde in fünf Phasen eingeteilt.

*Phase 1: Suche nach gemeinsamen Nennern*
Einzelne Personen aus allen Abteilungen der Organisation benannten Organisationsziele, die sie für wichtig erachteten. Ihre Äußerungen wurden verwendet, um einen Gruppenkonsens über die vorrangigen Ziele zu bilden, also Ziele, mit denen sich die meisten Mitarbeiter des Unternehmens identifizieren konnten. Dieser Schritt war die Basis und der gemeinsame Nenner, über den die Menschen eine Beziehung zueinander herstellen konnten.

*Phase 2: Auflistung der Stärken und personellen Ressourcen der Organisation*
Diese Phase trug dazu bei, Ressourcen innerhalb der Organisation zu erkennen, die für die Erreichung der Ziele nutzbar gemacht werden konnten. Mit der Erstellung von Listen konnten bisher ungenutzte Fähigkeiten und Interessen der Mitarbeiterschaft ausgemacht werden. Die Listen förderten gleichzeitig ein Bewusstsein für das Gesamtpotential aller Mitarbeiter und halfen, die Zuständigkeiten neu zu verteilen.

*Phase 3: Festlegung der Zielvorstellungen*
Es wurden messbare Zielvorstellungen für Abteilungen und einzelne Personen festgelegt, um die individuellen Ressourcen

und Gruppenressourcen besser auf die vereinbarten Ziele
ausrichten zu können. Die aktive Beteiligung bei diesem Vorgehen verstärkte auch das Engagement.

*Phase 4: Messung der Ergebnisse*
Ergebnisse wurden sowohl auf Grundlage der Gruppen- als
auch der Einzelleistung gemessen. Die Beteiligten vereinbarten die Bewertungsnormen selbst und führten damit das Prinzip der „Selbstkontrolle" in das Programm ein, was ebenfalls
die individuelle Motivation erhöhte.

*Phase 5: Verstärkung guter Ergebnisse*
In der Leistungsplanung und Mitarbeiterbeurteilung wurde
der Schwerpunkt vor allem auf die Verstärkung guter Leistungen gelegt und weniger auf die Disziplinierung mangel-
haften Verhaltens. Dies trug in der Regel zum Aufbau anstatt
zur Demontage des Selbstbildes der Mitarbeiter bei und verbesserte ihre Chancen, ihren Beitrag zu leisten.

Die langfristigen Ergebnisse des Programmes stehen noch
aus. Es gibt allerdings einige deutliche Hinweise, die als Belege für folgende Theorien gelten können:

- Meist unterstützen Menschen Veränderungen, an denen
  sie Anteil haben.
- Die meisten Menschen möchten ihre Arbeit gut machen
  (wenn sie die Gelegenheit und die erforderliche Unterstüt-
  zung bekommen).
- Menschen brauchen eher Ermunterung als Kritik.
- Programme, die MBO und Organisationsentwicklung ein-
  beziehen, unterstützen sich meist gegenseitig.
- Gelegenheit zu echter Mitwirkung hat starke Motivati-
  onskraft.
- Auf Stärken zu setzen ist tatsächlich besser als sich auf
  Schwächen zu konzentrieren.

*Reflexionen zu Skizze 1*

Gordon:
Die meisten Organisationen versäumen es, eine Aufstellung
der verfügbaren und ungenutzten Ressourcen ihrer Mitarbeiterschaft zu machen.

Ron:
Ja, der Meinung bin ich auch, und manche Organisationen,
die es doch versuchen, sind auf Informationen von Personen
angewiesen, die zu bescheiden oder sich ihrer persönlichen
Stärken und ihres Wertes nicht bewusst sind. Ich habe festgestellt, dass es eine hervorragende Methode zur Erkennung
ungenutzter Ressourcen darstellt, wenn man Mitarbeiter, die
einander gut kennen, paarweise zusammenbringt und sich
gegenseitig interviewen lässt.

Gordon:
Die Einigung auf einen Bewertungsmaßstab und ein Vorgehen zur Beurteilung ist dabei von entscheidender Bedeutung;
anderenfalls funktioniert der Ansatz, auf die Stärken zu setzen, einfach nicht.

Ron:
Gute Leistungen – die individuellen wie die der Gruppe – aufmerksam zu verfolgen und zu feiern, hat eine starke Wirkung
und wird meist vernachlässigt.

## Skizze 2: In einem erfolgreichen Unternehmen ein Erneuerungsprojekt durchführen

Man würde vielleicht nicht vermuten, dass eine Organisation, die wächst, mit Gewinn arbeitet und auf der Fortune 500-
Liste unter den ersten hundert Unternehmen rangiert, ein Er-
neuerungsprogramm braucht.

Ein dreijähriges Projekt mit verschiedenen Interventionen zur Organisationsentwicklung in dieser Organisation führte jedoch dazu, dass sich das Topmanagement an einem organisationsübergreifenden Programm namens ITORP (Implementing the Organizational Renewal Process – Umsetzung des Erneuerungsprozesses in der Organisation) beteiligte. Das Programm ITORP war eine Bildungserfahrung, die die dreijährigen Bemühungen krönte und den Weg für kontinuierliche Erneuerung und Training ebnete.

Zunächst nahmen Abteilungsleiter auf der Direktorenebene an einer Einführungssitzung zur Bewältigung von Konflikten und Veränderungen teil. Damit war das Eis gebrochen. In den folgenden drei Jahren gab es gewaltige Anstrengungen zur Management- und Organisationsentwicklung: In den verschiedenen Geschäftsbereichen nahmen Mitarbeiter aus dem mittleren Management an „Train-the-trainer"-Sitzungen teil, um die Durchführung der erforderlichen Trainings- und Entwicklungsmaßnahmen sicherzustellen. Der Schwerpunkt lag auf dem Lernen durch eigene Erfahrung und dem Inhalts-/Prozessansatz der Gruppendynamik. Gleichzeitig nahmen an vorderster Front tätige Supervisoren zweier Werksstandorte zusammen mit Supervisoren und anderen Linienführungskräften, die als Moderatoren für die Gruppendiskussionen fungierten, an einer fünfteiligen Entwicklungs-Lernerfahrung teil. Alle Mitglieder des Managements, einschließlich Werksleiter, wurden in diese Programme einbezogen, sei es als Wissensvermittler oder als Teilnehmer.

Personalleiter an den Produktionsstandorten wurden zu Ressourcen für Training und Entwicklung. Sie führten zwar keine Sitzungen durch, hatten aber eine beratende Funktion inne, um dafür zu sorgen, dass die physischen und materialbezogenen Bedürfnisse erfüllt wurden. Sie unterzogen sich außerdem, als Vorbereitung auf einen ausgeweiteten Dienst für das Linienmanagement, einer Fortbildung als „change agent" oder interne Berater. Darüber hinaus führten über siebzig Linienführungskräfte Entwicklungssitzungen durch, in denen es um lokale und gemeinsame Probleme ging. Dieses Gesamtvorhaben bewirkte eine Steigerung der Motivation und Profitabilität innerhalb der ganzen Organisation.

## *Reflexionen zu Skizze 2*

Ron:
Ganz gleich wie erfolgreich ein Unternehmen ist: fast immer lässt sich ein Austausch mit anderen Unternehmensleitungen arrangieren, die in einigen betrieblichen Bereichen deutlich produktiver oder innovativer sind. Dies war der Fall, als Mitarbeiter dieser Organisation gemeinsam mit Führungskräften aus anderen Unternehmen am Programm ITORP teilnahmen.

Gordon:
Wenn man sich an einem guten erfahrungsorientierten Programm beteiligt, führen die dort gewonnenen Einsichten und das Gefühl von Wachstum zu Belohnungen, Herausforderungen und dem Wunsch, mehr zu lernen.

Ron:
Man sollte allerdings bedenken, dass nicht jeder von Anfang an bereit sein wird, mitzumachen. Ins Projekt sofort einsteigen sollten nur diejenigen, die auch dazu bereit sind. Diese Menschen sollten dann die Gelegenheit erhalten, den erfahrenen Nutzen anderen zu vermitteln.

## *Skizze 3: Probleme und Lösungen mitteilen*

Siebenundzwanzig Direktoren und Vertreter aus elf Abteilungen und Behörden eines großen Vorortbezirks nahmen an einem zweieinhalbtägigen Workshop zum Thema Erneuerung von Organisationen teil. Vertreten waren die Personal-

und die Planungsabteilung, die Polizei, die Wasser- und Ab-
wasserabteilung, das Bezirksleitungsbüro, die Feuerwehr, die
Wohlfahrt und das Schulwesen. Dieses von GORDON LIPPITT
und LESLIE THIS konzipierte Programm wurde bereits mit
über dreitausend Managern und Leitungspersonal in Indu-
strie-, Erziehungs-, Staats und Gesundheitseinrichtungen
durchgeführt.

Die hochrangigen Teilnehmer dieses Workshops überprüften
die Führungsprozesse und -methoden ihrer Organisation
(Kommunikation, Entscheidungsfindung, Teamarbeit usw.),
analysierten Problemfelder und planten korrigierende Maßnahmen. Die Bezirksleiter gingen den folgenden Themen
nach: Aufstand der Steuerzahler, rückläufiger Wohnungsbau,
Verbrauchererwartungen, Bedarf an Zusammenarbeit zwischen den Abteilungen, Widerstände gegen die Zentralisierung von Etats und Archiven, notwendige Leistungskontrol-
le sowie anderen Problemen, die die öffentlichen Behörden in
der aktuellen wirtschaftlichen und sozialen Situation betra-
fen.

Viele Teilnehmer des Workshops zeigten großes Interesse an
der Gelegenheit, gemeinsame Probleme mit anderen Abteilungen des Bezirks auszutauschen und nach praktikablen Lösungen zu suchen. Durch die Dynamik, die aus diesen vorher
nie dagewesenen Interaktionen erwuchs, wurde das Work-
shop-Programm zu einem erfrischenden und erfreulichen Er-
eignis. Die Zielrichtung war jedoch durchaus ernsthaft und
umfassend. Einige Abteilungen planen nun einen solchen
Workshop für Mitarbeiter, die nicht der Führungsebene angehören.

Bei der Abschlusssitzung hatten die Teilnehmer Gelegenheit,
konkrete Projekte zu planen und für ihre Analysen und Dia-
gnosen jener veränderungsresistente Kräfte, gegen die sie sich
würden behaupten müssen, Beratung zu erhalten.

## Reflexionen zu Skizze 3

Ron:
In vielen Organisationen tauschen sich die Mitarbeiter gerne aus und lernen bereitwillig voneinander, wenn das entsprechende Verfahren legitimiert und hinreichend konkretisiert werden kann, so dass die Ideen tatsächlich umgesetzt werden können. In der Regel werden die Mitarbeiter nicht selbst initiativ. Im Rahmen dieses Workshops jedoch wurden die Bedingungen, um eine solche Hilfe zu bitten und einen Austausch in Gang zu setzen, beispielhaft vorgeführt und gefördert.

Gordon:
Ja, die Mitarbeiter mussten nachforschendes Fragen am Modell lernen, um die Einzelheiten hinter den Verallgemeinerungen zu entdecken. Berichte von praktikablen Lösungen führten mittels Brainstorming mehrmals zu Alternativvorschlägen.

Ron:
Wenn man den Teilnehmern hilft, die reale Umsetzung am Arbeitsplatz zu planen, ist dies eine großartige Unterstützung, um das Gelernte auch anzuwenden.

Gordon:
Ja, wenn man einen Workshop wie diesen durchführt, muss man Ambivalenzen hinsichtlich eventueller Risiken erkennen und legitimieren und dafür sorgen, dass Gleichrangige sich in dieser Sache über Strategien austauschen.

## Skizze 4: Realisierung von Veränderungen in einer Bildungseinrichtung

Als ein einjähriges Projekt für Organisationserneuerung an einem staatlichen College in North Carolina dem Ende zuging, gab es Empfehlungen von sieben Arbeitsgruppen innerhalb

der Institution, die zur Vorlage und Auswertung eingereicht
wurden.

Das Projekt begann mit zwei Workshops, zu deren Teilnehmern mehrere Mitglieder des Lehrkörpers, der Verwaltung
und einige Schüler gehörten. Die Workshops führten wiederum zur Einrichtung der Arbeitsgruppen, die ein Jahr lang ein
breites Spektrum an Vorgehensweisen, Aktivitäten und Problemen am College systematisch untersuchen sollten. Hauptziele der Workshops waren: festzustellen, welche institutionellen Probleme Aufmerksamkeit brauchten; unter Anleitung
die Arbeit an Problemen zu üben; Fertigkeiten zur Lösung
von Problemen zu erlernen und Handlungsempfehlungen
aufzustellen.

Die Workshops lieferten die Themen für die Arbeitsgruppen.
Listen dieser Themen wurden im College verteilt, und alle
wurden ermuntert, an Arbeitsgruppen teilzunehmen, die ihre besonderen Interessen oder Nöte behandelten. Die Hoff-
nung dabei war und ist, möglichst viele Personen in das Projekt einzubeziehen. Die Arbeitsgruppen bestanden jeweils aus
bis zu zehn Personen, darunter ein Protokollant und ein Berater. Die Mitglieder kamen aus dem Kreis des Lehrkörpers,
der Verwaltung, des Stabs, des Personalbereichs, der Schüler-
schaft, des Vorstands und der Sekretärinnen. Untersucht wurde unter anderem der Unterricht, die Planung, die fachliche
Ausrichtung, die Autoritäts- und Entscheidungsstruktur, die
Zwei-Wege-Kommunikation sowie die Verbesserung der Pfle-
ge und Verschönerung des Campusgeländes und eine bessere
Ausnutzung des Campus und seiner Ausstattung.

Der Leiter des Studienprogramms für die fortgeschrittenen
Studenten fungierte als Prozessberater für die Arbeitsgruppen. Er war der Meinung, dass die Institution zwar stark sei,
man aber dennoch die Fertigkeiten zur Problemlösung be-
ständig üben müsse, um seine menschlichen Fähigkeiten immer voll einzusetzen.

*Reflexionen zu Skizze 4*

Gordon:
In einem solchen Zusammenhang besteht die größte Herausforderung bei der Realisierung von Veränderungen darin, die Teilnehmer über die Phasen des Redens hinauszubringen.

Ron:
Positiv ist im vorliegenden Fall die Tatsache, dass sie den Bereich der Veränderung, an dem sie arbeiten wollten, freiwillig gewählt haben.

Gordon:
Ich habe aber nicht den Eindruck, dass an Strategien gearbeitet wurde, wie sie „nach oben" Einfluss ausüben könnten, damit ihre Empfehlungen auch gehört und umgesetzt werden.

Ron:
Sie hatten sehr wohl einen Prozessberater, der es als seine Aufgabe ansah, bei der Entwicklung von Durchsetzungskraft behilflich zu sein. Damit geht dieses Projekt schon einen Schritt weiter als die meisten anderen dieser Art.

Gordon:
Ich frage mich, ob der Berater den Vorständen und Mitarbeitern in der Verwaltung helfen kann, es als Herausforderung zu begreifen, zuzuhören, auf eine nicht-defensive Art nachzufragen, wenn Empfehlungen vorgebracht werden, und die Arbeitsgruppen für deren harte Arbeit zu belohnen.

## Skizze 5: Ein Modell für die Führungskräfteentwicklung konzipieren

Ein internationales Unternehmen, das die Notwendigkeit erkannt hatte, sich bei der Weiterbildung und Entwicklung von

Führungskräften um die „ganze Person" zu kümmern, griff
zu folgenden Maßnahmen:

– Schaffung eines Modells zur Führungskräfteentwicklung,
  das gleich großen Wert auf fachliche Fertigkeiten, Orga-
  nisationsverständnis und menschliche Effektivität legt (siehe Abbildung 10);
– Entwicklung eines Führungsprofils jedes in einer Schlüsselposition tätigen Managers, wobei dessen Stärken und
  Schwächen in jedem dieser Bereiche aufgeführt waren;
– Liste der Karriereziele, Interessen, geographischen Präferenzen usw. für jeden in einer Schlüsselposition tätigen
  Managers; und
– Aufstellung eines beruflichen Entwicklungsplans für jeden
  in einer Schlüsselposition tätigen Manager mit Abriss der
  geplanten Erfahrungen, Seminare, Workshops, Selbststu-
  dien und dergleichen.

Der Plan sollte Folgendes bewirken:

– Persönliche Ziele und Organisationsziele verbinden, soweit praktikabel;
– Menschen helfen, die für eine höhere Position erforderlichen Fähigkeiten zu entwickeln, bevor sie in diese auf-
  rücken (zur Vermeidung von Beförderungen auf Grundlage irrelevanter Erfahrungen);
– auf verschiedenen Ebenen ganzheitlich denkende und han-
  delnde Manager zu entwickeln.

Dieses Unternehmen glaubt, dass die Fachkompetenz einer
Person effektiver eingesetzt wird, wenn diese versteht, wie ihr
Wissen und Können mit der gesamten Organisation zusam-
menhängt. Des weiteren ist man der Ansicht, dass die Organisation nur so weit erfolgreich sein wird, wie die Mitglieder
der Führungsriege als reife Menschen miteinander umgehen.

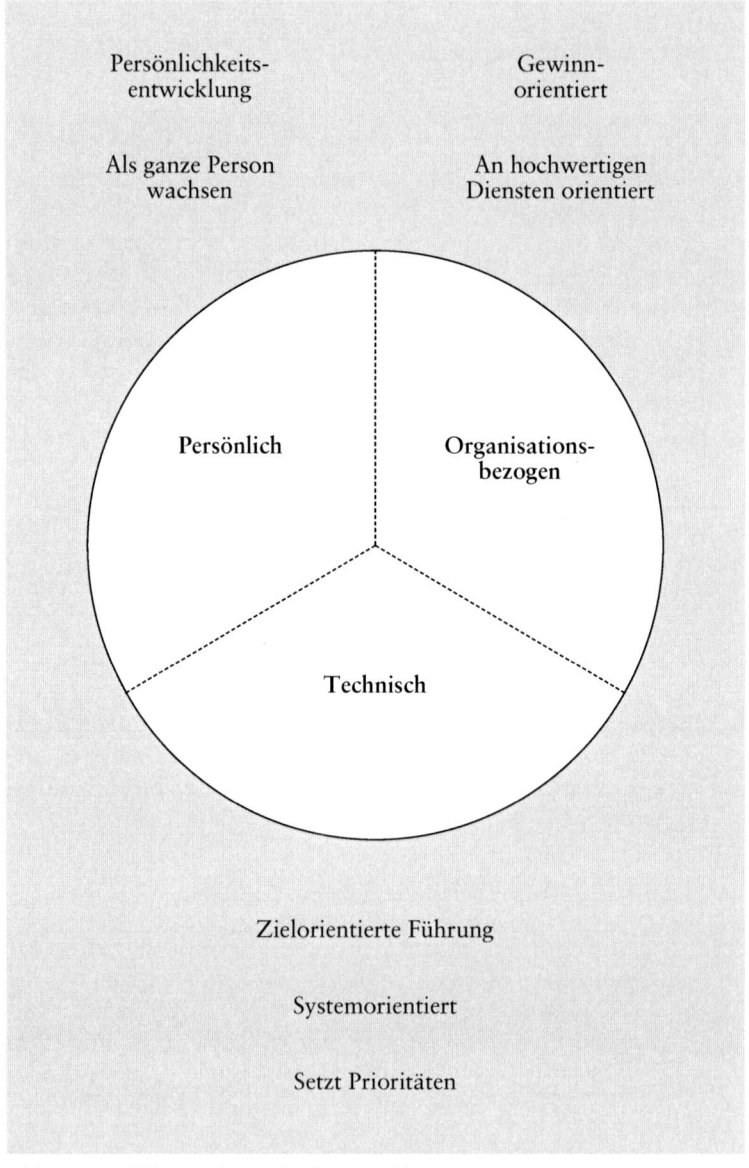

*Reflexionen zu Skizze 5*

Ron:
Dies ist die Beschreibung eines sehr interessanten und wichtigen Ausgangs eines Beratungsprozesses. Wie kam es zu dem Interesse der Organisation, ihre Führungskräfte in dieser Weise zu entwickeln?

Gordon:
Der Vorstandsvorsitzende und der stellvertretende Personalleiter hatten an einer Konferenz teilgenommen, bei der es einen Vortrag über drei Aspekte der Führungskräfteentwicklung gab. Sie baten mich, ihnen bei der Entwicklung des Modells zu helfen.

Ron:
Was waren deiner Meinung nach deine zentralen Interventionen?

Gordon:
Zunächst habe ich mit dafür gesorgt, dass einige Sitzungen mit jeweils fünf bis sieben Führungskräften veranstaltet wurden. Diesen Führungskräften wurde die Idee vorgestellt, ein Modell zur Führungskräfteentwicklung zu entwickeln. Daraufhin entstand durch ein Brainstorming der Inhalt des Modells, wie es in der Abbildung gezeigt ist. Diese Inhalte wurden anschließend von einem Dreierteam überarbeitet, jede Führungskraft erhielt eine Kopie des entstandenen Modells, um damit eine Liste der persönlichen Stärken und Wachstumsbereiche zu erstellen. Jede Führungskraft sprach diese Liste in einer Sitzung mit einem Gleichrangigen und seinem Vorgesetzten durch, um sie weiter zu verbessern. Diese Dreiergruppe stellte dann fachliche Entwicklungsprioritäten und mögliche Wachstumserfahrungen zusammen, die diesen Prioritäten entsprachen. Jede Führungskraft wählte dann zwei Personen ihres Ranges aus, die ihr helfen sollten, diese Wachstumserfahrungen zu überwachen und auszuwerten.

Ron:
Das hört sich nach einer guten Anwendung des partizipativen Management-Ansatzes an.

## Skizze 6: Organisationsentwicklung durch Personalentwicklung

Traditionell fördern Krankenhäuser die fachliche und berufliche Weiterentwicklung ihrer Mitarbeiter, um damit die Qualität ihrer Patientenpflege und die Effizienz der Einrichtung zu steigern. Dies geschieht immer in der Überzeugung, dass die Kompetenz eines Mitarbeiters sich direkt in dem Maße steigern und die Leistung sich verbessern wird, wie Wissen und Fähigkeiten zunehmen. Diese Theorie wird meist auf traditionelle Weise umgesetzt – durch interne Schulungen und Seminare, Fachzeitschriften und Filme für Mitarbeiter, Schulungen der Mitarbeiter bei nationalen und regionalen Treffen und Konferenzen, Bezahlung der Ausbildungsgebühren für berufsbezogene Seminare und Universitätskurse usw.

Bis vor kurzem hatte auch ein großes städtisches Krankenhaus diese Theorie akzeptiert, ohne sie in Frage zu stellen. Im Rahmen eines kontinuierlichen Qualitätsbewertungsprogramms, das vom Aufsichtsrat durchgeführt wurde, begann das Krankenhaus diese Theorie kritisch unter die Lupe zu nehmen. Mitarbeitermotivation, Kommunikation, Führungsqualitäten, zwischenmenschliche Beziehungen und Beziehungen zwischen den Abteilungen wie auch Einstellung der Mitarbeiter zu ihrer Arbeit, den Arbeitskollegen, den Vorgesetzten und der Einrichtung selbst wurden untersucht. Dabei wurde festgestellt, dass eine Zunahme an Fachkompetenz nicht unbedingt eine Auswirkung auf die komplexen Beziehungen innerhalb des Krankenhauses hatte, die direkt die Pflegequalität und die Effizienz der Organisation beeinflussen würde.

Das Krankenhaus blieb zwar den traditionelleren Zielen und Methoden des fachlichen und beruflichen Wachstums verpflichtet, suchte aber nach einer Möglichkeit, den komplexeren Bedarf der Organisation festzustellen. Nach einigen Fehlstarts wurde deutlich, dass dem Krankenhaus das Fachwissen fehlte, um diese komplexen Bedürfnisse zu auszuwerten. Daher wurde ein privates Beratungsunternehmen eingeschaltet, um beim Bewertungsprozess behilflich zu sein.

Die Organisation von einem formalistischen, hierarchischen Managementansatz zu einem partizipativen Ansatz hinzuführen, war eines der Hauptziele, wie die Auswertung ergab. Inzwischen sind sich die Vorgesetzten ihrer Führungsfertigkeiten sicherer, sie delegieren die Verantwortung und Zuständigkeiten leichter an andere und sind der Diskussion kontroverser Themen gegenüber aufgeschlossener. Der Übergang wurde durch Trainingssitzungen auf allen Personalstufen erreicht, vom achtköpfigen Führungsgremium bis zu den einfachen Mitarbeitern. Im Laufe der verschiedenen Phasen des Programms erhielten Vorgesetzte und andere Mitarbeiter eine spezielle Ausbildung durch externe Berater und wurden dadurch selbst zu Trainingsleitern.

Das letztliche Ziel des Krankenhauses ist die Entwicklung einer festen Gruppe von internen Trainern, die das Programm ohne die Hilfe externer Berater aufrechterhalten können. Mit Hilfe des externen Teams wurden Kriterien entwickelt, wie Mitarbeiter mit Potential für die Trainertätigkeit ausfindig gemacht werden können. Es fanden unabhängige Einstufungen der Eignung der Mitarbeiter durch mindestens zwei interne und zwei externe Personen statt. Die Namen der bestgeeigneten Mitarbeiter, bei denen die Einstufung signifikante Übereinstimmungen ergab, wurden erst deren Vorgesetzten präsentiert, mit der Bitte, auf sie zugehen zu dürfen. Dann wurde jeder der potentiellen Trainer zu seinem Interesse befragt, zehn bis zwanzig Tage pro Jahr als Mitglied des Trainingsnetzes zu arbeiten. Fast jeder von ihnen freute sich über die

Chancen und Herausforderungen dieser neuen Aufgabe. Sie willigten gerne ein, an einem Programm teilzunehmen, bei dem sie lernen sollten, wie man ein Trainer wird, und an einer ersten Ko-Trainingssitzung mit einem erfahrenen Trainer teilzunehmen.

*Reflexionen zu Skizze 6*

Ron:
Das Trainerteam zeitweise durch Linienmitarbeiter zu ergänzen ist eine der wichtigsten Innovationen, an denen ich in den letzten Jahren beteiligt gewesen bin. Es verbessert sich nicht nur die Qualität des Trainings innerhalb des Systems, sondern die Managementeinstufung derjenigen, die bei den Trainings mitarbeiten, geht auch deutlich in die Höhe.

Gordon:
Ja, ich habe festgestellt, dass mehrere in höhere Linienpositionen befördert werden, und manche beginnen eine neue Karriere als Mitglieder des internen Stabs für Organisationsentwicklung.

Ron:
Es scheint offensichtlich, dass Manager in einer Linienfunktion, die über Lehr- und Beratungsfähigkeiten verfügen, in partizipativen Managementsystemen als Manager produktiver sind.

# 9 Leitlinien für internationales Consulting[22]

Immer mehr Berater, die in kulturübergreifenden Zusammenhängen arbeiten, stellen fest, dass es bei dieser Art von Beratung spezielle Dynamiken gibt. Wir wissen bereits einiges über die vielfachen Schwierigkeiten, denen man selbst in der eigenen Kultur begegnen kann, wenn man ein menschliches System – sei es ein Individuum, eine Gruppe, eine Organisation oder Gemeinde – berät, ohne Unterstellungen, Feindseligkeit und Abhängigkeit zu erzeugen. Beratung auf internationaler Ebene ist unendlich viel schwieriger. Internationale Berater sind mit verschiedenen Arten von politischen Systemen, kulturellen Unterschieden, Sprachbarrieren, Nationalstolz, unterschiedlichen Geschäftskulturen und anderen harten Realitäten konfrontiert (HARRIS, 1982).

Als internationaler Berater, der genau in die Fallen getappt ist, möchte ich einige Hauptprobleme vorstellen, denen ich begegnet bin, und Empfehlungen geben, wie man sie bewältigen kann. Zwar sind diese Leitlinien als Anweisungen formuliert, doch möchte ich betonen, dass es nicht die eine einzige „richtige" Art gibt, mit den Schwierigkeiten umzugehen, die in der kulturübergreifenden Beratung unweigerlich auftreten. Die Bedingungen sind jeweils sehr unterschiedlich. In manchen Situationen mag genau das Gegenteil meines Vorschlags das bessere Vorgehen sein. Dennoch glaube ich, dass jede kulturübergreifende Beratung in erster Linie davon abhängt, inwieweit der Berater Unterschiede in der Sichtweise respektiert und inwieweit er offen, ehrlich und lernbereit ist.

Manche der Themen, die für eine erfolgreiche internationale Beratung relevant erscheinen (LIPPITT und HOOPES, 1978), sind bereits beschrieben worden und werden in diesem Kapitel zusammengefasst dargestellt.

# Kulturelle Unterschiede

## *Kultur als ein Mittel, Menschen zu verstehen*

Es ist für den Berater wichtig zu beobachten, was im menschlichen Umfeld vorgeht, nach Wertunterschieden Ausschau zu
halten und ihre Bedeutung zu würdigen. Sich mit der Kultur
zu befassen kann genau so wichtig sein, wie sich mit dem Bedarf des Klienten zu beschäftigen. Durch ein Verständnis für
die Kultur kann der Berater mitfühlen und klar und verständlich kommunizieren. In vielen Ländern spielt zum Beispiel die Religion im Leben der Menschen eine entscheidende Rolle; auch ist die Arbeitswoche aufgrund der religiösen
Feiertage anders als in den USA.

## *Sammlung gültiger Daten*

Sich mit einem internen Berater oder ausgebildeten Mitglied
der Gastkultur zusammenzuschließen kann eine hervorragende Möglichkeit sein, um als Berater Daten zu sammeln. Diese
Datenerhebung muss die betreffenden kulturellen Einstellungen und Verhaltensweisen berücksichtigen. So muss etwa ins-
besondere ein amerikanischer oder britischer Berater der Versuchung widerstehen, Daten nur von denjenigen Einheimischen einzuholen, die Englisch sprechen. Solche Personen sind
fast immer in Kanada, England oder den USA ausgebildet
worden, und ihre Wahrnehmung des Landes, in dem sie jetzt
leben, ist nicht unbedingt mit derjenigen von Menschen identisch, die nie einer englischsprachigen Kultur ausgesetzt waren.

## *Spezifische kulturelle Elemente erkennen*

Informationen zu Besonderheiten der Kultur des Klienten
können wertvoll sein. Es ist daher für den Berater ratsam,

weit vor dem Einsatz einen Plan zur Sammlung und Analyse solcher Daten zu entwickeln, um daraus ihre Bedeutung und möglichen Anwendungen ableiten zu können. War das Heimatland des Kunden z. B. einmal Teil einer Kolonialmacht, sollte sich der Berater bewusst sein, dass die Verwendung bestimmter Trainingsmaterialien oder die Wahl eines Beraters ein sensibles Thema sein könnten.

## Eine Atmosphäre der kulturübergreifenden Erkundung erzeugen

Bei der Beratung ist es hilfreich, eine Haltung der persönlichen Neutralität und objektiven Erkundung zu fördern (HARRIS u. MORAN, 1981). Dies erfordert natürlich für den Berater wie für den Klienten, jedes Urteil strikt zurückzuhalten, bis alle Fragen gründlich erforscht und gegenseitig akzeptiert worden sind. Es empfiehlt sich, von der Position der Suchenden auszugehen und ein offenes Gespräch über mögliche Vorurteile des Beraters und des Klienten, die den Problemlösungsprozess behindern könnten, zu fördern.

Der Berater sollte sich auch zu seinem begrenzten Wissen über die politische und kulturelle Geschichte des Landes bekennen. Anderenfalls gehen der Klient und seine Vertreter möglicherweise davon aus, dass der Berater mehr weiß, als es tatsächlich der Fall ist.

## Sprachschwierigkeiten überwinden

Manche Kunden nehmen es dem Berater vielleicht übel, dass er die einheimische Sprache nicht beherrscht. Der Berater muss sie nicht fließend sprechen, aber das Bemühen seinerseits, zumindest einige gebräuchliche Wörter und Sätze zu verwenden, wird fast immer positiv aufgenommen.

Mangelnde Sprachkenntnisse können sich durchaus negativ
auf die Beratung auswirken; es gibt jedoch andere Faktoren,
die einen solchen Nachteil wettmachen können, etwa die
Fähigkeit, sich durch eine ehrliche, authentische und ver-
bindliche Vorgehensweise erfolgreich zu verständigen. Auch
die Fähigkeit, auf einen echten und ausgeprägten Bedarf an
Unterstützung in angemessener Weise zu reagieren, kann ein
Sprachdefizit ausgleichen. Die Notwendigkeit der sprachli-
chen Kompetenz mag im direkten Verhältnis zur Länge des
Einsatzes stehen. Am Ende kann es sogar ein Vorteil sein,
wenn der Berater die Sprache nicht gut beherrscht, weil sich
Klienten von sprachgewandten Beratern subjektiv eher bedroht fühlen.

## Anpassung von Modellen an die spezifische Situation des Klienten

Ein Personalsystem, das sich in Chicago bewährt, kann für einen Klienten in einem anderen Land aufgrund der kulturellen Unterschiede ungeeignet sein; entsprechend kann eine
Darstellung darüber, wie eine Intervention in Chicago funktioniert, in einem anderen Land ganz und gar fehl am Platz
sein. Das Wertesystem des Beraters wird theoretisch und
praktisch sehr wahrscheinlich in irgendeiner Weise mit dem
des Klienten in Konflikt stehen. Daher ist es für den Berater
wichtig, flexibel zu sein und Realisierungsalternativen anzubieten.

## Über Rollenerwartungen verhandeln

Klienten aus bestimmten Kulturen tendieren dazu, in der Beratungssituation die Rolle eines Abhängigen einzunehmen.
Dies muss offen angesprochen werden, damit zwischen Berater und Klient eine auf Wechselseitigkeit beruhende Beziehung entstehen kann. Situationen zur Problemlösung müssen

klar beschrieben und die Rollen der Beteiligten müssen geklärt werden. Die Übernahme einer bestimmten Rolle muss auf freiwilliger Basis erfolgen; eventuell ist sich der Berater kulturbedingter Widerstände gegenüber bestimmten Rollen nicht bewusst. Es gilt darauf zu achten, sowohl die Bedürfnisse des Beraters als auch die des Klienten, was die Rollen betrifft, angemessen zu berücksichtigen.

## Würdigung der Einstellung des Klienten zu Vergangenheit, Gegenwart und Zukunft

Auch wenn sich Unternehmensberatung meist unausgesprochen an der Zukunft orientiert, kann es sein, dass Klienten in manchen Ländern aus kulturellen Gründen die Vergangenheit oder den Status quo höher bewerten als das, was in der Zukunft erreicht werden kann. Veränderung kann sogar als ein negatives Phänomen gelten. Da der Berater zweifellos davon ausgeht, dass er herangezogen worden ist, um Veränderungen herbeizuführen oder sie zumindest ernsthaft in Erwägung zu ziehen, kann dieser Konflikt nicht gänzlich vermieden, jedoch zumindest abgemildert werden. Der Berater sollte die Herausforderungen der sich verändernden Welt, auf die alle reagieren müssen, möglichst wirkungsvoll aufzeigen können. Es ist wichtig, dass der Berater deutlich macht, dass es ihm um eine verbesserte Lebensqualität geht, die mit den kulturellen Zeitparametern des Klienten im Einklang ist.

## Legitimierung kultureller Unterschiede

Für den Berater ist es hilfreich, die Lebensmuster zu kennen, die für die Kultur des Kunden typisch sind, und diese Muster zu respektieren. Seien es strenge Zeitvorgaben für eine Teepause oder die Respektbekundung vor dem Alter oder vor einer bestimmten Position: Es ist in jedem Fall von Vorteil, diese Traditionen anzuerkennen und zu würdigen.

Um effektive Dienste anbieten zu können, muss der Berater eine starke Verbindung zum Klienten aufbauen, die auf Vertrauen, Offenheit und Interdependenz beruht. Eine solche Beziehung ist für denjenigen Berater leichter zu etablieren, der etwaige Werteunterschiede versteht und seinen Input auf die kulturelle Sichtweise des Kunden abstimmen kann. Daher sollte der Berater als Teil des Beratungsprozesses alle vorhandenen Grundannahmen, Stile, Verhaltensmuster, Kommunikationsarten und Denkrichtungen erkunden, die für die Kultur des Klienten charakteristisch sind.

## Sich selbst kennen

Um dem Kunden zu helfen, den Kulturschock zu vermeiden, der aus einer Konfrontation mit Neuem und Ungewohntem resultieren kann, muss der Berater darauf achten, wie er vom Klienten wahrgenommen wird. Das Gespür dafür entsteht nicht von allein: Der Berater muss sich selbst gut kennen und zur Annahme von Feedback über sein Verhalten bereit sein. Folgende Vorschläge könnten hierbei hilfreich sein:

– Ein leistungsbezogenes Kompetenzmodell der Beratung entwickeln, um auf Kurs zu bleiben, und
– immer bereit sein, für die persönliche und berufliche Weiterentwicklung mit anderen zusammenzuarbeiten.

## Was den Berater betrifft

### Die Abhängigkeit des Klienten

Als Berater zu versuchen, den Klienten in einem Abhängigkeitsverhältnis zu halten, ist nicht erstrebenswert. Eine Ungleichheit sollte möglichst abgebaut werden. Denn mit der Zeit fühlt sich der Klient unzulänglich, er verhält sich defensiv und passiv bzw. wird sich gegen Veränderungen sträuben.

In manchen Kulturen kann ein solcher Versuch, überlegen zu erscheinen, wie eine sich aus der Vergangenheit wiederholende Beherrschung von außen erscheinen.

## Den positiven Wert von Unterschieden würdigen

Wenn versäumt wird, Unterschiede und deren positiven Wert zu würdigen, kann dies eine immer breitere Kluft zwischen Berater und Klient schaffen, die die Angst vor dem Unbekannten schürt, Ängste weckt und die Entwicklung einer gemeinsamen Beratungsbeziehung behindert. Im Gegensatz dazu kann ein Eingestehen und Ausloten der Unterschiede zu gegenseitigem Verständnis und dem Aufbau eines erfolgreichen Teams von Berater und Klient führen.

Allerdings sollte der Berater versuchen herauszufinden, ob Konflikte mit einer bestimmten Kultur auf Konsens oder Konfrontation zielen, ob sie politisch motiviert oder aufgrund von Ungleichzeitigkeit beider Kulturbereiche entstanden sind. Sobald dies geklärt ist, kann der Berater entsprechend reagieren.

## Sich auf eine interne Kontaktperson verlassen

Den Anliegen einer Kontaktperson in der Klientenorganisation zu viel Aufmerksamkeit zu schenken kann bedeuten, dass der Berater seine Objektivität verliert oder eine einseitige Datenbasis aufbaut. Wenn er eine solche Beziehung eingeht, schränkt der Berater seine Offenheit gegenüber anderen Vertretern des Klientensystems ein.

Eine zu starke Ausrichtung an einer Kontaktperson kann unter Umständen dazu führen, dass der Beratungsvertrag selbst in Frage gestellt ist, falls diese Person ausgetauscht wird. In der Tat ist der Berater gut beraten, wenn er in der Heimat des

Klienten auf verschiedenen sozioökonomischen Ebenen sowohl formelle als auch informelle Kontakte sucht.

## Sich dem Klienten vorstellen

Die Selbstdarstellung des Beraters, was Qualifikationen, Verhalten, Kleidung, Sprache und Offenheit betrifft, sollte den Beratungsprozess fördern und nicht von ihm ablenken. Hierzu gehört selbstverständlich, dass sich der Berater seiner Ausdrucksweise bewusst ist und ein Verhalten vermeidet, das in der Kultur des Klienten beleidigend wirken könnte.
Gleichzeitig sollte sich der Berater wohl fühlen, und dem Kunden natürlich und ehrlich begegnen. Gekünstelt aufzutreten oder den Klienten in unangemessener Weise beeindrucken zu wollen, indem man örtliche Gebräuche annimmt, kann den Berater Glaubwürdigkeit kosten. Die Kardinalregel lautet: sich der Kultur anpassen, ohne angestrengt all ihre äußeren Erscheinungsformen zu übernehmen. So sollte der Berater zum Beispiel nicht die einheimische Kleidung übernehmen, wenn er dies unbequem oder für sich persönlich unpassend findet.

## Um Feedback bitten

In der Kultur des Klienten gehört das Feedback möglicherweise nicht zur geübten Praxis. Die Fähigkeiten, Feedback-Informationen zu geben und anzunehmen, sind dort möglicherweise nicht vorhanden. Der Berater sollte dann die Wichtigkeit von Feedback und das hierzu erforderliche Training in den Kontrakt einarbeiten. Dem Klienten vorzeitig Feedback zu entlocken kann zu Bewertungen und Urteilen auf Seiten des Klienten führen, die das Vertragsverhältnis negativ beeinflussen.

## Sich nicht isolieren

Sich während eines Auslandsaufenthaltes nur mit Menschen des eigenen Kulturkreises zu umgeben kann für den Berater weniger riskant erscheinen. Tatsächlich kann eine solche Haltung aber – persönlich wie beruflich – negative Untertöne haben. Ein korrektes Verhalten, dass für eine Atmosphäre des interessierten Engagements sorgt, macht den Berater sichtbar und bietet den Einheimischen weniger Anlass für falsche Annahmen. Dem Berater sollte bewusst sein, dass die Menschen vieler Kulturen eine persönlichere Art der Beziehung erwarten, als es in Nordamerika üblich ist.

## Den Informationsfluss aufrechterhalten

Die Sensibilität des Beraters für die Wirkung seines Verhaltens auf andere und seine Fähigkeit, andere Verhaltensweisen einzusetzen, können den Informationsfluss sehr fördern. Eine unnötige persönliche Distanz zu wahren oder sich dem Klienten gegenüber überlegen zu geben kann den Informationsfluss zwischen Klient und Berater dramatisch reduzieren. Wenn der Berater authentisch vorgeht und den Klienten intellektuell und emotional einbezieht, wird jeglicher Informationsfluss größere Chancen haben, wahrgenommen zu werden. Man sollte bedenken, dass die Menschen in vielen, wenn nicht sogar den meisten Kulturen einem angesehenen Berater eine angenehme und befriedigende Erfahrung bieten wollen. Es kann sogar sein, dass ihnen dieses Anliegen wichtiger ist als das, was der Berater für sie leistet.

## Den Erfolg eines Ko-Beraters ermöglichen

Der Berater sollte nicht erwarten, dass ein einheimischer Ko-Berater im Gastland ein Vorbild an kooperativem Verhalten darstellt. Es liegt vor allem am nicht-einheimischen Berater,

durch teambildende Maßnahmen und offen gezeigtes Selbstvertrauen eine angenehme gemeinsame Ebene zu schaffen
und Konkurrenzverhalten abzubauen. Der Berater kann eine
starke positive Wirkung auf den Klienten ausüben, indem er
seine Bereitschaft zur Kooperation demonstriert.

## Klären, wer genau der Klient ist

Die Person, die die interne Kontaktfunktion ausübt, ist nicht
zwangsläufig der Klient. Es ist ganz entscheidend, den Unterschied zwischen dem Förderer der Beratungsauftrags und
dem tatsächlichen Klienten zu verstehen. Innerhalb eines bestimmten Klientensystems kann ein Berater es mit mehr als einem Klienten zu tun haben; und diese verschiedenen Klienten haben unterschiedliche, möglicherweise sogar gegensätz-
liche Bedürfnisse und Erwartungen. Der Erfolg hängt oft davon ab, wie klar der Berater weiß, wer in der jeweiligen
Situation tatsächlich der Klient ist. In anderen Kulturen können die Beziehungen innerhalb des Kreises, dem er seine Dienste leitet und zwischen den Personen, die diese Dienste legitimieren, viel komplexer sein als es der Berater aus seiner üb-
lichen Praxis gewohnt ist.

## Handlungen riskieren

Es besteht immer das Risiko, dass ein Handlungsplan, der in
einem kulturübergreifenden Umfeld umgesetzt wird, nicht
die vom Berater anvisierten Ergebnisse zeitigt. Die Angst des
Beraters, unter den ungewohnten Umständen zu versagen,
kann lähmend wirken. Die Versagensangst des Klienten kann
jedoch noch entscheidender sein. Daher sollte der Berater
dem Klienten helfen, die in der Realisierungsphase vorhandenen Risiken zu verstehen und zu bewältigen.

Der Berater muss außerdem immer bedenken, dass nicht nur das Handeln selbst, sondern auch die Auswirkungen des Handelns dem nationalen Charakter entsprechen müssen. Der kulturelle Hintergrund eines Landes prägt unweigerlich bei jedem Handeln das Vorgehen der Menschen sowie ihre Fähigkeit, mit Versagensängsten und dem Versagen selbst umzugehen.

## Die Haltung eines Lernenden einnehmen

Soweit angemessen, sollte der Berater willens und fähig sein, die Rolle eines Lernenden einzunehmen, ohne dabei einen Verlust an professioneller Glaubwürdigkeit zu empfinden. Das bedeutet nicht, dass der Berater als Bittsteller oder zurückhaltend auftreten sollte. Es bedeutet allerdings sehr wohl, dass der Berater auf eine offene und liebenswürdige Weise lernbereit sein sollte, selbst wenn es für ihn voraussichtlich nicht viel zu lernen geben wird.

## Beteiligung interner Helfer

Erfolgreich im Gastland nach Teamkollegen zu suchen und sie auszubilden ist in der Regel für den Beratungsprozess förderlich. Eine angemessene Vergütung für die dafür anfallenden Kosten kann in den Beratungsvertrag aufgenommen werden. Wenn die Fähigkeiten und Dienste dieser internen Mitarbeiter nach dem Abschied des Beraters für die Fortführung der Veränderungen wesentlich sind, kann diese Vergütung vom Klienten als kosteneffektiv verstanden werden. Die Entwicklung interner Talente und Fähigkeiten kann in der Praxis manchmal schwer durchzuführen sein und kann außerdem, wenn nicht sorgfältig vorgegangen wird, die weitere Beziehung des Beraters zu Mitgliedern des Klientensystems beeinträchtigen.

## Was den Klienten betrifft

### *Mangelnde Kooperation des Klienten*

Der Berater kann manchmal den Eindruck bekommen, als
würde der Klient ihn herausfordern, die Probleme ohne jede
Hilfe zu lösen. Diese frustrierende Verweigerung von Rückmeldung ist nicht darauf zurückzuführen, dass der Berater etwas Bestimmtes getan oder nicht getan hat; es kann sich vielmehr um eine landesspezifische Eigenschaft handeln. Eine
solche Situation erfordert vom Berater sehr viel Geduld. Er
sollte so vorgehen als sei nichts Außergewöhnliches geschehen, in der Erwartung, dass es mit der Zeit zu einer Besserung
kommen wird. Wenn sich diese Barriere allerdings als un-
durchdringlich erweist, sollten Mittel und Wege gefunden
werden, sich in angemessener Form zurückzuziehen.

### *Das Fehlen einer klar formulierten Bitte um Hilfe*

Die Unfähigkeit des Klienten, eine solche Bitte zu äußern,
kann mit der Sorge zusammenhängen, beurteilt und bewertet zu werden. Vielleicht handelt es sich aber auch nur um
Verlegenheit, den Bedarf an Hilfe zuzugeben. Dieser psychologischen Barriere kann man genau so in den USA begegnen
wie in einem anderen Land; aber hier ist es eher ein persönli-
ches als ein kulturelles Merkmal. Diese Hürde zu überwinden
ist für den Beratungserfolg entscheidend. Lediglich mit einer
vagen Definition von Bedürfnissen, Zielsetzungen und Zielen
zu arbeiten, kann zur Folge haben, dass man Probleme angeht, die nicht existieren, und die tatsächlichen Probleme
übersieht.

## *Polarisierung und Unterschiede innerhalb des Klientensystems*

Der Berater sollte vermeiden, sich in eine spezielle Verteidigerrolle zu begeben oder eine Verbindung mit einem Teil des Klientensystems herzustellen, durch die er andere tatsächlich oder vermeintlich ausschließt. Menschen mit einem anderen kulturellen Hintergrund fühlen sich dadurch vielleicht gezwungen, die Werte, Einstellungen und Objektivität des Beraters in Frage zu stellen. Der Berater muss mit den verschiedenen Gruppierungen, die in Erscheinung treten, gleichmäßig umgehen.

## *Formulierung eines fairen Beratungsvertrags*

Der Vertrag sollte die Zielvorstellungen des Klienten klar benennen. Wenn der Berater und der Klient unterschiedliche Muttersprachen haben, sollte der Vertrag in beiden Sprachen verfasst sein. Dieser Prozess tut viel mehr, als nur die Aufmerksamkeit des Klienten zu bündeln; er legt auch die Grundlage für einen fairen und praktikablen Vertrag.

## Zusammenfassung und Schlussbemerkungen

Die drei behandelten Fragenkomplexe – Kultur, Berater und Klient – bedingen und beeinflussen die internationale Beratung in enormem Maße. Der in diesem Kapitel gelieferte Überblick ist zwar begrenzt und selektiv, kann aber helfen, die professionelle Praxis im kulturübergreifenden Umfeld zu verbessern. Zusammenfassend möchten wir folgende Empfehlungen anbieten:

1. Seien Sie sich der Werte der Kultur des Klienten bewusst und vermeiden Sie ein versehentlich herablassendes oder störendes Verhalten.

2. Machen Sie sich mit den wichtigen typischen Merkmalen der Kultur vertraut, etwa der Geschichte, Geographie, Kunst, Gebräuche, Errungenschaften, Religion und Feiertage.

3. Interessieren Sie sich dafür, was die Menschen jener Kultur tun und fühlen.

4. Lernen Sie, die Menschen in ihrer Heimatsprache zu begrüßen, die wichtigsten Wendungen zu verstehen und diese aussprechen zu können.

5. Bitten Sie den Klienten vor oder gegebenenfalls auch während des Beratungseinsatzes, Ihnen eventuelle kulturelle und thematische Fallstricke, Erwartungen und Probleme zu erklären.

6. Kommen Sie frühzeitig vor Beginn des Beratungseinsatzes in das Land und nehmen Sie sich Zeit, sich mit der Kultur vertraut zu machen.

7. Stellen Sie Ihre Fragen direkt; machen Sie keine Andeutungen, erklären Sie nicht zuviel, seien Sie nicht bestimmend, geben Sie keine Ratschläge und agieren Sie nicht aus der Rolle des „Experten".

8. Vermeiden Sie es, die Situation des Klienten mit einer ähnlichen zu vergleichen, bis Sie genug über den aktuellen Kontext und die Kultur wissen.

9. Bitten Sie den Klienten immer wieder um Unterstützung und Zusammenarbeit; beweisen Sie dem Klienten, dass Ihnen seine gesamte Reaktion wichtig ist, indem Sie deut-

lich machen, dass erst durch sie das einzigartige Fachwissen des Beraters in jener Kultur anwendbar wird.

10. Verwenden Sie für Situationsanalysen und Interventionen einen kulturbezogenen systemischen Ansatz, nicht einen persönlichen (LIPPITT u. LIPPITT, 1981).

Ich bin der Meinung, dass Berater, die international arbeiten, ihre Einsätze als Lernerfahrungen und -chancen angehen sollten. Internationale Beratung ist notwendig, herausfordernd, schön und lohnenswert. Sie erfordert allerdings zusätzliche Mühe.

# 10 Anforderungsprofil und Ausbildung von Beratern

Dieses Kapitel befasst sich mit den Fähigkeiten, Kompetenzen und der Ausbildung von effektiven Beratern. Wir unterbreiten ein Spektrum an Eigenschaften, die allgemein genug sind, um für jede Art von Berater und Beratungssituation in jedem Arbeitsbereich oder in jeder Klientensituation gelten zu können. Hierbei handelt es sich keineswegs um eine erschöpfende Untersuchung der Qualitäten, die ein Berater besitzen sollte, noch ist dies ein Leitfaden „Wie werde ich Berater". Vielmehr haben wir hier unsere Erfahrungen, Gedanken und Gefühle zu diesem Thema zusammengetragen, vermischt mit einigen Forschungsergebnissen von Praktikern aus der Branche.

Es hat so wenig Versuche gegeben, die Fähigkeiten eines effektiven Beraters zu klassifizieren, dass schon PETER B. VAILL (1971) auf diesen Mangel hinweisen musste:

> Es ist schwierig, die notwendigen Fertigkeiten und Fähigkeiten eines Beraters zu beschreiben. Zum gegenwärtigen Zeitpunkt ist es ganz unmöglich zu sagen, wie Leute für diesen Beruf ausgebildet werden sollen. Doch muss dieses Problem in Angriff genommen werden, wenn die Beratungspraxis effektiv sein soll.[23]

VAILL hob folgende Notwendigkeit hervor:

> Vor allem ist es nun wichtig, mehr Daten darüber zu sammeln, wie diese Fertigkeiten und Fähigkeiten aussehen [...] und sich ausführlich mit Praktikern zu unterhalten und, wenn möglich, sie bei ihrer Arbeit zu beobachten, um zu sehen, ob diese Fähigkeiten dokumentiert werden können.[24]

Eine der Schwierigkeiten bei der Entwicklung einer Systematik der Fähigkeiten und Fertigkeiten des Beraters liegt in der Natur des Beratungsprozesses als einer persönlichen Beziehung zwischen Leuten, die ein Problem zu lösen versuchen.

Der Berater kann diese Beziehung auf viererlei Weise beeinflussen: durch Verhaltenskompetenz, durch Mitteilen hilfreicher Konzepte und Ideen, durch den Grad der Anerkennung und durch die Legitimierung der Beraterrolle seitens des Klienten. Ganz gleich wie kompetent oder kreativ der Berater ist, die beiden letzten Faktoren – Anerkennung und Rollenlegitimation – sind sowohl für den überhaupt möglichen wie für den tatsächlichen Beitrag des Beraters zur Problemlösung von entscheidender Bedeutung. Das professionelle Verhalten des Beraters ist in diesem Zusammenhang von höchster Wichtigkeit. Die folgenden Kriterien können für die Beurteilung der Kompetenz des Beraters nützlich sein (LIPPITT, 1969):

1. *Entwickelt der Berater gute zwischenmenschliche Beziehungen zu Klienten?* Eine Beratungsbeziehung beruht auf Vertrauen, das sich im Laufe von effektiven zwischenmenschlichen Beziehungen entwickelt. Der Berater sollte sich und dem Klienten genügend Zeit zur Erforschung dieser Beziehung lassen, damit auf beiden Seiten eine gute Chance für die Entwicklung des erforderlichen Vertrauens besteht. Dafür gibt es verschiedene Möglichkeiten, doch wenn der Berater ein sofortiges langfristiges Engagement fordert, kann es vorkommen, dass der Klient einer solchen Beziehung Widerstand entgegensetzt.

2. *Fördert das Verhalten des Beraters die Unabhängigkeit des Klienten oder macht es ihn vom Berater abhängig?* Verantwortungsbewusste Berater mit ethischen Grundsätzen machen den Klienten nicht von sich abhängig. Vielmehr anerkennen sie das Bedürfnis der Leute, ihre eigenen Kompetenzen und Fähigkeiten zu entwickeln, und helfen nur, wenn es notwendig erscheint. Bei einem solchen Verhalten braucht keine Abhängigkeit zu entstehen.

3. *Konzentriert sich der Berater auf das Problem?* In der Realität der Berater-Klienten-Arbeit wird es Leute geben, die sich von den Ergebnissen jedweder Beratung bedroht

fühlen, über sie bestürzt und unglücklich sind. Berater, die
von allen geliebt werden wollen und alle zu allen Zeiten
glücklich machen wollen, tun dies vielleicht aus einem Gefühl der Unsicherheit heraus. Sie weichen dem Hauptpro-
blem vielleicht aus, anstatt den Klienten mit notwendigen,
aber vielleicht „schwer verdaulichen" Vorschlägen zu kon-
frontieren. Damit gefährden sie jede weitere Tätigkeit eines anderen Beraters.

4. *Ist der Berater anderen Beratern und Ressourcen gegenüber vorurteilsfrei und tolerant?* Nur ein nicht-professioneller Berater setzt ständig die Fähigkeiten anderer Berater oder Wissenszweige herab. Ein effektiver Berater kennt
seine eigenen Grenzen und weiß den Wert anderer Spezialgebiete zu würdigen.

5. *Respektiert der Berater die Vertraulichkeit der Mitteilungen seiner Klienten?* Ein weiteres Merkmal des professionellen Beraters ist die Fähigkeit, im Umgang mit seinen
Klienten Vertraulichkeit zu bewahren. Manche Berater
versuchen ihre Erfolge zu demonstrieren, indem sie über
die Klienten diskutieren, die sie beraten haben. Sie schil-
dern vielleicht ausführlich, auf welche Weise sie andere
Organisationen in Ordnung gebracht haben oder weisen
auf Fälle hin, in denen sich alles nur noch verschlimmer-
te, weil ihr Rat nicht befolgt wurde. Ein professioneller Berater verletzt jedoch nie das Vertrauen von Einzelpersonen
oder Organisationen.

6. *Sind die vertraglichen Absprachen des Beraters klar und
eindeutig?* Nicht-professionelle Berater äußern sich häufig
nur verschwommen über die Gebühren, die sie berechnen
werden, und über die Bedingungen, unter denen sie ihre
Dienste zur Verfügung stellen. Professionelle Berater stellen Grundregeln für ihre Arbeit auf, so dass der Klient
weiß, welche Art von Diensten der Berater leisten wird und
ob er nach Stunden, Tagen oder für den Auftrag insgesamt
abrechnet.

7. *Übt der Berater seinen Einfluss in der Organisation in einer angemessenen Weise aus?* Ein weiteres Merkmal des nicht-professionellen Beraters ist, dass er ohne Einverständnis des Linien- oder Stabsvorgesetzten, der den Berater in die Organisation gerufen hat, handelt oder diesen umgeht. Das fördert zwar das Prestige des Beraters, erzeugt aber Abhängigkeit in der Organisation und trägt nicht zur Entwicklung der Fähigkeiten der Personen bei, denen der Berater eigentlich helfen sollte.

8. *Stellt der Berater seine Fähigkeiten, die er für die Lösung des Klientenproblems zu besitzen meint, aufrichtig dar?* Einen nicht-professionellen Berater kann man mit Sicherheit daran erkennen, dass er vorgibt, nicht nur ein Finanzgenie, sondern auch ein in allen quantitativen Methoden und Managementwissenschaften beschlagener verhaltenswissenschaftlicher Experte zu sein. Ein solcher Berater gibt zu verstehen, dass der Klient nur die Ressourcen des Beraters anzuzapfen braucht, um über alle für die effektive Führung eines Unternehmens notwendigen Fähigkeiten zu verfügen. Jedoch mögen viele Berater auf einem Gebiet gut sein, in anderen sind sie es meistens weniger. Klienten sollten vor Beratern auf der Hut sein, die ein allzu umfangreiches Wissen und eine entsprechende Erfahrung zu besitzen behaupten ...

9. *Informiert der Berater den Klienten offen und ehrlich über seine Rolle und seinen Beitrag?* Ein nicht-professioneller Berater wird häufig behaupten, bestimmte Arbeitsergebnisse erzielen zu können, obwohl dies in Wirklichkeit überhaupt nicht möglich ist. Der Klient sollte einen solchen Berater unverzüglich aus seinem Hause entfernen. Berater sollten ihre Rolle eindeutig klären und auch auf die Möglichkeiten und Grenzen einer solchen Klärung hinweisen.

10. *Ist der Berater damit einverstanden, dass seine Dienste einer Bewertung unterzogen werden?* Ein weiteres Merkmal eines nicht-professionellen Beraters ist seine Abneigung gegen eine Überprüfung oder Bewertung seiner Arbeit durch das Klientensystem. Klienten sollten bei einem Berater, der nicht bereit ist, Feedback über seine Leistung entgegenzunehmen, Vorsicht walten lassen.

11. *Gehört der Berater einem Berufsverband oder einer wissenschaftlichen Disziplin an? Beteiligt er sich an Fortbildungsaktivitäten zur Sicherung seiner Kompetenz?* Professionelle Berater sollten ihre Fähigkeiten und ihr Wissen ständig erweitern. Ständige Fortbildung in einem Wissenszweig und die Mitgliedschaft in einem Berufsverband sind für einen Berater die wichtigsten Möglichkeiten, seine Kompetenz zu bewahren und sein Wissen auf dem neuesten Stand zu halten.

Diese, dem gesunden Menschenverstand entsprechenden Richtlinien basieren auf den Erfahrungen, die wir sowohl in unserer Funktion als Beratung Gebende wie auch in der Rolle der Beratung Empfangenden gemacht haben. Diese Aufzählung erhebt zwar keinen Anspruch auf Vollständigkeit, gibt aber einige Hinweise auf Bereiche, in denen Berater Kompetenz entwickeln sollten.

## Beratungsfähigkeiten

Jede Liste der beruflichen Fähigkeiten eines Beraters ist zwangsläufig sehr umfangreich. Sie stellt eine Art Kombination aus Pfadfinderregeln, den Voraussetzungen dafür, wie man in den Himmel kommt, und den wesentlichen Bedingungen für die Aufnahme in eine Elite-Universität dar. Zweiunddreißig Berater haben uns die Fähigkeiten genannt, die ih-

rer Einschätzung nach für ihren Beruf am wichtigsten sind
(Lippitt, 1976b). Wir haben in der Hauptsache die folgenden drei Fragen gestellt:

1. Über welche Fähigkeiten, Kenntnisse und Einstellungen
   muß Ihrer Meinung nach eine Person verfügen, um Beratung durchführen zu können?
2. Welche Ausbildung und welche Lernprozesse, glauben Sie,
   sind erforderlich, um aus einer Person einen reifen und effektiven Berater zu machen? (Mit anderen Worten, wie
   könnte er die von Ihnen in Frage 1 beschriebene Person
   werden?)
3. Welche Kriterien können Berater verwenden, um ihre eigene Effektivität im Beratungsprozess zu beurteilen?

Obgleich die Antworten auf unseren Fragebogen sehr verschieden waren, wurden doch gewisse Trends sichtbar. Es
wurde deutlich, dass Beratung eine Vielfalt an Fähigkeiten erfordert. Ein Befragter formulierte es folgendermaßen:

> Um Beratungen und Beratungsaktivitäten effektiv durchführen zu
> können, benötigt ein Berater viele Fähigkeiten, Kenntnisse und Ein-
> stellungen. Manche dieser Merkmale sind erworben, erlernt und
> dem Spezialisten bekannt, aber ich vermute, dass auch innere Res-
> sourcen eine Rolle spielen, die dem Spezialisten nicht bekannt sind
> und die von Zeit zu Zeit an die Oberfläche kommen, oder von der
> Situation abhängen. Bei meinen Bemühungen in den vergangenen
> Jahren, drei verschiedene OE-Teams auszubilden, habe ich fest-
> gestellt, dass keine zwei Spezialisten gleich entwickelten. Das
> lässt darauf schließen, dass es keine konkreten Regeln gibt, die je-
> dem Berater, gewissermaßen als eine Art Klischee, übergestülpt
> werden können. Diejenigen Berater, die sich unter meiner Be-
> obachtung zu erfolgreichen Spezialisten entwickelten, schienen
> immer über besondere Eigenschaften zu verfügen, die ihnen in den
> Augen des Klientensystems Glaubwürdigkeit verliehen. Solche
> Eigenschaften können sein: Charisma, berufliche Kompetenz, eine
> dramatische Begabung, eine herzliche Persönlichkeit oder eine
> Kombination von allem.

Ein anderer Befragter stellte folgende Liste an Fähigkeiten
auf:

1. Die Fähigkeit, ein Problem zu diagnostizieren;
2. Die Fähigkeit, eine Analyse zu machen und die Ergebnisse für den Klienten zu interpretieren;
3. Die Fähigkeit, mit allen Arten von Klientensystemen effektiv zu kommunizieren;
4. Die Fähigkeit, anderen Leuten zu helfen, Veränderungen als positiv zu empfinden;
5. Die Fähigkeit, vorhandene menschliche Energien zu nutzen und freizusetzen;
6. Die Fähigkeit, Konflikte und Konfrontationen zu meistern;
7. Die Fähigkeit, zusammen mit dem Klienten Ziele zu entwickeln;
8. Die Fähigkeit, anderen Leuten dabei zu helfen, wie man lernen lernt;
9. Die Fähigkeit, Entwicklungs- und Wachstumsbemühungen zu fördern;
10. Die Fähigkeit, Resultate zu bewerten;
11. Die Fähigkeit, Handeln zu unterstützen;
12. Die Fähigkeit, bei der Zusammenarbeit mit dem Klienten kreativ und innovativ zu sein;
13. Die Fähigkeit, sich als Berater selbst zu erneuern.

Ein Dritter äußerte sich folgendermaßen:

> Meiner Meinung nach können alle Ausbildungen und Lernerfahrungen der Welt bestimmte Merkmale und Eigenschaften des Beraters nicht aufwiegen. Solche Merkmale und Eigenschaften sind:
>
> – Flexibilität;
> – innovative und kreative Fähigkeiten;
> – die Fähigkeit, sich an ungewohnte Situationen und Umstände schnell und genau anzupassen;
> – der Besitz innerer Motivation, die Eigenschaft eines Selbststarters;
> – Besondere Wahrnehmungsfähigkeit und Sensibilität gegenüber anderen;
> – die Fähigkeit, sich erfolgreich mit Unsicherheit und unklaren Situationen auseinanderzusetzen;
> – ausgeprägte Ehrlichkeit, Identifizierung mit berufsethischen Normen;

– das echte Bedürfnis, anderen zu helfen;
– Selbstachtung;
– Optimismus und Selbstvertrauen;
– Aufrichtigkeit und
– Charisma.

Personen mit diesen Merkmalen haben viel größere Erfolgs-
chancen auf dem Gebiet der Beratung als Personen ohne diese Merkmale.

## Zusammenfassung der Beratungsfähigkeiten

Die Antworten der 32 Berater lassen sich, nach den Bereichen
Kenntnisse, Fähigkeiten und Einstellungen geordnet, etwa
folgendermaßen zusammenfassen:

### Kenntnisse

1. Gründliche Kenntnis der Verhaltenswissenschaften;
2. Eine ebenso gründliche Kenntnis der administrativen Phi-
   losophien, Methoden und Praktiken organisatorischer Systeme und größerer Sozialsysteme;
3. Kenntnisse der Ausbildungs- und Trainingsmethoden, vor
   allem der Labormethoden, der Problemlösungsverfahren
   und des Rollenspiels;
4. Verständnis der Entwicklungsphasen von Individuen,
   Gruppen, Organisationen und Gemeinschaften und des
   Funktionierens sozialer Systeme in verschiedenen Stadien;
5. Das Wissen um Planung und Förderung von Veränderungsprozessen;
6. Kenntnis und Verständnis des menschlichen Wesens, seiner Einstellungen, Entwicklungen und Veränderungen;
7. Selbsterkenntnis: Motivation, Stärken, Schwächen und
   Neigungen;
8. Verständnis der führenden philosophischen Systeme als
   Denkgerüst und Grundlage von Wertsystemen.

*Fähigkeiten*

1. Kommunikationsfähigkeiten: Zuhören, Beobachten, Identifizieren und Berichten;
2. Lehr- und Überzeugungsfähigkeiten: die Fähigkeit, neue Gedanken und Einsichten effektiv zu vermitteln, und die Fähigkeit, Lernerfahrungen zu planen, die zur Entwicklung und Veränderung beitragen;
3. beraterische Fähigkeiten, die anderen helfen, aus eigener Kraft bedeutsame Entscheidungen zu treffen;
4. die Fähigkeit, auf Vertrauen basierende Beziehungen herzustellen und mit einer Vielzahl von Personen unterschiedlichster Herkunft und Persönlichkeit zusammenzuarbeiten; Sensibilität gegenüber den Gefühlen anderer; die Fähigkeit, eigenes Charisma zu entwickeln und auf andere entsprechend zu wirken;
5. die Fähigkeit, bei der Planung und Durchführung von Veränderungen in Gruppen und Teams zu arbeiten; die Fähigkeit, gruppendynamische Techniken und Labortrainingsmethoden anzuwenden;
6. die Fähigkeit, sich vielfältiger Interventionsmethoden zu bedienen, und die Fähigkeit zu entscheiden, welche Intervention zu einem bestimmten Zeitpunkt am geeignetsten ist;
7. die Fähigkeit, statistische Erhebungen, Interviews und andere Datensammelmethoden zu entwerfen;
8. die Fähigkeit, bei einem Klienten Probleme zu diagnostizieren, Hilfs-, Energie- und Einflussquellen zu lokalisieren, Werte und Kultur des Klienten zu verstehen und über die Bereitschaft zum Wandel zu entscheiden;
9. die Fähigkeit, bei der Auseinandersetzung mit allen Arten von Situationen flexibel zu sein;
10. die Fähigkeit, Problemlösungstechniken anzuwenden und anderen bei der Problemlösung zu helfen.

## Einstellungen

1. Einstellung eines professionellen Beraters: Kompetenz, Integrität, Verantwortungsgefühl dafür, dass die Klienten mit ihren Problemen fertig werden;
2. Reife: Selbstvertrauen; Mut, zu der eigenen Meinung zu stehen; Bereitschaft, die nötigen Risiken einzugehen; die Fähigkeit, mit Ablehnung, Feindseligkeit und Misstrauen fertig zu werden;
3. Aufgeschlossenheit, Ehrlichkeit, Intelligenz;
4. Besitz eines humanistischen Wertsystems: Glaube an die Bedeutung des Individuums; Glaube an Technologie und Effizienz als Mittel und nicht als Ziel; Vertrauen in Menschen und in den demokratischen Prozess wirtschaftlicher Aktivitäten.

Eine solche Zusammenfassung ist ein Schritt auf dem Wege zum Erkennen von Beratungsfähigkeiten.

## Eine Systematik der Beraterfähigkeiten

MENZEL (1975) entwickelte eine hilfreiche Liste, die er „Eine Systematik der Beraterfähigkeiten" nannte (siehe Abb. 11). Er geht in seiner Systematik von vier Schlüsselrollen und sieben Phasen geplanter Veränderung aus, und er führt in seinem Modell mehr als zwanzig Fähigkeitsbereiche auf. Er erklärt seine Fähigkeiten-Liste folgendermaßen[25]:

*Beraterfähigkeit   Erklärung*

**Erziehung**

| | |
|---|---|
| Forscher | Mit den theoretischen Grundlagen für Veränderung vertraut. |
| Autor | Kann klar und überzeugend schreiben. |
| Planer | Kann Seminare, Workshops, etc. planen. |
| Lehrer | Hilft anderen, erfolgreich zu lernen. |

| | | Der Prozess geplanter Organisationsveränderung — Anfangsphase | | Veränderung | | | | Endphase |
|---|---|---|---|---|---|---|---|---|
| Rollen | Fähigkeiten des Beraters | 1. Veränderungsbedürfnis wird erkannt | 2. Veränderungsprinzip wird festgelegt | 3. Probleme des Systems werden diagnostiziert | 4. Handlungsmöglichkeiten werden untersucht und Ziele gesetzt | 5. Entscheidung; Durchführung | 6. Verallgemeinerung und Stabilisierung | 7. Beendigung |
| Erziehung | Forscher | | | X | X | XX | | |
| | Autor | X | | | X | X | | |
| | Planer | | | X | XX | | X | |
| | Lehrer | | | X | | X | | X |
| | Ausbilder | | | | X | X | X | |
| | Trainer | | | | X | XX | X | |
| | Advokat | XR | | | XR | XR | X | XR |
| | Sitzungsleiter | X | | | X | XX | X | |
| | Lebens-, Karriereplaner | | | | X | X | | |
| Diagnose | Handlungsforscher | X | | XX | XX | X | X | |
| | Autor | | | XX | | | | |
| | Diagnostiker | X | | XX | X | X | X | X |
| | Datenspezialist | | | XX | | | | |
| | Datenanalytiker | X | | XX | X | X | X | X |
| | Bewerter | | | X | X | XX | XX | X |
| Beratung | Rollenmodell | X | XX | X | X | | | XX |
| | Kontakter | X | XX | X | X | X | X | X |
| | Experte für: | | | | | | | |
| | Auswertung | X | | | XX | XX | X | X |
| | Prozessbeobachtung | X | | | XX | X | X | X |
| | Entscheidungsfindung | | | X | X | XX | | X |
| | Problemlösung | XX | | | XX | XX | X | X |
| | Konfliktbewältigung | X | | | XX | XX | X | X |
| | Sitzungsleitung | X | | X | X | XX | X | X |
| | Konfrontierer | XR | | | XR | | XR | XR |
| | Intervenierer | | | | XX | XX | X | X |
| | Systemanalytiker | X | | | XX | XX | X | |
| | Entwickler – Planer | X | | | X | XX | X | |
| | Anwender | | | X | X | XX | X | |
| Koordination | Koordinator | | | X | X | XX | XX | XX |
| | interne Hilfsquellen | X | XX | XX | XX | XX | XX | XX |
| | äußere Hilfsquellen | | | | | | | |
| | Hilfestellung in Krisensituationen | | | | | X | X | XX |
| | | Wo immer Hilfe angezeigt ist | | | | | | |
| | Experte/Theoretiker für Handlungsforschung | | | X | X | X | X | |
| | Vermittler | X | | X | X | X | | XX |

X = Wichtig   XX = Sehr wichtig   XR = Wichtig aber riskant

*Abb. 11: Eine Systematik der Beraterfähigkeiten*
Aus: MENZEL, ROBERT K.: „A Taxonomy of Change Agents Skills", in: Journal of European Training, 1975, 4(5), S. 289 ff. Nachdruck mit Erlaubnis des Verlages.

| Ausbilder | Unterrichtet eher im berufsbezogenen Bereich |
|---|---|
| Trainer | Geht über die traditionelle Schulung hinaus; fähig zu „Labortraining", Verhaltenstraining, wendet heuristische Methoden an. |
| Advokat | Befürwortet einen bestimmten Standpunkt oder einen bestimmten Handlungsplan. |
| Sitzungsleiter | Fähig, eine Gruppensitzung oder eine Konferenz zu leiten und andere in dieser Fähigkeit auszubilden. |
| Lebens-/ Karriereplaner | Fähig, Klienten bei der Planung ihrer beruflichen Karriere zu helfen. |

**Diagnose**

| Handlungsforscher | Weiß empirische Forschungs-, sowie Erhebungsdaten so anzuwenden, dass sie der aktuellen Situation der Organisation entsprechen. |
|---|---|
| Diagnostiker | Fähig zu erkennen, welche Bedürfnisse analysiert, welche Daten gesammelt werden müssen und wie sie zu erhalten und zu gebrauchen sind. |
| Datenspezialist | Kann die benötigten Daten auf die einfachste Weise beschaffen. |
| Datenanalytiker | Kann die richtigen Schlüsse aus den Daten ziehen und sie den Bedürfnissen des Klienten entsprechend präsentieren. |
| Bewerter | Setzt Beurteilungen gezielt als andauernden Prozess ein. |

**Beratung**

| Rollenmodell | Kann das, was er propagiert, überzeugend anwenden. |
|---|---|
| Kontakter | Benutzt seine zwischenmenschlichen Fähigkeiten, um auf allen Ebenen der Organisation glaubwürdig zu bleiben. |

| Experte in Prozessen | Kennt sich mit Gruppendynamik, Sozialpsychologie und verwandten Disziplinen aus und kann diese Erkenntnisse bei der Organisationsberatung anwenden. |
| Konfrontierer | Fähig, sich mit Problemen und Streitigkeiten zwischen Personen auseinanderzusetzen. |
| Intervenierer | Kann sein wachsendes Repertoire an Interventionen sachgerecht und effektiv einsetzen. |
| Systemanalytiker | Kann systemtheoretischen Ansatz auf Veränderungsprozess anwenden. |
| Entwickler/Planer | Kann Interventionen wirkungsvoll planen. |
| Anwender | Wendet seine eigene Erfahrung und die anderer kreativ und zweckmäßig an. |

**Koordination**

| Koordinator | Fähig, für die richtig erkannten Bedürfnisse die besten Ressourcen heranzuziehen (intern oder extern). |
| Vermittler anderer Ressourcen | Fähig, dem Klienten dabei zu helfen, Ressourcen einzusetzen, die keinen Berater erfordern. |

In seiner Definition der vier Rollen trennt MENZEL Beratung von Erziehung, Diagnose und Koordination. Wie bereits in Kapitel 4 ausgeführt, sind wir der Meinung, dass jene Rollen in den vielfältigen Funktionen des Beraters *enthalten* sind.

## Eigenschaften des Beraters

Uns scheint, dass sich die Eigenschaften, die ein Berater benötigt, in zwei große Kategorien einteilen lassen:

1. intellektuelle Fähigkeiten
2. Verhaltensfähigkeiten.

In intellektueller Hinsicht braucht der Berater das, was wir die Fähigkeit nennen, eine *Problemanalyse* zu machen. Ein Klient, der einen außenstehenden Berater hinzuzieht, steht wahrscheinlich vor einer Situation, die unlösbar oder wenigstens rätselhaft und kompliziert erscheint. Der Berater muss erkennen, dass ein Problem vorhanden ist, auch wenn es vielleicht nur in den Köpfen derjenigen existiert, die ihn um Hilfe bitten. Aufgabe des Beraters ist es, das Wesen des Problems festzustellen und bei der Bestimmung der wirklichen Ursachen zu helfen.

Verständnis, Wahrnehmungsvermögen und Intuition sind notwendig, um verschiedene Problemanalysen machen zu können. Verständnis und Wahrnehmungsvermögen sind lebenswichtig, weil Problem und Lösung nahezu immer Teil einer sehr komplexen Situation sind. Die schwierigste Aufgabe des Beraters ist es, die Komplexität zu durchdringen und die situationsbedingten Schlüsselvariablen zu bestimmen. Solange die entscheidenden Faktoren aus der Unmenge der Details nicht ausgesondert und die Ursachen nicht von den Symptomen getrennt werden können, ist eine genaue Diagnose unmöglich.

Außer diagnostischen Fähigkeiten benötigt der Berater Fähigkeiten der Durchführung. Es liegt auf der Hand, dass der Berater über ein fundiertes Wissen der Verhaltenswissenschaften und der Theorien und Methoden des Beratungswesens verfügen muss. Mehr noch als das aber braucht er Phantasie und experimentelle Flexibilität. Die Lösung eines Problems in der Beratung ist ein grundlegend kreativer Prozess. Keine einzige reale Situation wird vollkommen in die Form typischer Techniken oder Lehrbuchmethoden passen. Fast immer sind die Umstände verschieden und einzigartig. Berater müssen genügend Phantasie besitzen, um neue Methoden erfinden und ihre Konzepte den tatsächlichen Gegebenheiten anpassen zu können. Sie müssen fähig sein, sich die Auswirkungen oder das Endergebnis der Maßnahmen, die sie vorschlagen oder verwirklichen, genau vorzustellen. Ihre Arbeit ist jedoch, wie die meisten Dinge, sowohl ein Prozess von Versuch und Irrtum als auch eine Sache von *A priori*-Lösungen. Der Mut zum Experiment und die Flexibilität, so viele Ansätze auszuprobieren, wie für die Lösung des Problems notwendig ist, sind wichtige Eigenschaften des Praktikers.

Neben den intellektuellen Fähigkeiten braucht der Berater vor allem Geschick im Umgang mit Menschen, also zwischenmenschliche Fähigkeiten. Um erfolgreich zu sein, muss er ebenso ernsthaft daran interessiert sein, seinem Klienten zu helfen, wie ein guter Arzt daran interessiert ist, seinem Patienten zu helfen. Wenn es dem Berater in der Hauptsache darum geht, hohes Honorar zu kassieren oder als internes Belegschaftsmitglied seine Kompetenz zur Schau zu stellen, und er erst in zweiter Linie dem Klienten helfen will, wird der Klient das bald merken und so jemanden entsprechend behandeln. Auch Leute in Schwierigkeiten sind keine Dummköpfe. Sie können spüren, ob jemand objektiv, ehrlich und, vor allem, integer ist. Einer der von uns befragten Berater äußerte sich folgendermaßen:

> Am wichtigsten für einen Berater sind zwischenmenschliche Fähigkeiten. Natürlich gibt es mannigfaltige Formen zwischenmenschlicher Kompetenz. Ich meine aber vor allem die Fähigkeit des Beraters, sich schnell mit dem Klientensystem zu identifizieren. Diese Fähigkeit wird gewöhnlich als erste auf die Probe gestellt, und sie erweist sich auch im weiteren Verlauf der Beziehung zum Klienten immer wieder als wichtig [...] Dazu gehört, dass der Berater die Voraussetzungen für psychologischen Erfolg schafft, dass er kreativ mit den gemeinsam gewonnenen Informationen umgeht. Er sollte die

Fähigkeit besitzen, Begriffe zur Erklärung oder Beschreibung bestimmter Situationen entwickeln, er sollte Vertrauen ausstrahlen und gewinnen können, Konflikte erkennen und meistern, usw. Diese Fertigkeiten und Fähigkeiten entwickeln sich bei einem Berater ständig weiter.

Aus allen Antworten unserer Umfrage bei den 32 Beratern ging hervor, dass Selbsterkenntnis für besonders wichtig gehalten wurde. Wie einer der Befragten schrieb:

> Vor allem müssen sich Berater mit sich selbst auseinandersetzen. Welche Ansichten wir auch über das Klientensystem haben mögen, sie werden zwangsläufig von unserem eigenen Wertsystem, unseren Wahrnehmungen und Einstellungen beeinflusst. Berater müssen daher ihre eigenen inneren Befangenheiten kennen und sie in die Beziehung zu dem Klienten einbringen oder ausschalten.

STANLEY M. HERMAN (1974), ein bekannter interner Berater, hat dies sehr gut in folgendem Gedicht zum Ausdruck gebracht:

**Freiheit**
Niemand gewährt dir Freiheit
Du bist frei, wenn du frei bist
Niemand fesselt dich
Du fesselst dich selbst
Und wenn du es getan hast
Gibst du die Fessel vielleicht weiter
    an einen andern
    an viele andere
    an alle anderen oder
    an dich selbst
Das letzte ist vielleicht am schlimmsten
Denn jener Sklavenmeister ist am schwersten zu erkennen
Und am schwersten zu stürzen
Aber er ist am leichtesten zu hassen
        Und zu verletzen
Ich weiß nicht, wie ich dir helfen soll, frei zu sein
Ich wünschte, ich könnte es

Aber ich kenne einige Zeichen der Freiheit
Eines ist, zu tun, was du tun möchtest
    Obwohl dir jemand sagt, es nicht zu tun
Ein anderes ist, zu tun, was Du tun möchtest
    Obwohl dir jemand sagt, es zu tun.[26]

Ein Berater, der in ein Klientensystem eintritt, bedarf einer
starken Ambiguitätstoleranz. Unsere Erfahrung hat gezeigt,
dass die erste Begegnung mit einem Klienten eine gewisse Ver-
wirrung hervorrufen kann. Es braucht Zeit, die Situation zu
verstehen, und während dieser Zeit empfindet man als Berater eine gewisse Unsicherheit. (Darauf haben wir in Kapitel 2
bei der Diskussion der Einstiegsphase bereits hingewiesen.)
Der Berater muss darauf gefasst sein und darf sich dadurch
nicht beunruhigen lassen.

Zu der Ambiguitätstoleranz des Beraters gehört dazu, Geduld
zu haben und Frustration ertragen zu können. Einem Klienten zu helfen, Ziele zu finden und Probleme zu lösen, ist meistens eine langwierige und herausfordernde Aufgabe. Schnelle Ergebnisse, perfekte Zusammenarbeit und vollkommener
Erfolg sind unwahrscheinlich.

Wenn die Leute Angst davor haben, sie könnten nachteilig beeinflusst werden, werden sie auf Versuche, ihre Beziehungen
und Verhaltensmuster zu ändern, gewöhnlich mit Widerstand
oder Abhängigkeit, mit Ressentiment oder übermäßigem Enthusiasmus reagieren. Sie werden sich verweigern oder der
Vernunft beugen. Berater müssen reif genug und realistisch
genug sein, um zu erkennen, dass viele ihrer Handlungen und
Hoffnungen auf Veränderung enttäuscht werden. Diese Reife schützt sie davor, auf die Erfolglosigkeit ihrer ersten
Bemühungen mit Defätismus und Rückzug zu reagieren.

Ein Berater, der objektiv zu dem Schluss kommt, dass er dem
Klientensystem nicht helfen kann, sollte sich natürlich
zurückziehen und, wenn möglich, den Klienten an einen an-

deren professionellen Helfer verweisen. Auch dazu ist Reife erforderlich.

Zusammenfassend sind wir der Ansicht, dass der Berater über eine stabile Persönlichkeit, intellektuelle Fähigkeiten, Geschick im Umgang mit Menschen und ein gutes Gefühl für das richtige Timing verfügen sollte. Das Timing kann von entscheidender Bedeutung sein. Die besten Veränderungspläne können zunichte werden, wenn sie zum falschen Zeitpunkt zur Sprache gebracht werden. Voraussetzungen für richtiges Timing sind die Kenntnis des Klienten, Berücksichtigung der Gegebenheiten der Beratungssituation und die Art von Geduld, die es dem Berater ermöglicht, seinen Enthusiasmus zu zügeln, wenn es darum geht, neue Alternativen auszuprobieren.

Es ist offensichtlich, dass es bei der Beratung vor allen Dingen um die Auseinandersetzung von Menschen mit Menschen geht und weniger um die Auseinandersetzung von Menschen mit Maschinen oder mathematischen Lösungen. Berater müssen gute zwischenmenschliche Fähigkeiten besitzen. Sie müssen in der Lage sein, in ihrem Umgang mit Menschen eine Atmosphäre zu schaffen, die von Taktgefühl, Vertrauen, Höflichkeit, Freundlichkeit und Stabilität gekennzeichnet ist. Das ist deshalb wichtig, weil der Einfluss der Persönlichkeit des Beraters so gering gehalten werden muss, dass diese nicht zu einer weiteren Variablen der Klientensituation wird und die bereits vorhandene Komplexität noch erhöht. Auch der Erfolg des Beraters hängt schließlich von seiner Überzeugungskraft und seinem Taktgefühl im Umgang mit Menschen ab. Da es nicht leicht ist, eine solche Menge an Fähigkeiten und Kompetenzen zu erwerben, sollte jeder Berater ständig seine eigenen Fähigkeiten und seinen eigenen Stil beurteilen. HAVELOCK (1973) bemerkt dazu:

> Die meisten der (als Interventionen) diskutierten Methoden oder Funktionen kann man sich nicht beiläufig aus einem Lehrbuch an-

eignen. Es handelt sich dabei um Fähigkeiten, die erlernt werden müssen. Eine gute Methode schlecht angewandt, kann schlimmer sein als überhaupt keine Methode.[27]

## Ausbildung und Entwicklung von Beratern

Was wird getan, um Berater zu trainieren, auszubilden und zu entwickeln? Dies ist eine schwierige Frage, eine Frage, die uns während der letzten 25 Jahre unserer Praxis ständig beschäftigt hat.

Leider ist die Ausbildung und die Entwicklung von Beratern immer ein zufälliger Prozess gewesen. Mittlerweile gibt es Workshops und Kurse zur Ausbildung von Beratern. Zu diesen Workshops (im Falle der Erziehungsberatung) haben wir (LIPPITT, 1971) folgendes ausgeführt:

In Workshops über Beratungsfähigkeiten für alle Arten von professionellen Helfern ging es am häufigsten darum, wie man in der Praxis:

– ein Bedürfnis nach Hilfe weckt;
– einen Eindruck davon vermittelt, wie es sein könnte, wenn man zusammenarbeitet;
– einen Kontrakt zur Zusammenarbeit entwickelt;
– die richtige Klientengruppe beteiligt;
– Widerstände überwindet;
– Veränderungsziele oder Zukunftsphantasien anregt;
– Feedback für den weiteren Verlauf der Beratung erhält;
– Kriterien für die Wahl zwischen alternativen Interventionen entwickelt.

Es ist ein ermutigendes Zeichen, dass mehr und mehr professionelle Helfer den Gedanken akzeptieren, dass auch sie für die Anwendung der spezifischen zwischenmenschlichen Interventionsfähigkeiten und für die Planung von Beratungssituationen Hilfe benötigen." (S. 2)[28]

Einige der von uns befragten Berater schlugen eine ziemlich umfangreiche formelle Ausbildung vor, wie folgendem Zitat zu entnehmen ist:

Ich glaube, der Schlüssel für die Vorbereitung von Beratern liegt in interdisziplinärer Erziehung und Erfahrung. Eine universitäre Ausbildung in irgendeiner Disziplin und vorzugsweise in mehreren Disziplinen scheint mir beinahe zwingend geboten zu sein. Als Grundausbildung kann eine Vielzahl an Disziplinen dienen: Psychiatrie, allgemeine Psychologie, Sozialpsychologie, Pädagogik, Politologie, Soziologie, Anthropologie, Betriebswirtschaft oder irgendeine andere Verhaltenswissenschaft. Wichtig ist, dass der Praktiker ausreichende Kenntnisse vieler dieser Disziplinen besitzt. Es wäre auch wünschenswert, wenn er einiges über die technischen Disziplinen wie Operations Research, allgemeine Systemtheorie, Finanzwirtschaft, Kybernetik usw. wüßte. Mit anderen Worten, der Berater braucht einen ziemlich breiten und möglichst gemischten Ausbildungshintergrund mit einer ausreichenden Vertiefung in bestimmten Bereichen, so dass er in wenigstens ein paar Gebieten über eine solide akademische Grundlage verfügt. Zweck dieses gemischten interdisziplinären Ansatzes ist es, dem Praktiker eine breite und zugleich fundierte Ausbildung zu geben, statt ihn zu einem Spezialisten auf einem engen Gebiet zu machen. Die in der Beratung auftretenden Probleme haben nämlich meistens einen interdisziplinären und keinen eindimensionalen Charakter. Daher sind breites Wissen und vielfältige Fähigkeiten notwendig.

Ein anderer Berater/Praktiker betonte sowohl die formelle als auch die informelle Seite der Ausbildung von Beratern:

Ich bin zu dem Schluss gekommen, dass ein sorgfältig durchdachter und detaillierter Ausbildungsplan für das Training und die praktische Unterweisung von Beratern notwendig ist. Dass sich ein Mensch all die für den Beraterberuf erforderlichen Fähigkeiten sozusagen im Vorbeigehen aneignet, ist die seltene Ausnahme.
Erstens würde ich mir diejenigen professionellen Berater (Argyris, Beckhard, Bennis, die Lippitt-Brüder, F. Mann, Shepard, Schmidt, Tannenbaum usw.) aussuchen, die formelle Seminare oder Programme über Beratungsfähigkeiten, Konfliktlösung, Gruppendynamik usw. veranstalten. Diese Referenzpersonen verfügen nicht nur über den notwendigen akademischen Hintergrund, sondern haben auch praktische Beratungserfahrungen mit Organisationen. Bei solchen Leuten zu lernen oder mit ihnen zusammenzuarbeiten, wäre von unschätzbarem Wert.
Zweitens würde ich ein von mir selbst aufgestelltes Lese-Programm absolvieren. Ich würde nicht nur die neuesten ausgewählten Texte, Artikel und Forschungsaufsätze, sondern auch die aktuellen Zeitungen, Zeitschriften und Magazine lesen.
Drittens würde ich mich der NTL OD Network, der ASTD, der ORI Network oder ähnlichen Gruppen anschließen und an Dis-

kussionen, Fallschilderungen und dem Austausch von Erfahrungen
und schriftlichen Unterlagen teilnehmen.*
Viertens würde ich versuchen, meine eigenen Stärken und
Schwächen, meine Einstellungen usw. kritisch zu betrachten und
darauf aufbauend einen Plan entwickeln, wie ich meine Fähigkeiten und mein Wissen systematisch verbessern könnte.
Fünftens würde ich das Gelernte anwenden, d. h. ich würde verschiedene Beraterrollen bei Klienten ausprobieren oder mit einem
anderen Berater zusammenarbeiten. Es gibt nichts Wertvolleres als
praktische Lernerfahrungen, um die persönliche Entwicklung als
Beraterzu fördern.
Sechstens würde ich an einer Vielzahl von Fachtagungen, Seminar-
veranstaltungen und Sonderprogrammen wie z. B. dem NTL/Bethel
OD Program, dem UCLA Behavioral Development Program, der
ITORP usw. teilnehmen.**
Kurz, Universitäten und Berufsorganisationen bieten eine Menge
verhaltenswissenschaftlicher Lernmöglichkeiten, aber der persönliche Wille, zu lernen, ist vielleicht wichtiger als alles andere.

Einer der von uns Befragten (NAISMITH, 1971) entwickelte eine interessante Matrix, in der er informelle und formelle Lernerfahrungen zu den vom Berater benötigten Fähigkeiten,
Kenntnissen und Einstellungen in Beziehung setzte (s. Abb. 12).

Elf der zweiunddreißig Berater, die unseren Fragebogen beantworteten, waren der Meinung, dass ein Berater Erfahrungen als Linienmanager oder Leiter einer Gruppe, Organisation oder Gemeinschaft gesammelt haben sollte. Dem können
wir nur zustimmen, denn solche Erfahrungen verleihen einem
Berater Tiefe, Realitätssinn und Einsicht und ermöglichen
ihm eine effektive Auseinandersetzung mit individuellen Problemen, Gruppenentscheidungen, organisatorischen Realitäten und Gemeinschaftskonflikten. Ein erfahrener Berater
(BECKHARD, 1971) hat das so formuliert:

---

* Diesen amerikanischen Verbänden entsprechen in Deutschland z. B. der
  BDVT, der BDU, die Sektion angewandte Psychologie im BdP (Anmerkung
  des Übersetzers).
** Fortbildungskurse für Trainer und Berater bieten in Deutschland vorzugsweise
  privatwirtschaftliche Beratungs- und Trainingsveranstalter an.

| Charakteristische Eigenschaften des Praktikers in Organisationsentwicklungen | Möglichkeiten, notwendige Eigenschaften zu erlernen | | | | | | | |
|---|---|---|---|---|---|---|---|---|
| | Formale Ausbildung | | | | | Informelle Lernerfahrung | | |
| | Literatur der Verhaltenswissenschaft | Training bei erfahrenen Praktikern | Individuelle Therapie und Sensitivity-Training | Labortraining | Universitätsseminare in OE | Erfahrung; Kontakt mit Organisationen | Diskussion mit Kollegen | Experimente |
| **Fertigkeit – Fähigkeit, folgendes zu tun:** | | | | | | | | |
| 1. Wissenschaftliche Methoden nutzen | X | | | | X | | | X |
| 2. Mit Menschen und Situationen auskommen; Handlungen vornehmen | | X | X | X | | X | | X |
| 3. Lehren; mitteilen | X | X | X | X | | X | | |
| 4. Probleme in Organisationen aufspüren und diagnostizieren | | X | X | X | | X | | |
| 5. Mit den „politischen" Realitäten fertig werden | X | | | | | X | | |
| 6. Erfolge – Misserfolge klar erkennen | | | X | X | | X | | X |
| **Wissen über:** | | | | | | | | |
| 1. Theorie der Veränderungen in Organisationen | X | X | | | X | | | |
| 2. Typische Eigenschaften organischer Systeme | X | | | | X | X | | |
| 3. Eigene Person | | | X | X | | | X | |
| 4. Pläne, Modelle oder Rahmenbedingungen | X | | | | X | X | | |
| 5. Spezielle Methoden der Organisationsentwicklung | X | X | | | X | | | |
| 6. Forschungsinstrumente | X | X | | | X | | | X |
| 7. Umfeld der Organisation | X | | | | X | X | | |
| **Einstellungen:** | | | | | | | | |
| 1. Vertrauen, Offenheit | | | X | X | | | X | |
| 2. Flexibilität, Anpassungsfähigkeit, Lernbereitschaft | | | X | X | | X | | X |
| 3. Wunsch, Hilfe zu spenden | | | X | X | | | | |
| 4. Aufrichtigkeit gegenüber sich selbst und anderen | | | X | X | | | | |

*Abb. 12: Wie kann man Beratung lernen?*
(nach D. NAISMITH)

Hilfe ist erst dann eine wirkliche Hilfe, wenn sie von der empfangenden Person als hilfreich empfunden wird – ungeachtet der guten Absicht oder Reputation des Helfers oder Beraters.[29]

Ein professioneller Berater muss über ein beträchtliches Wissen und große Fähigkeiten verfügen sowie in seinen Reaktionen sehr flexibel sein, denn, so schreibt SCHMIDT (1970):

> Es gibt eine Zeit, in der man konfrontieren muss, aber auch eine Zeit, in der man Spannungen abbauen muss: eine Zeit, seine Macht einzusetzen, und eine Zeit, seine Überzeugungskraft zu nutzen; eine Zeit zum Handeln und eine Zeit zur Diagnose; eine Zeit, Veränderungen zu beschleunigen, und eine Zeit, sie zu bremsen; eine Zeit, zu intervenieren, und eine Zeit, Interventionen zu vermeiden. Aber ob wir nun konfrontieren oder kollaborieren, intervenieren oder analysieren, immer muss unser Handeln von Verständnis und Mut und Liebe bestimmt sein und darf nicht auf Unkenntnis und Feigheit und Angst beruhen – denn diese können an einer Grenze nicht lange überleben.[30]

Mit Grenze meint Schmidt hier den Übergang zur postindustriellen Gesellschaft, vor dem die Organisationen stehen. Eine solche Grenze verlangt die ganze Geschicklichkeit vielseitig gebildeter Berater und Führungspersönlichkeiten. Nur so sind all die komplexen und zum Teil noch unbekannten Probleme zu lösen. Die Herausforderung, die sich denjenigen von uns stellt, die es wagen, sich selbst und anderen an dieser Grenze zu helfen, wird bei SCHMIDT (1970) klar beschrieben:

> Diejenigen, die kreativ und nützlich an der Grenze leben möchten, müssen dann und wann innehalten und sich fragen: Bin ich bereit, in Ungewissheit zu leben – vorwärts zu gehen, bevor ich über alle Fakten verfüge (was man nie tut) oder diese klar geordnet sind (was selten der Fall ist)?
> Kann ich das Risiko eines Misserfolgs eingehen, weil ich nach meinem eigenen Urteil handele, anstatt andere den ersten Schritt tun zu lassen?
> Bin ich fähig, aus allen Erfahrungen – aus meinen eigenen und denen anderer ständig Neues hinzuzulernen?
> Bin ich fähig, mir immer, auch in Krisen, des Menschseins derjenigen bewusst zu sein, in deren Leben ich eingreife – ganz gleich ob sie meinen Standpunkt teilen oder nicht?[31]

Wenn es Berater mit diesen Werten, Einstellungen und Überzeugungen gibt, kann es ihnen vielleicht gelingen, das
menschliche Vertrauen in Berater an sich wiederherzustellen.
Ihre Hilfe kann zum Wachstum beider Partner in einer Beratungsbeziehung beitragen.

# 11 Der Berater als Förderer von Veränderungen

Die Rolle des Beraters besteht darin, gezielte bzw. geplante Veränderungen zu ermöglichen. Diese Herausforderung ist in den letzten Jahren relevanter geworden und die dazu erforderlichen fachlichen Voraussetzungen wichtiger, wie TOFFLER (1971) bereits feststellt: „Veränderung ist an sich nichts Neues, sie war schon immer Teil der Geschichte der Menschheit. Was unser modernes Zeitalter jedoch kennzeichnet, ist die wachsende Intensität, Komplexität und Geschwindigkeit der Veränderungen. Was früher einmal Jahre dauerte, findet jetzt innerhalb von Wochen statt. Und es sind entschieden mehr Menschen davon betroffen."[32]

In den fünfunddreißig Jahren unserer beruflichen Beratungstätigkeit war es unser Anliegen, den Veränderungprozess bei Individuen, Gruppen und Organisationen zu untersuchen und Interventionen zu entwickeln, die eine Veränderung zum Guten möglichst wirksam fördern. In diesem Kapitel beschreiben wir sechs Strategien, die für alle Arten von Verbesserungen oder Veränderungen hilfreich sind, und zeigen außerdem typische Fallen auf, die beim Einsatz all dieser Strategie auftreten und den Erfolg behindern können. Diese Strategien können dem Leser als Checkliste für Techniken der Veränderungsarbeit dienen.

## Strategie 1: Die Mitarbeiterschaft einbeziehen

Häufig finden die Planung und die Entscheidungen über Veränderungen auf der obersten Führungsebene statt, und diejenigen, die diese Entscheidungen und Veränderungen dann umsetzen sollen, werden dabei nur geringfügig einbezogen. Ein partizipativ ausgerichteter Führungsstil zeigt sich in innovativen Ideen zur Einbeziehung der Mitarbeiterschaft, so dass diese einen eigenen Beitrag leisten und auf die Veränderungspläne reagieren können.

Folgende Fehler im Umgang mit den Mitarbeitern der Organisation können auftreten:

1. *Keine Gelegenheit bieten, sie von den geplanten Veränderungen zu überzeugen.* Wenn von Veränderungen betroffene Mitarbeiter nicht an der Analyse des Bedarfs und der Gründe für die Veränderung beteiligt werden, wird eine erfolgreiche Realisierung schwierig bis unmöglich.

2. *Bei der Aufstellung von Veränderungszielen reaktiv statt aktiv vorgehen.* Uns ist aufgefallen, dass die meisten Organisationen, die Veränderungen durchführen wollen, mit einer Analyse der „Probleme" und des „vorhandenen Leidensdrucks" beginnen, anstatt Vorstellungen von den gewünschten Ergebnissen zu wecken. Nach unserer Beobachtung führt eine Problemorientierung zu einer schlechten Stimmung. Und dann fehlt die Energie, viel in eine Veränderung zu investieren.

3. *Keine Pläne für einen Probelauf und Überprüfungen erstellen.* Veränderungen sollten nicht durchgeführt werden, ohne zuerst vorläufige Pläne aufzustellen, diese Pläne in einem Probelauf zu testen und die Pläne dann entsprechend den Ergebnissen zu überarbeiten.

4. *Einen begrenzten Zeitrahmen setzen.* Die meisten Veränderungen erfordern eine längere Zeit der Planung und Realisierung.

5. *Keine glaubwürdigen Leitfiguren in den Prozess einbeziehen.* Offizielle oder inoffizielle Leitfiguren können hilfreich sein, indem sie den Bedarf an vorgesehenen Veränderungen präsentieren und den Informationsfluss hinsichtlich der Planung des Veränderungsprozesses möglich machen.

## Strategie 2: Mit Ambivalenzen offen umgehen

Wenn Menschen mit Veränderungen konfrontiert sind, reagieren sie normalerweise ambivalent: Einerseits machen sie sich vielleicht Sorgen um den Zeitaufwand und die Risiken, andererseits begeistert sie aber auch die Herausforderung und sie freuen sich auf mögliche positive Auswirkungen. Wenn diese Ambivalenz nicht als normal und damit als legitim dargestellt wird, wird es wahrscheinlich während des Veränderungsprozesses zu Phasen des Stillstands und des Zögerns kommen. Dies bedeutet, dass das Management auf verschiedene Arten vermitteln sollte, dass eine ambivalente Haltung ihre Berechtigung hat, und es sollten Techniken eingesetzt werden, um die Widerstände als nützliche Ressource zur Entwicklung eines kreativen Veränderungsprozesses zu nutzen.

Verbreitete Fehler im Umgang mit der Ambivalenz sind folgende:

1. *Normale Kritik als „Widerstand" abstempeln.* Realistische Kommentare wie die folgenden werden oft irrtümlich als negativer Widerstand eingestuft:

   – „Ich frage mich, ob diese Veränderung heißt, dass wir manche Traditionen und Werte, die uns sehr wichtig sind, werden aufgeben müssen."
   – „Ich fühle mich überfordert. Das hört sich nach mehr Zeitdruck und zusätzlichen Anforderungen an."
   – „Es hat uns niemand nach unserer Meinung zu diesen Plänen gefragt und wie man sie umsetzen könnte."
   – „Welchen neumodischen Blödsinn werden wir jetzt wohl wieder lernen müssen?"
   – „Welche Hilfen werden sie uns wohl bei dieser Veränderung bieten?"
   – „Ob es wohl wirklich positive Konsequenzen für unsere Kunden oder uns selbst geben wird?"

- „Es sollte mehrere Optionen geben, wann und wie wir diese Veränderung realisieren."
- „Ich glaube nicht, dass sie das bis zu Ende gedacht haben. Mir fallen einige mögliche Begleiterscheinungen ein, an die sie bestimmt nicht gedacht haben."

Wenn man Kommentaren dieser Art defensiv und mit der Entschlossenheit begegnet, die Haltung derjenigen zu ändern, die sie geäußert haben, wird die angestrebte Veränderung darunter leiden. Beleg dafür ist, dass diese Kommentare nicht nur normaler Ausdruck der vorhandenen Ambivalenzen sind; sie sind gleichzeitig auch eine der besten Hilfen, um mögliche Fallstricke bei der angestrebten Veränderung zu erkennen. In der Tat ist es so, dass die meiste Kreativität für die Realisierung von Veränderungen in den Überlegungen und Erfahrungen derjenigen steckt, die solche Fragen stellen.

2. *Annehmen, dass alle gleichzeitig bereit sind, mit der Veränderung zu beginnen.* Die Führungskräfte, die für den Veränderungsprozess verantwortlich sind, übersehen häufig die individuellen Unterschiede innerhalb der Organisation, was die Risikobereitschaft betrifft. Wird die Veränderung am Anfang allen aufgetragen, wird dies wahrscheinlich zu negativen Konsequenzen führen. Von Experten in Sachen gezielter Veränderungen haben wir gelernt, dass es in der Regel drei „Wellen" erfordert, bis innerhalb der gesamten Organisation die Bereitschaft zur Veränderung geschaffen ist. In einer ersten Welle probieren zum Beispiel die Mitglieder einer Abteilung oder Einheit das neue Verfahren bzw. die neue Technik aus. Daraufhin sind weitere Mitglieder der Organisation bereit und motiviert, sich an der zweiten Welle zu beteiligen, nachdem sie den Erfolg und die Vorzüge bei den „Vorreitern" gesehen haben. Diese verschiedenen „Wellen" zu organisieren ist eine der strategischen Aufgaben eines Änderungsspezialisten.

## Strategie 3: Zusammenstellen von Teams zur Lösung aktueller Probleme

Es ist ein Trend der modernen Gesellschaft, dass die Probleme in Organisationen immer komplexer werden und daher für die Lösung mehrere verschiedene Wissens- und Erfahrungsquellen hinzugezogen werden müssen. Zudem brauchen neue Probleme oft jeweils andere Leute zur Lösungsfindung. Mit anderen Worten: Dieselben Problemlöser können nicht jedes Problem erfolgreich lösen. Daher werden immer mehr provisorische Problemlösungsteams oder -einsatzgruppen zusammengestellt und von Organisationen eingesetzt. Ein solche Vorgehen setzt natürlich voraus, dass die Führung des betreffenden Systems über die Daten verfügt, wer was gut kann, und Normen über die Eignung und Vergütung für zeitweilige Problemlösungseinsätze aufgestellt hat.

Fallen, denen wir bei der Zusammenstellung solcher Spezialteams begegnet sind, sind zum Beispiel:

1. *Politische Kriterien anstatt Ressourcenkriterien bei der Erstellung eines Teams.* Es besteht die Tendenz, vor allem danach zu fragen, wer in diesem Gremium vertreten sein sollte, anstatt zu überlegen, welche Arten von Ressourcen für die Aufgabe gebraucht werden und wer diese Kriterien erfüllt.

2. *Seither ungenutzte Kompetenz und informelle Führungsfähigkeiten werden nicht erkannt.* Benötigt wird eine Bestandsaufnahme der Ressourcen, die Angaben dazu enthält, was jede Person gut kann, welche Erfahrungen sie in anderen Arbeitsbereichen hat und welche Teile ihrer aktuellen Arbeit vorübergehend zurückgestellt werden können, damit sie zeitweise an einem befristeten Problemlösungsauftrag mitarbeiten kann. Um damit Erfolg zu haben, reicht es nicht aus zu erkennen, wer sich hierfür eignet und verfügbar ist. Man braucht auch Strategien, damit

die ausgewählten Mitarbeiter den Einsatz nicht als Anweisung von oben, sondern als Herausforderung sehen, und man muss ihren Vorgesetzten die Idee gut verkaufen.

3. *Davon ausgehen, dass die für die Zusammenarbeit ausgewählten Personen auch fähig und bereit sind, dies zu tun.* Normalerweise vertreten die verschiedenen Personen, die zu einem Problemlösungsteam zusammengebracht werden, verschiedene Disziplinen, Erfahrungen und Persönlichkeiten. Man muss ihnen daher Beratung und Training bieten, damit sie lernen können, wie man Sitzungen effektiv gestaltet und Probleme des Prozesses wahrnimmt und bewältigt, damit sie erfolgreich arbeiten können.

4. *Es zu einer Entfremdung zwischen den zeitweiligen Problemlösern und den Leitern der Organisation kommen lassen.* Häufig reagieren Vorgesetzte verärgert, wenn ihre Mitarbeiter unerwartet und aus unersichtlichen Gründen zu Problemlösungsaufgaben herangezogen werden. Oft bedeuten solche vorübergehenden Aufträge, dass die Leitung andere Personen finden muss, die für die Teammitglieder einspringen. Eine solche Auseinandersetzung kann verhindert werden, wenn die Leitung bei der Planung der Problemlösungsmaßnahmen einbezogen wird, ihr die Bedeutung der Arbeit dieser Einsatzgruppe erklärt wird und die Leiter eingeladen werden, in einer für die Einsatzgruppen geeigneten Phase als Berater an den Sitzungen teilzunehmen.

## Strategie 4: Schritte in Richtung Ziel festlegen

Ein entmutigender Aspekt vieler Veränderungsmaßnahmen ist die Tatsache, dass viele Dinge noch so weit von der gewünschten Form entfernt sind. Der Gedanke, eine erfolgreiche Veränderung herbeizuführen, erscheint daher unmöglich oder zumindest unwahrscheinlich. Zur Überwindung dieses Gefühls ist es wichtig, dem Klienten bei der Festlegung bestimmter Schritte zu helfen, die auf dem Weg zur gewünschten Veränderung liegen.

Folgendes sind die von uns beobachteten möglichen Fallen, wenn man solche Schritte definiert:

1. *Schritte planen, die zu groß oder zu langfristig angelegt sind.* Oft geschieht es, dass sich die für die Veränderung Verantwortlichen aus Idealismus oder allzu großer Begeisterung auf große Schritte und Vorstellungen von entfernten Zielen konzentrieren anstatt auf kleine Erfolge auf dem Weg dorthin. Ein solcher Ansatz sorgt oft für eine gewisse Unwirklichkeit und weckt Zweifel an der Relevanz der aktuellen Maßnahmen.

2. *Aufzeichnungen vernachlässigen.* Erfolge müssen klar dokumentiert werden, damit für Überarbeitungen und Präsentationen darauf zurückgegriffen werden kann und die Gewissheit herrscht, dass die Sache vorankommt.

3. *Frühe Warnsignale übersehen.* Es ist wichtig, nach frühen Anzeichen Ausschau zu halten, ob das Projekt schiefzugehen droht. Wenn solche Signale frühzeitig beachtet werden, können die Pläne überprüft und überarbeitet werden, bevor allzu viel Zeit und Energie verloren geht.

4. *Feiern und Anerkennung vernachlässigen.* Der Berater sollte dafür sorgen, dass der Klient eine Vorgehensweise etabliert, wie jeder erfolgreich abgeschlossene Schritt jeweils gefeiert wird und Anerkennung findet. Es ist eine ganz entscheidende Herausforderung, den Klienten für das Konzept des Feierns und der Anerkennungen zwischendurch zu gewinnen, damit er sich nicht nur auf eine Belohnung am Ende des Gesamteinsatzes konzentriert.

## Strategie 5: Qualitativ hochwertiges Handeln unterstützen

Bei Veränderungsmaßnahmen konzentriert man sich oft so sehr darauf, was getan werden soll, dass die gleichzeitig wichtige Frage in den Hintergrund gerät, auf welche Weise gehandelt wird. Oft wird ein Handlungskonzept entwickelt, aber es werden Maßnahmen vernachlässigt, die sicherstellen, dass das Vorgehen qualitativ hochwertig ist (und damit größere Erfolgsaussichten hat). Es gibt bei Veränderungsprojekten nichts Schädlicheres als Aktionen, die scheitern oder hinter den Erwartungen zurückbleiben.

Folgendes sind einige der möglichen Fallen, wenn man qualitativ hochwertiges Handeln fördern möchte:

1. *Die Probeläufe vor Eingehen des Risikos vernachlässigen.* Während des Veränderungsprozesses sind die Beteiligten oftmals mit risikobehafteten Aktivitäten konfrontiert, wie etwa Statusberichte oder Vorstandsvorlagen zu erstellen und Sitzungen zur Lösung von Problemen zu leiten. In all diesen Situationen muss der Berater denjenigen, die das Risiko eingehen, behilflich sein, ihre Präsentationen und Maßnahmen zu üben, bevor sie sie in die Tat umsetzen. Zum Repertoire des Beraters sollten Techniken wie Rollenspiele, Simulationen und die Visualisierung von Konsequenzen gehören, Mittel, die sich alle gut zu Übungszwecken eignen.

2. *Keine Pilottests einplanen, bevor ein Großteil des Systems involviert wird.* Bei den meisten Veränderungsprojekten kann man das Risiko eines Fehlschlages reduzieren, indem man für einen eingegrenzten Teil des Systems Pilottests plant und durchführt, um auf diese Weise Schwächen des Konzepts herauszuarbeiten und die Machbarkeit der vorgeschlagenen Maßnahme zu demonstrieren.

3. *Keine Unterstützung für Einsatzgruppen einholen.* Einsatzgruppen brauchen Unterstützung, wenn sie Veränderungen in produktiver Weise herbeiführen sollen. Unterstützung kann in diesem Fall bedeuten, ihnen zu helfen, Sitzungen effektiv zu leiten, materielle und personelle Ressourcen ausfindig zu machen, Präsentationen gegenüber der Geschäftsleitung zu planen und durchzuführen sowie Fortschritte festzuhalten und zu feiern.

4. *Unabhängiges statt interdependentes Handeln erwarten und forcieren.* Viele Menschen und Gruppen sind der Meinung, dass man dann am erfolgreichsten ist, wenn man es ohne Hilfe von außen schafft. Tatsache ist jedoch, dass es ein Zeichen von Stärke, nicht von Schwäche ist, um Hilfe zu bitten. Zu wissen, wann und wen man um Hilfe bitten kann, ist eine der Hauptfertigkeiten zur erfolgreichen Lösung von Problemen.

5. *Die Überwachung der Arbeitsfortschritte vernachlässigen.* Eine der aussichtsreichsten Möglichkeiten, die Qualität der Arbeit zu steigern, besteht darin, regelmäßig zu überprüfen, wie die Arbeit getan wird und wie sie besser getan werden könnte. Jeder Berater muss einer Einsatzgruppe helfen können, den Fehler zu umgehen, sich nur auf die Aufgaben zu konzentrieren und den Prozess zu vernachlässigen.

## Strategie 6: Den Schwung zur Veränderung aufrechterhalten und Veränderbarkeit herstellen

Bei manchen Klienten verwenden wir beinahe die Hälfte unserer Zeit und Energie darauf, uns um die „Entropie"-Effekte bzw. den nachlassenden Schwung, das schwindende Engagement und die mangelnde Führung zu kümmern. Es ist schwierig, das aufrechtzuerhalten, was durch die Veränderungsarbeit in Gang gesetzt wurde. Eine weitere ständige Sorge ist, ob wir als Berater in der Lage waren, den internen Mitgliedern des Teams zu helfen, sich die erforderlichen Fertigkeiten und Konzepte anzueignen, damit das Klientensystem die neuen Herausforderungen bewältigen kann, die im Alltag einer Organisation ständig auftreten. Die Einstellungen, Fertigkeiten und Ressourcen zur Veränderung des Klientensystems zu entwickeln ist entscheidend, wenn die Bemühungen des Beraters als Förderer von Veränderung so verinnerlicht werden sollen, dass weitere Veränderungsmaßnahmen in Angriff genommen werden können. Die Kompetenz eines Beraters kann vielleicht am besten danach beurteilt werden, in welchem Maße er die Werte und Fertigkeiten im System etabliert hat, die erforderlich sind, damit die Arbeit nach seinem Ausscheiden fortgesetzt werden kann.

Im Zusammenhang dieser Strategie kann es nach unserer Beobachtung unter anderem folgende Fallen geben:

1. *Keine Verfahren zur Überwachung der Fortschritte und zur Erfolgskontrolle einbauen.* Wie bereits betont, ist es entscheidend, Kriterien und Verfahren zu entwickeln, um Fortschritte festzuhalten und zu feiern, damit weiter motiviert gearbeitet wird. Dies gilt vor allem für die Aufrechterhaltung des Willens zur Veränderung, nachdem die erste Phase der Begeisterung vorbei ist und nachdem schon einige Probleme gelöst worden sind. Wenn das Projekt unter anderem vorsieht, dass Pläne für die persönliche Entwicklung von Mitarbeitern aufgestellt werden, müssen auch Verfahren für eine entsprechende Erfolgskontrolle eingerichtet werden.

2. *Bemühungen um Dokumentation und Auswertung vernachlässigen.* Die positiven Folgen kontinuierlicher Bemühungen um Veränderung zu unterstützen und darüber zu berichten, gehört zu den Aufgaben des Beraters und

dem innerhalb der Organisation für die Veränderungen verantwortlichen Personenkreis. Diejenigen, die die Dokumentation erstellen, müssen aufgrund ihrer Funktion im Veränderungsprozess einen hohen Status haben. Sie berichten über erzielte Erfolge, verfassen Jahresberichte, führen bei Fachsitzungen Präsentationen durch usw. Dasselbe gilt für Personen, die an der Entwicklung und Fortführung der Auswertung beteiligt sind. Oft tritt das Team, das für die Auswertung und Dokumentation zuständig ist, kaum in Erscheinung. Stattdessen sollten seine Mitglieder zu den wichtigsten Beteiligten des Veränderungsprozesses zählen.

3. *Keine externen Möglichkeiten der Unterstützung heranziehen.* Bei den meisten Veränderungsbemühungen ist Hilfe von außen ganz wesentlich, um die Begeistung für das, was geschieht, aufrechtzuerhalten. Die am Veränderungsprozess Beteiligten müssen die Möglichkeit haben, regelmäßig von Quellen außerhalb der Organisation Rückmeldung über sichtbare Fortschritte zu erhalten sowie auch über auftretende Probleme, die bewältigt werden müssen, und externe Innovationen, die nützlich sein könnten.

4. *Externe Ressourcen nicht bedarfsgerecht nutzen.* Im Bemühen, den Schwung zur Veränderung aufrechtzuerhalten, kommt es häufiger vor, dass neue Probleme auftauchen und gelöst werden müssen, dass neues Personal ausgebildet und das leitende Management an aktuellen Maßnahmen beteiligt werden muss. Manchmal arbeitet ein externer Berater intensiv daran, das interne Ressourcenteam zu entwickeln und stellt dann fest, dass davon ausgegangen wird, dieses Team habe nun die Ressourcen, um jedes auftretende Problem zu bewältigen. In Wirklichkeit kann man von keinem Team erwarten, jedes Problem ganz allein zu lösen. Gegebenenfalls sollte daher auf externe Ressourcen zurückgegriffen werden.

5. *Die fachliche Entwicklung interner Veränderungsförderer vergessen.* Der Berater sollte den Mitgliedern der Kliententeams behilflich sein, ihre eigene fachliche Weiterentwicklung zu planen; letztlich sollten diese Mitglieder fähig sein, die Initiative zu ergreifen, um das Management von ihrem Bedarf an weiteren Lernmöglichkeiten außerhalb des Systems zu überzeugen. Häufig resultiert eine befriedigende und wichtige Veränderungserfahrung darin, dass sowohl die Teammitglieder als auch die Leitung der Organisation den aktuellen Stand an Fertigkeiten und die Kompetenz der internen Ressourcen als für immer ausreichend betrachten.

## Ambivalenz als Ressource für den Veränderungsprozess

Eine unserer häufig eingesetzten Techniken, um Ambivalenzen anzusprechen, besteht darin, einen Bogen Papier für einen „inneren Dialog" auszugeben. Dieser Bogen hat zwei Spalten: In jede Spalte trägt der Befragte seine innerlich formulierten Fragen und Zweifel hinsichtlich der Veränderung ein, und in der andren Spalte alle mit der Veränderung zusammenhängenden positiven Gefühle sowie mögliche Vorteile. Die Befragten tauschen untereinander aus, was sie in die beiden Spalten eingetragen haben, und überlegen sich gemeinsam, was man tun könnte, um auf die Fragen und Zweifel zu reagieren, und was getan werden könnte, um die positiven Gefühle zu unterstützen und die potentiellen Vorteile zu realisieren. Dieser Prozess eröffnet die Kommunikation mit der Leitung und liefert die offene Rückmeldung, die notwendig ist, um sich mit den Fragen, Zweifeln und Hemmungen, sich an der Veränderung zu beteiligen, auseinanderzusetzen.

Es folgt eine kurze Zusammenfassung einiger weiterer Beratungsinterventionen, die wir im Umgang mit Äußerungen von Ambivalenz nützlich fanden und was man daraus lernen kann:

1. *Zuhören, Rat geben, klären, akzeptieren.* Der Berater sollte sich die Überlegungen und Gefühlsäußerungen der Klienten objektiv und nicht defensiv anhören und, wenn notwendig, um Erläuterungen bitten. Ein wichtiger Faktor, an den man immer denken sollte, ist die Tatsache, dass die Kommentare der Klienten oft auf der Annahme beruhen, dass ihre besonderen Anliegen und Zweifel für die Mehrheit gelten, obwohl sie tatsächlich von einer kleinen Minderheit stammen. In dieser Situation ist es sinnvoll, anonym die Ansicht aller bzw. der meisten Personen einzuholen und dann als Rückmeldung eine Analyse des allgemeinen Stands zu präsentieren. Auf diese Weise können diejenigen Personen, die in der Minderheit sind, ohne Druck und Gesichtsverlust erfahren, dass sie tatsächlich in der Minderheit sind. Mit einer zuhörenden, erforschenden Haltung fördert der Berater oft wichtige Fehlinformationen zutage. Die Herausforderung besteht darin, wie man die Daten präsentiert, die das Bild zurechtrücken, ohne dabei defensiv zu wirken. Wenn die Klienten merken, dass ihnen zugehört wird, besteht mehr Aussicht, dass sie gegenüber neuen Fakten und anderslautenden Ansichten aufgeschlossen sein werden.

2. *Eine Validitäts- und Machbarkeitsdemonstration durchführen.* Wenn Sie zeigen können, dass die vorgeschlagene Veränderungen auf objektiver Forschung oder einer Art von Wissensbasis beruhen, kann dies oft hilfreich sein; der wohl nützlichste Ansatz ist allerdings, wenn man eine Vorführung organisiert oder weitere Personen heranzieht, die bereits ähnliche Erfahrungen gemacht haben. Es kann natürlich sein, dass etwas als machbar und dennoch nicht als erstrebenswert angesehen wird. Doch Daten zur Machbarkeit und Gültigkeit zu präsentieren ist auf jeden Fall eine wichtige Aufgabe.

3. *Einbeziehen, überprüfen, anreichern.* Je früher man die Mitglieder der Klientengruppe daran beteiligen kann, über

den Veränderungsbedarf und die Art der potentiellen Veränderung nachzudenken, desto besser. Meist sind freiwillige Angebote zu Gespräch und Informationen über er-
wartete oder mögliche Veränderungen oder zumindest
Diskussionen und Überprüfungen der ersten Entwürfe
möglich. Oft kann man in der ersten Umsetzungsphase
auch Auswertungssitzungen zur Verbesserung und Überarbeitung abhalten. Eine der intensivsten und nützlichsten
Vorgehensweisen, um eine Veränderung auf hohem Niveau zu erzielen, ist es, mit den Beteiligten ein Brainstorming über wirkungsvolle Realisierungsmöglichkeiten
durchzuführen.

4. *Für Probeläufe und Übung sorgen.* Mit Fragen der Sorge
und des Risikos bezüglich des für die Veränderung erforderlichen Könnens umzugehen ist eine weitere Aufgabe
des Beraters. Durch Rollenspiele und Simulationen lässt
sich vorwegnehmen, wie der veränderte Zustand sein
wird, und üben, mit neuen Aufgaben und Erwartungen zu-
rechtzukommen. Diese Übungssituationen müssen ganz
und gar ohne Druck sein und sollten als Möglichkeit vorgestellt werden, lernen zu können, im Veränderungsprozess erfolgreicher und souveräner zu agieren. Bei all diesen Techniken sind konstruktives Feedback und Gelegen-
heiten zum Üben wiederum von zentraler Bedeutung.

5. *Handeln unterstützen.* Probedurchläufe können das Gefühl von Risiko reduzieren. Die wirklichen Risiken entstehen jedoch erst, wenn in der tatsächlichen Situation gehandelt wird. An diesem Punkt ist es entscheidend, ein un-
terstützendes Konzept parat zu haben. Das kann darin bestehen, ein Telefongespräch oder eine Auswertungssitzung
anzubieten, direkt nachdem Klienten eine neue Maßnahme durchgeführt haben. Oder es kann ganz einfach darin
bestehen, den Klienten zu ermöglichen, mit Gleichrangigen zusammenzuarbeiten und sich bei ihnen Unterstützung zu holen. In den meisten risikobehafteten Situationen

dieser Art ist es wichtig, dass die zur Klientenorganisation gehörenden Teilnehmer in Paaren oder größeren Gruppen zusammenarbeiten, damit sie sich gegenseitig unterstützen können und ihre Erfahrungen anschließend auf Verbesserungsmöglichkeiten hin auswerten können.

6. *Dafür sorgen, dass Fortschritte festgehalten und gefeiert werden.* Zweifel an der eigenen Kompetenz und Sorge über den großen Umfang der Aufgabe äußert sich in Gefühlen der Ambivalenz. Eine wichtige Möglichkeit, damit umzugehen, besteht darin, der betreffenden Person oder Gruppe bei der Festlegung von Zwischenschritten in Richtung Veränderung zu helfen. Diese Schritte sollten konkrete Vorgaben enthalten: woran Fortschritt zu erkennen ist, wie bereits erreichter Fortschritt überprüft wird und wie diese Erfolge gefeiert werden können.

7. *Personen in die weitere Planung einbeziehen.* Es stellen sich nicht immer Fortschritte ein. Manche Informationen, die rückgemeldet werden, zeigen an, dass es unerwartete Schwierigkeiten zu bewältigen gilt. Der Berater sollte den Klienten gegenüber betonen, dass im Rahmen einer Bemühung um Veränderung immer einige weitere Planungen und Verbesserungen notwendig sein werden. Die Auswertung der Belege, dass Maßnahmen nicht den erhofften oder erwarteten Erfolg gebracht haben, kann zu einer interessanten Herausforderung werden, wenn man die Personen ein Brainstorming über neue Möglichkeiten und eine Überprüfung ihres Arbeitsbereichs durchführen lässt.

8. *Zu Verhandlungen ermutigen.* Manchmal zeigt die Klärung von Erwartungen und Konsequenzen bezüglich eines erwarteten Veränderungsprojekts grundlegende Unterschiede bei den Werten bzw. erwarteten positiven Folgen auf. In einem solchen Fall ist es wichtig, über diese Unterschiede zu verhandeln. Oft kann ein unparteiischer Dritter für den Verhandlungsprozess erforderlich sein,

wenn eine Ausgeglichenheit der Vorteile und der zu bringenden Opfer erkundet und mögliche positive Konsequenzen geprüft werden. Im besten Fall kommen die beteiligten Personen überein, der Veränderungsmaßnahme eine Chance zu geben, d. h. abzuwarten, was passiert, und dann zu schauen, wie es ihnen damit geht. Bei dieser Art von Verhandlungen ist es wichtig, dass die Beteiligten verstehen, dass Verpflichtungen und Entscheidungen nicht unwiderruflich sind und dass die positiven Auswirkungen der Veränderung zu einem bestimmten Zeitpunkt überprüft werden.

Alle diese Vorgehensweisen, die das Gefühl von Ambivalenz als Ressource für einen kreativeren Veränderungsprozess nutzen, beruhen auf zwei Annahmen: dass erstens jeder Betroffene an der Entscheidung über Ziele und Mittel beteiligt werden sollte und dass zweitens Ambivalenz etwas Normales ist. Wenn sie offen gelegt und als Teil des Problemlösungsprozesses verstanden wird, verringert sich nicht nur die Ambivalenz selbst, sondern steigen auch die Aussichten auf eine erfolgreiche und intelligentere Veränderungsmaßnahme.

## Einsatz von Spezialteams

Unserer Erfahrung nach ist es nach der Bildung von Teams ganz entscheidend, für die Organisatoren eine Trainingssitzung anzubieten darüber, wie man Sitzungen effektiv plant und moderiert und die von den Gruppen geleistete Arbeit unterstützt. Zusätzlich ist es oft hilfreich, regelmäßige „klinische" Sitzungen mit den Sitzungsleitern abzuhalten, um sich über Erfolge auszutauschen und Probleme zu erkennen und sich gegenseitig bei der Lösung zu helfen. In Abbildung 13 zeigen wir einen Leitfaden, den wir für Leiter und Mitglieder von Einsatzgruppen entwickelt haben, der zu einem qualitativ hochwertigen Arbeitsprozess beitragen soll.

Ihre Energie, Kreativität und Teamarbeit, mit der sie als Einsatzgruppe planen, handeln und andere Menschen einbeziehen, sind das Herzstück des Veränderungsprojekts, an dem Sie beteiligt sind. Deshalb ist es so wichtig, dass Ihre Einsatzgruppe erfolgreich arbeitet.

Als Team produktiv und erfolgreich zu sein, stellt eine große Herausforderung dar – und ist keineswegs leicht. Mit Ihren Kollegen zusammenzukommen, um Dinge zu erreichen, die ein Mensch allein nicht schaffen kann, ist schwierig und anspruchsvoll, aber auch lohnend. Die Anerkennung der Führung für Ihre Leistungen wird im Laufe der Zeit und mit den erkennbaren Errungenschaften wachsen.

Dieser Bogen soll Ihnen Informationen darüber liefern, was Sie und Ihre Teamkollegen tun können, um eine lebendige und produktive Einsatzgruppe aufzubauen und es auch zu bleiben. Nutzen Sie ihn als ein Programm zum Aufbau Ihrer Gruppe, als Mittel, um Ihre Produktivität zu steigern, und als Checkliste dafür, was man tun und lassen sollte.

**Was man tun sollte**

1. Grenzen Sie Ihre „Mission" auf ein „machbares" erstes Ziel ein. Die nächsten Ziele folgen erst, wenn das erste konkrete Ziel erreicht worden ist.
2. Sorgen Sie dafür, dass sich jemand um die Vorbereitung der Sitzungen kümmert, damit Ihre gemeinsam verbrachte Zeit gut genutzt wird.
3. Bedenken Sie immer, welche zusätzlichen Leute Sie als weitere Ressourcen für Ihre Maßnahmen brauchen, und entscheiden Sie, wer diese Personen engagieren soll und welche Vorgehensweise dafür geeignet ist.
4. Berücksichtigen Sie bei Ihrer Arbeit immer das Prinzip der Arbeitsteilung: Wer kann was am besten?
5. Setzen Sie sich stets Termine und seien Sie sich gegenseitig behilflich, sie einzuhalten.
6. Klären Sie Ihren Bedarf an weiterer Hilfe und Unterstützung und bitten Sie Ihren Einsatzgruppenleiter, diese Hilfe und Unterstützung verfügbar zu machen. Zu wissen, was Sie jeweils brauchen, und darum zu bitten, ist ein Zeichen von Stärke.
7. Überlegen Sie, ob zwei Leiter statt eines einzigen für das Team günstiger wäre. Es kann auch sinnvoll sein, die Leitungsfunktion nach dem Rotationsprinzip zu besetzen.
8. Halten Sie Ihre Sitzungen, Entscheidungen, Maßnahmen, Kontakte und Erfolge schriftlich fest. Dadurch bleiben alle gut informiert, neu hinzukommende Mitglieder können sich leicht orientieren und es wird leichter, Fortschritte zu erkennen und zu feiern; dies ist zur Aufrechterhaltung der Energie und Unterstützung notwendig.

9. Legen Sie Ihre Sitzungstermine langfristig fest. Planen Sie nicht von Sitzung zu Sitzung.
10. Treffen Sie sich an einem angenehmen Ort, der gute Arbeitsbedingungen und -geräte zu bieten hat.

## Was man lassen sollte

1. Setzen Sie sich zu Anfang kein zu großes Ziel! Dies ist die wichtigste Sache, die man „lassen" sollte. Definieren Sie einige konkrete kurzfristige Ziele oder Schritte, die Sie auf Ihr größeres Ziel zuführen.
2. Versuchen Sie nicht, alles selbst zu machen, wenn Ihre Einsatzgruppe nur aus zwei oder drei aktiven Mitgliedern besteht. Setzen Sie Ihre Energie und Kreativität dafür ein, Unterstützung von anderen zu bekommen, und sorgen Sie dann über eine Arbeitsteilung dafür, dass etwas passiert.
3. Treffen Sie sich nicht zu einer Sitzung, ohne eine Plan zu haben und ohne zu wissen, was Sie bis zu deren Ende erreicht haben wollen.
4. Gehen Sie nicht davon aus, dass wichtige Leute Ihre Bitten ablehnen werden, so dass Sie sie gar nicht erst darauf ansprechen. Suchen Sie vielmehr nach der besten Strategie, um deren Interesse zu wecken.
5. Gehen Sie nicht davon aus, dass Sie am besten „alles selbst machen" sollten. Es ist eine der größten Stärken, zum richtigen Zeitpunkt die richtige Person um Hilfe zu bitten.

## Eine gute Sitzung planen

Zwei Leiter können eine Sitzung meist besser planen als einer allein. Falls Ihre Einsatzgruppe nur einen Leiter hat, sollte dieser ein oder zwei Mitglieder der Gruppe bitten, die Sitzung gemeinsam mit ihm zu planen. Eine gute Sitzung ergibt sich nicht von selbst! Sie muss kreativ geplant werden und es muss eine Tagesordnung aufgestellt werden. Folgende Punkte sind bei einer vorbereitenden Planungssitzung zu behandeln:

– Wie der beste Ablauf für die Tagesordnung aussehen könnte,
– was die eingetroffenen Personen tun können, bis alle anwesend sind (welche Artikel können sie lesen, welche Fragen überlegen oder diskutieren usw.),
– wie man erfahren könnte, was seit der letzten Sitzung passiert ist,
– wie man die Diskussion zu jedem Tagesordnungspunkt einleiten könnte,

- welche Punkte diskutiert werden müssen, welche lediglich Informationszwecken dienen, zu welchen Themen Ideen gesammelt werden sollen, aber keine Entscheidung notwendig ist usw.,
- wie viel Zeit jeder Tagesordnungspunkt voraussichtlich benötigen wird (der Einsatzgruppe als Arbeitsplan vorzulegen),
- wer den jeweiligen Punkt vortragen wird,
- wer welche erforderlichen Vorräte mitbringt, für Kaffee sorgt usw.

### Nach der Sitzung

Entweder noch am selben Tag oder am darauffolgenden sollte der Leiter der Einsatzgruppe zusammen mit dem Ko-Leiter oder dem inoffiziellen Planungsteam den Verlauf der Sitzung auswerten. Dies kann telefonisch erfolgen, wenn es zu aufwendig wäre, die Personen noch einmal zusammenzuholen. Dieses „Nachtreffen" sollte folgende Punkte behandeln:

- Wie ist die Sitzung gelaufen?
- Wie hätten wir es besser machen können?
- Was sollten wir nächstes Mal tun, damit es besser läuft?
- Welche Art von Erfolgskontrolle erwarten wir bezüglich der eingegangenen Verpflichtungen?

Diese Aufzählung ist zwar kurz, aber wichtig, um die Qualität der Sitzungen allmählich zu steigern.

### Diese Ideen umsetzen

Die größte Aussicht, diese Ideen in die Praxis umzusetzen, um Ihre Einsatzgruppe stärker zu machen, haben Sie, wenn jedes Gruppenmitglied ein Exemplar des Leitfadens erhält und wenn dessen Inhalt in einer Sitzung besprochen wird. Wenn die Einsatzgruppe vereinbart, diese Ideen durchzuführen und neue hinzuzufügen, entstehen zwischen Ihnen und Ihren Gruppenkollegen gegenseitige Erwartungen und die nötige Unterstützung, um diese Erwartungen in die Tat umzusetzen.

### Einige Kennzeichen einer guten Sitzung

1. Das Mobiliar wird so angeordnet, dass alle Person einander sehen können.
2. Im vorderen Teil des Raumes ist Platz, um Ideen möglichst auf einem großen Papierbogen, zu notieren, damit die Informationen aufbewahrt werden können. (Aufzeichnungen auf Kreidetafeln werden gelöscht.)

3. Die Tagesordnung wird vorgestellt, ergänzt und verabschiedet.
4. Es wird geschätzt, wie viel Zeit jeder Tagesordnungspunkt benötigen wird.
5. Jemand hat sich verpflichtet, die Gedanken der Teilnehmer und die Entscheidungen der Gruppe schriftlich festzuhalten. Kopien dieses Protokolls werden an alle verteilt.
6. Im Sitzungsprotokoll ist festgehalten, wer bis zur nächsten Sitzung was tun wird, wobei die Namen im Protokoll zur Erinnerung unterstrichen sind.
7. Die Termine für die folgenden Sitzungen werden weit im voraus festgesetzt (nicht nur für die nächste Sitzung), damit alle, die daran teilnehmen sollen, die Termine in ihrem Kalender eintragen können.
8. Mindestens ein- bis zweimal im Laufe der Sitzung stellt jemand die Frage: „Wie kommen wir heute mit unserer Arbeit voran? Gibt es Verbesserungsvorschläge zur Verbesserung, damit wir produktiver werden?"
9. Wenn Fragen oder Maßnahmen diskutiert werden, überlegen sich die Gruppenmitglieder, ob noch weitere Personen herangezogen werden sollten, und wenn ja, welche.
10. Vor Abschluss der Sitzung wird von den Teilnehmern zusammengefasst, wer bis zur nächsten Sitzung was tut.

*Abb. 13: Leitfaden für Leiter und Mitglieder von Einsatzgruppen*

# Schlussüberlegungen

Gordon:
Egal, in welcher Form man dem Klienten hilft, immer geht es darum, einen geplanten Veränderungsprozess in Gang zu bringen, zu leiten und die Veränderung auf effektive Weise zu ermöglichen.

Ron:
Nach meiner Erfahrung gehören die sechs oben angeführten Strategien zu den Herausforderungen nahezu jedes Beratungseinsatzes.

Gordon:
Für mich ergänzt dieses Gerüst an Konzepten und Techniken zur Förderung von Veränderungen die Phasen einer Beratung, die wir in Kapitel 2 dargelegt haben.

Ron:
Welche zwei Gedanken dieses Kapitels sind dir für eine erfolgreiche Beratung am wichtigsten?

Gordon:
Für mich sind es drei: (1) Ausprobieren und üben, um Qualität zu sichern, (2) die richtigen Personen für die Einsatzgruppen finden und zusammenbringen, damit sie an bestimmten Problemlösungen arbeiten können, und (3) eine Abwertung von Ambivalenz als „Widerstand" vermeiden und die der Ambivalenz innewohnende Dynamik vielmehr als Ressource für die Veränderung nutzen.

Ron:
Ich stimme Dir zu, bin allerdings versucht, eine vierte hinzuzufügen: Leiter von Einsatzgruppen vor ihrer ersten Sitzung entsprechend auszubilden.

# 12    Die Zukunft der Beratung

## Wichtige Trends und Themen

In diesem Kapitel wollen wir darstellen, was wir an aktuellen Trends und Themen wahrnehmen und wie sich diese voraussichtlich auf die Zukunft der Beratung und der Berater auswirken werden. Nach unserer Überzeugung werden sich professionelle Berater hinsichtlich ihrer Rolle im Klientensystem stärker zukunftsorientiert ausrichten müssen. Von der Vielzahl der Trends und Themen sind unserer Meinung nach die folgenden am wichtigsten.

### *Vorstellungen von der gewünschten Zukunft entwickeln*

Eine der neu entstehenden Aufgaben eines Beraters im Bereich Organisationsentwicklung besteht darin, dem Klientensystem zu Beginn der strategischen Planung zu helfen, Vorstellungen von der angestrebten Zukunft zu entwickeln. Ein erster Schritt dabei ist es, die Rahmenbedingungen auszuloten und Trends festzumachen, die auf dem Weg in die Zukunft einen wichtigen Einfluss auf die Organisation haben werden. Im Allgemeinen sind die Klienten heutzutage durchaus bereit, nach Anzeichen für Trends und dem entscheidenden Vorsprung bei Veränderungen und Wettbewerb Ausschau zu halten. Es gibt verschiedene Bereiche, auf die sich die Suche nach Trends konzentriert: Hightech (einschließlich Kommunikationsnetzen), Lifestyle, Wirtschaft, Politik, Bevölkerungsentwicklung und Verteilung von Ressourcen. Der Berater kann dem Klienten helfen, nach der Erfassung dieser Trends deren Konsequenzen für die Organisation zu ermitteln und zusammenzufassen.

## Die Gesamtressourcen nutzen

Jeder Leiter einer Organisation muss sein System als ein Ge-
samtsystem menschlicher Ressourcen sehen und nicht als
voneinander abgetrennte Abteilungen, Einheiten oder Spar-
ten. Die Verbindung zwischen den im Suchprozess entdeck-
ten Trends und deren Auswirkungen herzustellen, um die
„Gesamtressourcen zu nutzen", ist eine wichtige Herausforderung für die Führungskraft von heute. Dazu gehört auch,
das Potential und die Komplexität der Computerisierung mit
den menschlichen Ressourcen zu verbinden. Vor wenigen Tagen arbeiteten wir mit dem Chef eines größeren Unternehmens zusammen. Auf seinem Schreibtisch standen drei Computer, die jeweils mit einem bestimmten Aspekt seines in To-
kio, Frankfurt und London operierenden Unternehmens zu
tun hatten. Wir fragten ihn, ob er sich angesichts einer solchen Komplexität gelegentlich überlastet fühle. Seine Antwort: „Überlastung? Für mich bedeutet die Situation der Viel-
fachbotschaften, die ich täglich habe, die Wiedergeburt der
Intuition."

Diese dramatische Äußerung kann man auch als Herausforderung an den Beraterberuf begreifen. Eine Zusammenarbeit
zwischen den Entwicklungsspezialisten, den Experten für das
Makrosystem und die Technologie ist unabdingbar, um auf
die Trends von heute und morgen zu reagieren. Die generel-
le Systemumsetzung wird alle Ebenen der Organisation betreffen, so dass ein Berater für Organisationsentwicklung sich
mit der allgemeinen Systemtheorie und ihren Anwendungen
auskennen muss. Er muss die Auswirkungen von systemischen Veränderungen auf die Mitarbeiter und die Organisation analysieren können. Darüber hinaus wird der Berater in
der Lage sein müssen, Einsatzgruppen und Problemlösungs-
projekte zu mobilisieren.

## Zentralisierung vs. Dezentralisierung

Im Bemühen, einem großen System bei den Herausforderungen und Rätseln der Zentralisierung und Dezentralisierung behilflich zu sein, muss der Berater mit der Klientenorganisation ihr Ziel, ihre Werte und Funktionen überprüfen sowie Kriterien entwickeln, welche Bereiche zentral und welche dezentral organisiert werden sollen. Es stellt eine ganz besondere Herausforderung dar, die Dezentralisierung von Entscheidungsprozessen und die Aufteilung der Verantwortung zu fördern und der Organisation zu helfen, eine auf Konsens beruhende Vision ihrer Identität und Zukunft zu entwickeln.

Wir finden es zunehmend interessanter und wichtiger, uns mit den Überlegungen und Empfindungen unserer Klienten hinsichtlich Fusionen, Kaufen und Veräußerungen zu beschäftigen. Für diese Aspekte sind die meisten Berater für Organisationsentwicklung nicht ausgebildet, dabei werden sie für den Berater zu einem immer wichtigeren Teil des Makrosystem-Ansatzes.

## Konfliktmanagement

Konfliktmanagement und -lösung spielen im Leben von Organisationen inzwischen eine bedeutende Rolle. Die American Management Association hat eine Studie über das Interesse von Führungskräften an Konfliktmanagement in Auftrag gegeben. Befragt wurden 258 CEOs, Vice Presidents und Vertreter des mittleren Managements. Die Reaktionen zeigen, dass Konflikte an Bedeutung gewinnen. Dabei wurden folgende Hauptsachen genannt: Missverständnisse, persönliche Unvereinbarkeiten, Unterschiede in Werten und Zielen, ungenügende Leistung, Unterschiede in der Methode, Zuständigkeitsfragen, mangelnde Zusammenarbeit, Autoritäts-

probleme, Frustration und Reizbarkeit, Konkurrenz um be-
grenzte Ressourcen und Nichteinhaltung von Regeln und
Richtlinien.

Trotz dieser Ergebnisse gaben die Befragten an, dass sie nur
24 Prozent ihrer Arbeitszeit mit Konfliktmanagement ver-
bringen. In manchen Bereichen, z. B. in der Krankenhaus-
und Stadtverwaltung sind fast 49 Prozent der offiziellen Arbeitszeit der Konfliktlösung gewidmet.

In Zukunft sollte ein Berater im Bereich Organisationsentwicklung Führungskräften zu verstehen geben, dass Konflikte ein vorhersehbares soziales Phänomen sind, das zuweilen
gefördert, toleriert und kreativ in eine effektive Problemlösung münden sollte. Die Leitung einer Organisation sollte es
sich nicht zum Ziel setzen, Konflikte auszuklammern, sondern sie sinnvoll nutzen. Um erfolgreiches Konfliktmanagement zu betreiben, sollten Führungskräfte die Ursachen der
Konflikte kennen, Methoden zur Analysierung des betreffenden Konflikttyps zur Verfügung haben und mit Verfahren zur
Bewältigung von Unterschieden vertraut sein. Eine zentrale
Aufgabe von Beratern in der Organisationsentwicklung ist es,
den Konfliktbewältigungsprozess zu fördern und neue Wege
zu finden, um Auseinandersetzungen zu lösen. In Zukunft
wird ein in der Organisationsentwicklung tätiger Berater
Führungskräften helfen, eine offene Kommunikation und eine zwischenmenschliche Haltung umzusetzen, damit diese
gegebenenfalls in einer unparteiischen Funktion als Moderatoren fungieren und entsprechende Fähigkeiten bei anderen
entwickeln können. In den Organisationen von heute wird
immer mehr erkannt, dass Beratung durch unparteiische Dritte ein entscheidender Faktor für eine erfolgreiche Konfliktlösung darstellt.

## Zusammenarbeit zwischen Organisationen

Zusammenarbeit zwischen Organisationen ist ein aktueller Trend, der immer mehr Verbreitung findet. In dem Maße, wie die Organisationen der Zukunft mit begrenzten Ressourcen und erhöhter Komplexität konfrontiert sind, gewinnen Austausch, Zusammenarbeit und gegenseitige Unterstützung zwischen Organisationen an Bedeutung. Diese Entwicklung zeigt sich schon jetzt z. B. an gemeinsam eingesetztem Personal, das zwischenzeitlich Feierschichten einlegen muss, und bei teuren Geräten.

So arbeitete einer von uns beiden einmal mit einem Verband, dem siebzehn Städte angehörten. Diese hatten ihre Ressourcen gebündelt, indem sie einen Stab von fünfundsechzig wichtigen Spezialisten und Technikern hielten, die reihum einen Großteil des Bedarfs all dieser Städte abdecken. Für dieses Konzept mussten die Einwohner weitgehend umdenken und auch die Fachleute mussten dazulernen. Sie waren dabei behilflich, die erforderlichen Kompetenzen für die Kommunikation zwischen den Organisationen und für die Projektentwicklung und -umsetzung zu entwickeln. Mit Fortbildungen haben die Fachleute den städtischen Leitern und den Führungskräften der Stadtverwaltungen die Fertigkeiten, Techniken und Risiken erfolgreicher Kommunikation sowie das zur Durchführung von Gemeinschaftsprojekten erforderliche Vertrauen vermittelt. Zu den interessantesten Entwicklungen infolge dieses Programms gehörten die Zusammenlegung öffentlicher und privater Gelder und die Ausweitung der Zusammenarbeit von Bereichen wie der Produktivität auf solche der Qualitätsausbildung und der speziellen Gesundheitspflege.

## *Das Leben der Organisation verändern*

In vielen wichtigen Unternehmensbereichen haben wir eine
Tendenz zur Verschmelzung von Linien- und Stabsaufgaben
beobachtet. Im Bemühen, die Anzahl der Führungsebenen zu
verringern, verknüpfen viele Organisationen die Rolle der
Führungskraft mit der des Ausbilders, Beraters und Trainers.
Wir haben mit Klientenorganisationen zusammenarbeitet,
bei denen Trainings- und Organisationsentwicklungsaufga-
ben häufig von einer Gruppe von Linienmitarbeitern realisiert
werden, die fünfzehn bis fünfundzwanzig Tage im Jahr dieser Aufgabe widmen. Normalerweise werden diese Personen
von internen oder externen Beratern für eine solche Aufgabe
ausgesucht und ausgebildet. Wir stellen auch fest, dass Organisationen immer häufiger Einsatzgruppen oder Produkt-
entwicklungsteams verwenden. Vor dem Hintergrund solcher Entwicklungen ist es wichtig geworden, eine feste
Gruppe von Linienmitarbeitern auszubilden, die diese Spezialteams leiten und unterstützen. Angesichts dieser Ver-
schiebung in der Praxis werden Berater feststellen, dass
die Trainerausbildung und das Angebot an kontinuierlicher
Beratung und Coaching für Linienpersonal, das in Stabs-
funktionen tätig ist, zu einem wichtigeren Teil ihrer Arbeit
wird.

Eine weitere, im Leben von Organisationen festzustellende
Veränderung ist die stärkere Ausrichtung auf den Gebrauch
aller internen Ressourcen. Zukunftsforscher haben uns berichtet, dass die technischen, menschlichen und gesellschafts-
technischen Probleme Jahrzehnt für Jahrzehnt komplexer
werden. Es wird daher immer wichtiger, die richtigen Personen in einer Gruppe zusammenzubringen, damit sie ganz bestimmte Probleme angehen. Gruppen dieser Art werden spar-
tenübergreifend zusammengesetzt sein und voraussichtlich
sowohl auf Computer als auch auf verschiedene Organisati-
onseinheiten zurückgreifen. Im Ergebnis werden Fachleute
für Organisationsentwicklung immer kompetenter werden

müssen, was die Entwicklung von Bestandsaufnahmen personeller Ressourcen betrifft. Es gilt zu erkennen, welche Art von Materialien und Einrichtungen als Ressourcen für eine bestimmte Aufgabe benötigt werden, und Führungskräften dabei zu helfen, die für das Matrixmanagement notwendigen Einstellungen und Fertigkeiten zu entwickeln.

Studien über Gruppenzusammenhalt und -moral verweisen darauf, dass stärkere positive Gefühle in einer Arbeitsgruppe nicht unbedingt zu einer höheren Produktivität führen. Positive Gefühle können sich sogar darin äußern, gemeinsam zu beschließen, weniger hart zu arbeiten oder dem Management zu zeigen, dass die Arbeiter sich nicht „manipulieren" lassen. Um in Zukunft auf eine solche Art von Absprache zu reagieren, werden Führungskräfte die Unterstützung durch Berater brauchen, damit die traditionellen Ängste der Untergebenen vor Autorität durch eine Akzeptanz der Ziele und Zielvereinbarungen ersetzt werden und damit die Mitarbeiter auf allen Ebenen der Organisation ermuntert werden, ihren Beitrag zum ausformulierten Ziel beizutragen. Auch bei der Förderung der Problemlösungsfertigkeiten bei den Mitarbeitern und bei der ressourcenorientierten Bildung von Arbeitsgruppen ist die Hilfe des Beraters gefragt.

## Mehr Pluralismus

Bei nahezu jeder Art von Arbeits- und Gemeinschaftssystem gibt es eine Tendenz zum Pluralismus, d. h. einer stärkeren Mischung hinsichtlich Alter, Geschlecht, Nationalität, ethnischer und sozialer Herkunft, Fach- und Arbeitserfahrung. Multinationale Gesellschaften und internationale Organisationen haben immer öfter auch eine multinationale Mitarbeiterschaft. Diese Tendenz kann entweder zu intensiveren Konflikten führen oder aber zu einer sich gegenseitig ergänzenden Integration von Werten und Fähigkeiten, die die Produktivität und Qualität des Arbeitslebens bereichern.

Um die Organisation besser an den Pluralismus anzupassen, müssen sich Berater für Organisationsentwicklung verstärkt mit unterschiedlichen Kulturen, Werten und Sichtweisen von Teilgruppen des Systems vertraut machen. Sie müssen auch als unparteiische Dritte fungieren können, um sich gegenseitig ergänzende Unterschiede bei der Zusammensetzung einer Arbeitsgruppe als solche erkennen und nutzen zu können. Außerdem müssen sie im Umgang mit Vorurteilen und fehlender Sensibilität geübt sein.

## *Einbindung menschlicher und technologischer Ressourcen*

In fast jedem Arbeitszusammenhang sehen Führungskräfte es als eine spannende Herausforderung an, menschliche und technische Ressourcen zur Bewältigung organisatorischer Aufgaben zu koordinieren. Die Begeisterung, geschickt mit einem Computer umgehen zu können, wird ersetzt durch das Bewusstsein und die Sensibilität, die richtigen Personen mit der richtigen Technologie zusammenzubringen. Berater müssen in der Lage sein, angemessen auf den Bedarf von Klienten zu reagieren, die diese zwei grundlegenden Ressourcen vereinigen möchten.

## *Ausgleich zwischen individuellen Bedürfnissen und Bedürfnissen des Gesamtsystems*

Der möglicherweise wichtigste Trend, den Berater in Zukunft werden berücksichtigen müssen, ist die Suche nach einer praktikablen und befriedigenden Balance zwischen den persönlichen Entwicklungsmöglichkeiten, der Gesundheit und Zufriedenheit des Individuum einerseits und der Kultur, Struktur und Produktivität der Gesamtorganisation andererseits. Wir legen immer mehr Wert darauf, unsere Klienten zu ermuntern, sich mit dieser Frage zu beschäftigen, die vor allem für solche Systeme wichtig ist, bei denen, wie etwa im Fall von Schulen und Krankenhäusern, der finanzielle Gewinn nicht im Vordergrund steht. In dem Maße, in dem weiterhin ökonomischer und politischer Druck herrscht, „mit weniger mehr zustande zu bringen", wird es für Berater im Bereich Organisationsentwicklung nach unserer Meinung immer wichtiger werden, den Beratungsprozess mit einer gründlichen Analyse der gewünschten Ergebnisse zu beginnen. Nur daraus lassen sich Folgerungen für Veränderungen ableiten.

## *Den Horizont erweitern*

Wir haben entdeckt, dass fast alle unsere Klienten es versäumen, eine Prüfung des Umfeldes als Basis für zusätzliche Alternativen der Entscheidungsfindung zu nutzen. So haben wir zum Beispiel festgestellt, dass verhältnismäßig wenige Klienten es ausprobiert haben, die Situation einmal aus dem Blickwinkel ihrer Märkte oder Kunden zu betrachten, obwohl dies mit Hilfe vieler Methoden, z. B. Simulationen oder Rollenspielen, möglich ist. In der Beratung wird es zunehmend wichtiger werden, Klienten behilflich zu sein, in dieser Hinsicht ihren Horizont zu erweitern.

Vor kurzem hatten wir einen Klienten, der international produziert. Während eines Workshop-Tages zum Thema Marktplanung und Zielsetzung versammelten sich die Teilnehmer in vier Gruppen, die verschiedene Wettbewerber in unterschiedlichen Ländern darstellen sollten. In jeder Gruppe gab es ein Mitglied, das über viele Jahre Erfahrung in der betreffenden anderen Kultur verfügte, und diese Person gab den anderen Gruppenmitgliedern eine Einweisung in das tägliche Leben und die wirtschaftlichen Bedingungen, die für jene Kultur charakteristisch sind. Anschließend führten die Gruppen Rollenspiele hinsichtlich verschiedener Kulturen durch.

Schon vor der Mittagspause hatten die Teilnehmer einige neue Einsichten gewonnen, die für die Planung und Entscheidungsfindung nutzbar gemacht werden konnten.

Eine weitere Art der Sichtung, die meist vernachlässigt wird, ist die Erkundung wichtiger Innovationen im System von Wettbewerbern, die für das Klientensystem nützlich sein könnten. Wir haben festgestellt, dass, abgesehen von Personen, die bei technischen Neuerungen zur Geheimhaltung verpflichtet sind, die meisten Menschen, die mit jeglicher Art von Innovation befasst sind, sich gern befragen lassen, was sie tun und wie sie es tun. Wir haben außerdem festgestellt, dass Sitzungen, die für den Austausch von innovativen Informationen unter Fachleuten konzipiert sind, meist von allen Beteiligten begrüßt und geschätzt werden. Daher sollten Berater in Zukunft aktiv vorgehen, wenn es darum geht, erfolgreiche Praktiken bekannt zu machen und zu verbreiten.

Eine unserer wichtigsten Entdeckungen in diesem Zusammenhang bei der Arbeit mit Klienten ist, dass die größere Beteiligung der Mitarbeiterschaft eines Systems an verschiedenen Sichtungsaktivitäten Begeisterung weckt und eine Anregung darstellt, wichtige Ideen für die Arbeitsorganisation und Verbesserung der Praxis innerhalb der Organisation einzubringen. Gerade in einer kleinen Organisation wurde es zur Ehrensache, zur Sichtungsgruppe zu gehören, die sich regelmäßig beim Mittagessen trifft, um dort Ergebnisse zusammenzutragen, aus denen dann Verbesserungsmaßnahmen abgeleitet werden.

## Innere Sichtung

Viele Organisationen haben einen eingeengten Blick auf sich selbst, ihre Fähigkeiten, ihr zukünftiges Potential und ihre Ressourcen. Wir haben entdeckt, dass die Methode der „inneren Sichtung" gefördert werden kann, wenn man eine Bestandsaufnahme der menschlichen Ressourcen durchführt. Eine solche Bestandsaufnahme sollte computergestützt erfolgen, damit die Daten darüber, wer was gut kann, jederzeit verfügbar sind, wenn sie gebraucht werden, um eine Arbeitsgruppe, ein Produktentwicklungsteam oder dergleichen zusammenzustellen. Zu den typischen Informationen im Rahmen einer solchen Bestandsaufnahme sollten die bisherigen Erfahrungen und Aus- und Fortbildungen aller Mitglieder des Unternehmens gehören. In manchen Organisationen werden solche Bestandsaufnahmen „Fähigkeitsbanken" (skill banks) genannt. Die erforderlichen Informationen können nicht mittels eines Routinefragebogens erhoben werden. Menschen sind im Allgemeinen nicht in der Lage, angemessene Daten über sich selbst zu liefern. Daher muss es ein bestimmtes Vorgehen für die Befragung der Mitarbeiter geben. Zukünftig sollten Berater bereit sein, Klienten bei einer solchen Vorgehensweise behilflich zu sein. Darüber hinaus sollten Berater in der Lage sein, Klienten bei einer weiteren wichtigen Art der inneren Sichtung zu unterstützen, die darin besteht, detaillierte Aufzeichungen über die Niederlagen, Erfolge, Festivitäten und über die Helden der Organisation zu erstellen.

Eine Strategie, die fast ausschließlich im öffentlichen Sektor Anwendung findet, lautet, eine Reihe von aktuellen Problemen auszumachen, die von der Organisation zu lösen sind, und diese als Gelegenheit für ehrenamtliche Einsätze darzustellen. Vom Reservoir an nicht genutzter ehrenamtlicher Energie, das es in jeder Organisation und Gemeinde gibt, wird bisher so gut wie gar kein Gebrauch gemacht. Berater können hier in der Zukunft durch Erschließung ungenutzter Ressourcen einen wertvollen Beitrag leisten.

## Wachstum und Erneuerung für den Berater

Bei der Arbeit an diesem Buch war für uns eines der wichtigsten Themen, die wir ansprechen wollten, die Fähigkeit des

Beraters, sein eigenes Bedürfnis nach Wachstum und Erneuerung zu erkunden. Im Rahmen dieses Anliegens dachten wir über die Hauptunterschiede unter unseren Kollegen nach: die einen sind auf schnelle Reaktionen und Lösungen ausgerichtet, andere dagegen setzen den Schwerpunkt tiefergehend auf eine kontinuierliche Entwicklung.

Wir waren uns zwar einig, dass manche Berater auf dem Laufenden bleiben wollen, um aus Modeerscheinungen Geld zu machen und neue Verträge zu bekommen. Weiter verbreitet sind jedoch diejenigen, die möglichst kompetent arbeiten wollen und daraus ein positive Identität ableiten. Die meisten von ihnen suchen nach Beratungsaufgaben, die sie besonders stark herausfordern. Es ist ihr Ziel, möglichst viel zu lernen, damit sie immer wieder eine neue Herauszuforderung haben. Selbst wenn die Motivation vorhanden ist, immer wieder dazuzulernen, ist dies nicht immer leicht umzusetzen. Die folgenden Techniken waren für uns die hilfreichsten, um unser eigenes Lernen im Berufsleben zu fördern:

– Jedem Kollegen, Klienten oder Schüler aktiv zuhören, der eine Idee oder Erfahrung mitzuteilen hat.
– Jede Klientensituation als neu betrachten und dadurch vermeiden, dass man Material und Konzepte automatisch wiederverwendet, nur weil sich das bei einem früheren Klienten bewährt hat.
– Jede Gelegenheit zur Ko-Beratung nutzen und dabei von einander zu lernen.
– Vorträge zu neuen Themen vorbereiten, für die man neue Informationen sammeln und ordnen muss.
– Artikel zu Themen schreiben, die bei Beratungssitzungen angesprochen wurden, den Entwurf sofort nach Sitzungsende zu Papier bringen, wenn man die Informationen noch im Kopf hat.
– Ständig neue Konzepte und Modelle erforschen.
– Fachverbänden beitreten und auf diese Weise von Kollegen lernen.

- Diskussiongruppen organisieren, die sich regelmäßig treffen, um aus der Lektüre gewonnene Ideen auszutauschen
  und Konsequenzen dieser Ideen zu diskutieren.
- Eine gleichrangige Person finden, mit der man auf besonders intensive Weise lernen und Ideen austauschen kann,
  so dass man sich gegenseitig Klient und Berater wird.

# Anmerkungen

1 R. Lippitt, E. B. Lindaman, Choosing the Future You Prefer, 1979, Bethesda, MD: Development Publications.

2 Aus: P. R. Lawrence, J. D. Lorsch, Developing Organizations: Diagnosis and Action. Reading, MA, Addison-Wesley, 1969. S. 95. Nachdruck mit Genehmigung des Verlags.

3 Wiedergabe mit besonderer Erlaubnis durch The Journal of Applied Behavioral Science. Consultants and Detectives von Fred. I. Steele. Bd. 5, Nr. 2, S. 193 f., 200. Copyright 1969 by NTL Institute for Applied Behavioral Science.

4 Ebd.

5 Steele, a. a. O.

6 Aus: E. H. Schein, Process Consultation: Its Role in Organization Development. Reading, MA, Addison-Wesley. 1969. S. 120. Nachdruck mit Genehmigung des Verlages.

7 Aus: Wendell L. French, Cecil H. Bell. Jr., Organization Development: Behavioral Science Interventions for Organization Improvement, 1973, S. 195. Mit Genehmigung von Prentice-Hall. Inc., Englewood Cliffs, New Jersey.

8 Aus: E. H. Schein, Process Consultation: Its Role in Organization Development. Reading, MA, Addison-Wesley, 1969, S. 9.

9 Wir danken Paul R. Holland und Jane Schmithorst, die uns bei der Suche nach Literatur über Beratungsethik geholfen haben.

10 Aus: Phillip W. Shay, Ethics an Professional Practices in Management Consulting, in: Advancement Management Journal, 1965. 30 (1). S. 13f.

11 Ebd.

12 A.a.O., S. 4.

13 Shay, S. 14.

14 Aus: Code of Ethics, in: Who's Who in Training and Development, 1977, Washington, DC, S. 30. Nachdruck mit besonderer Erlaubnis der American Society for Training and Development. Copyright 1977.

15 Aus: Academy of Management, Proposed Code of Ethics, in: Organization Development Division Newsletter, 1976, Winter, S. 1f. Nachdruck mit Genehmigung.

16 Aus: Herbert C. Kelman, Manipulation of Human Behaviour: An Ethical Dilemma for the Social Scientist, in: Journal of Social Issues, 1965, 21 (2), S. 31-46. Nachdruck mit Genehmigung.

17   Ebd., S. 37.

18   Aus: N. Cousins, Human Options. New York: W. W. Norton &
     Company, 1981, S. 37. Nachdruck mit Genehmigung.

19   Der Myers-Brigg Type Indicator ist erhältlich bei: Consulting Psy-
     chologists Press, 577 College Avenue, Palo Alto, California 94306,
     USA.

20   Teile dieses Abschnittes präsentierte Gordon Lippitt als Vortragspa-
     pier „Forschung zum Beratungsprozess" auf der Jahreskonferenz der
     Academy of Management, Orlando, Florida, August 1977.

21   Als kurze Erläuterung zu PERT lesen Sie bitte: D. E. Yoes, An Intro-
     duction to PERT...or", in: The 1972 Annual Handbook for Group
     Facilitators, S. 135-137, hg. v. J. W. Pfeiffer und J. E. Jones, 1972,
     San Diego, California: University Associates.

22   Bei diesem Kapitel handelt es sich um ein von Gordon Lippitt verfass-
     tes Arbeitspapier. Er ist der alleinige Autor dieses Beitrags.

23   Aus: Peter B. Vaill, Organization Development: Ten New Dimensions
     of Practice, in: G. Lippitt, L. This und R. Bidwell (Hg.), Optimizing
     Human Resources. Reading, MA: Addison-Wesley, 1971, S. 203.
     Nachdruck mit Genehmigung des Autors.

24   A. a. O., S. 211.

25   Aus: Robert K. Menzel, A Taxonomy of Change Agent Skills, in: The
     Journal of European Training, 1975, (5), S. 290ff. Nachdruck mit Ge-
     nehmigung.

26   Nachdruck aus: J. William Pfeiffer und John E. Jones (Hg.), The 1974
     Annual Handbook for Group Facilitators. La Jolla, CA: University
     Associates, 1974, S. 246.

27   Aus: R. G. Havelock, The Change Agent's Guide to Innovation in
     Education. Englewood Cliffs, NJ: Educational Technology Publicati-
     ons, 1973, S. 153. Nachdruck mit Genehmigung des Verlags.

28   Aus: R. Lippitt, On finding, using, and being a Consultant, in: Soci-
     al Science Education Consortium Newsletter, November 1971. Nach-
     druck mit Genehmigung der Social Sciences Education, Consortium,
     Inc., Boulder, Colorado.

29   Aus: Richard Beckhard, The Leader Looks at the Consultative Pro-
     cess. Washington, D. C.: Leadership Resources, Inc., 1971, S. 2. Ab-
     druck mit Genehmigung des Verlags.

30   Aus: W. H. Schmidt, Organizational Frontiers and Human Values.
     Belmont, CA: Wadsworth Publishing Company, Inc., 1970, S. 4. Ab-
     druck mit Genehmigung des Verlags.

31   Ebd.

32   Aus: A Toffler Future Shock, New York, Bantam, 1971.

# Verwendete Literatur

Academy of Management (1976, Winter). Proposed code of ethics. Organization Development Division Newsletter.

American Psychological Association (1967). Casebook on ethical standards of psychologists. Washington, DC.

American Society for Training and Development (1975, November). Code of ethics. Who's Who in Training and Development, 30.

ARGYRIS, C. (1970). Intervention theory and method: A behavioral science view. Reading, MA: Addison-Wesley.

Association of Consulting Management Engineers (1966). Ethics and professional conduct in management consulting. New York.

BECK, C. E. (1971, Dezember). Ethical practice: Foundations and emerging issues. Personnel and Guidance Journal, 321.

BECKHARD, R. (1969). Organization development. Reading, MA: Addison-Wesley.

BECKHARD, R. (1971). The leader looks at the consultative process (rev. Aufl.), Falls Church, VA: Leadership Resources, Inc.

BENNE, K. D. (1959). Some ethical problems in group and organizational consultation. Journal of Social Issues, 15(2), 60-67.

BENNIS, W. G. (1973). Theory and method in applying behavioral science to planned organizational change. A. Bartlett und T. Kayser (Hg.), Changing organizational behavior (S. 73-75). Englewood Cliffs, NJ: Prentice-Hall.

BIDWELL, R., LIPPITT, G. (1971). Attitudes of consultants and clients to research on the consultation process. Unveröffentlichtes Manuskript. George Washington University, Washington, DC.

BLAKE, R. R., MOUTON, J. S. (1976). Consultation. Reading, MA: Addison-Wesley.

COLLIER, A. T. (1962). Management, man, and values. New York: Harper & Row.

Committee on Scientific and Professional Ethics and Conduct. (1968). Rules and procedures. American Psychologist, 23(5), 362-366.

CORSINI, R. J. (Hg.) (1984). Encyclopedia of psychology Bd. 1. New York: Jphn Wiley, 11ff.

COUSINS, N. (1981). Human options. New York: W. W. Norton & Company, Inc.

DEKOM, A.K. (1969). The internal consultant (Research study 101). New York: AMACOM.

FLETCHER, J. (1968). The situation ethics debate. Philadelphia: The Westminster Press.

FRENCH, W. L., Bell, C. H., Jr. (1973). Organization development: Behavioral science interventions for organization improvement. Englewood Cliffs, NJ: Prentice-Hall.

GOLEMBIEWSKI, R. T. (1965). Men, management and morality: Towards a new organizational ethic. New York: McGraw-Hill.

GOLIGHTLY, C. L. (1971, Dezember). A philosopher's view of values and ethics. Personnel and Guidance Journal, 289.

HARRIS, P. R. (1982). Cross-cultural consulting effectiveness. Consultation 1(2), 4-10.

HARRIS, P. R. und MORAN, R. T. (1981). Managing cultural differences. Houston, TX: Gulf.

HAVELOCK, R. G. (1973). The change agent's guide to innovation in education. Englewood Cliffs, NJ: Educational Technology Publications.

HERMAN, S. M. (1974). Freedom 1. J. W. Pfeiffer, J. E. Jones (Hg.), The 1974 annual handbook for group facilitators, San Diego: CA: University Associates, 246.

HOLLANDER, S. C. (Bearb.) (1972). Management consultants and clients. East Lansing, MI: Michigan State University Press.

KELMAN, H. C. (1965). Manipulation of human behavior: An ethical dilemma for the social scientist. Journal of Social Issues, 21(2), 31-46.

LAWRENCE, P. R., LORSCH, J. D. (1969). Developing organizations: Diagnosis and action. Reading, MA: Addison-Wesley.

LIPPITT, G. L. (1959). A study of the consultation process. Journal of Social Issues, 15 (2), S. 43-50.

LIPPITT, G. L. (1969). Organization renewal. Englewood Cliffs, NJ: Prentice Hall.

LIPPITT, G. L. (1976). A competency-based survey of consultant skills. Unveröffentlichte Studie. George Washington University, Washington, DC.

LIPPITT, G. L., Hoopes, D. (1978). Helping across cultures. Bethesda, MD: International Consultants Foundation.

Lippitt, G. L., Lippitt, R. (1981). Systems thinking: A resource for organization diagnosis and intervention. Bethesda, MD: International Consultants Foundation.

Lippitt, R. (1971). On finding, using, and being a consultant, in: Social Science Education Consortium Newsletter, November 1971, 2.

Lippitt, R., Lindaman, E. B. (1979). Choosing the future you prefer: Bethesda, MD: Development Publications.

Lippitt, R., Watson, I., Westley, B. (1958). The dynamics of planned change: A comparative study of principles and techniques. New York: Harcourt Brace Jovanovich.


Margulies, N., Raia, A. (1972). Organization development: Values, process, and technology. New York: McGraw-Hill.

Maslow, A. H. (1965). Eupsychian management. Homewood, IL: Richard D. Irwin.

Menzel, R. K. (1975). A taxonomy of change-agent skills. Journal of European Training 4(5), 287-288.


Naismith, D. (1971). Unveröffentlichte Antwort auf G. Lippitt, George Washington University, Washington, DC.


Redl, F. (1941) Diagnosing teacher training needs. Unveröffentlichtes Manuskript.

Rosenberg, P. P. (1951). An experimental analysis of psychodrama. Unveröffentlichte Dissertation, Harvard University.


Schein, E. A. (1969). Process consultation: Its role in organization development. Reading, MA: Addison-Wesley.

Schmidt, W. H. (1970) Organizational Frontiers and Human Values. Belmont, CA: Wadsworth Publishing Company, Inc.

Shay, P. W. (1965). Ethics and professional practices in management consulting. Advanced Management Journal 30(1), 13-20.

Steele, F. I. (1969). Consultants and detectives. Journal of Applied Behavioral Science, 5(2), 193-194, 200.

Swartz, D., Lippitt, G. (1975). Evaluating the consulting process. Journal of European Training, 1(3), 286-301.


Toffler, A. (1971). Future Shock. New York: Bantam.

VAILL, PETER B. (1971). Organization Development: Ten New Dimensions of Practice. G. Lippitt, L. This, R. Bidwell (Hg.), Optimizing Human Resources. Reading, MA: Addison-Wesley.

WALTON, R. E. (1969). Interpersonal peacemaking: Confrontations and third-party consultation. Reading, MA: Addison-Wesley.

# Kommentierte Literaturhinweise

ALBERT, K. J.: How to Be your Own Management Consultant. New York: McGraw-Hill, 1978.

Über die Anwendung von Beratungsfertigkeiten, einschließlich der Durchführung quantitativer und qualitativer Analysen, der Planung für Wachstum und der Definition des Problembereichs.

ARGYRIS, C.: Intervention Theory and Method. Reading, MA: Addison-Wesley, 1970.

Enthält eine Einschätzung der Methoden, mit deren Hilfe effektive Organisationsintervention möglich ist. Im ersten Teil werden erörtert: die Ziele der Intervention, die Bedingungen, unter denen Entscheidungen getroffen werden können, die zur Problemlösung wichtigen Ressourcen, die Auswirkungen organisatorischer Mängel und die Möglichkeiten zu ihrer Beseitigung. Der zweite Teil enthält eine Reihe von Fallbeispielen.

BELL, C. R. und NADLER, L.: Clients and Consultants. 2. Aufl., Houston: Gulf, 1985.

Enthält in 26 Kapiteln aufgeteilte Beiträge über die zwei Seiten der Beratungsbeziehung.

BENNIS, W. G., BENNE, K. D. und CHIN, R. (Hg.): The Planning of Change. New York: Holt, Rinehart and Winston, 1985.

Aufsatzsammlung über verschiedene Aspekte der Planung von Veränderungen, besonders in Organisationen.

BLAKE, R. R. und MOUTON, J. S.: Consultation. Reading, MA: Addison-Wesley, 1984.

Untersucht Theorie und Praxis der Beratung, wobei die Betonung auf den verschiedenen Beratungsansätzen und der jeweils unterschiedlichen Dynamik der Problemlösungsmethoden liegt.

BLOCK, P.: Flawless Consulting. A Guide to Getting your Expertise Used. San Diego, CA: Learning Concepts, 1981.

Erläutert mit Hilfe von Fallbeispielen und Dialogen das praktische Verhalten in Beratungssituationen.

DYER, W. G.: Contemporary Issues in Management and Organizational Development. Reading, MA: Addison-Wesley, 1982.

> Enthält Hinweise zu Planung und Organisation, Beziehungen in Management und Organisation sowie zum Aufbau von Teams.

DYER, W. G.: From Insight to Impact. Strategies for Interpersonal and Organizational Change. Überarb. Aufl., Salt Lake City, UT: Brigham Street House, 1976.

> In einzelnen Abschnitten werden Themen behandelt wie Planung und Durchführung organisatorischer Veränderung, allgemeine organisatorische Bedingungen, die Veränderungen erschweren oder verhindern, Möglichkeiten des Abbaus von Erschwernissen mit Hilfe effektiver Veränderungspläne und effektives Training als Mittel zu konstruktiver Veränderung.

EGAN, G.: Helfen durch Gespräch. Ein Trainingsprogramm für helfende Berufe. 3. Aufl., Weinheim: Beltz, 1996.

GOODSTEIN, L. D.: Consulting with Human Service Systems. Reading, MA: Addison Wesley, 1978.

> Untersucht die Anwendbarkeit verschiedener Beratungsmodelle auf die speziellen Bedürfnisse von Nonprofit- und Hilfsorganisationen.

GOLLESSICH, J.: The Profession and Practice of Consultation. San Francisco: Jossey-Bass, 1982.

> Untersucht verschiedene Beratungsformen, die in sozialen Organisationen angewandt wurden.

GREINER, L. E. und METZGER, R. O.: Consulting to Management. Insights to Building and Managing a Successful Practice. Englewood Cliffs, NJ: Prentice Hall, 1983.

> Beschäftigt sich mit Marketing, praktischen Vorschlägen, Verträgen und dem Herbeiführen von Veränderungen.

GORE, G. J. und WRIGHT, R. G.: The Academic Consultant's Connection. Dubuque, IA: Kendall/Hunt, 1979.

> Eine nützliche, wenn auch an einen akademischen Leserkreis gerichtete Sammlung von Aufsätzen. Themen sind u. a. die Gründe für die Inan-

spruchnahme eines Beraters, eine Kosten/Nutzen-Analyse von Beratungen, Definition der Dienstleistung und Gruppenberatung.

IBIELSKI, D. und KÜSTER, N.: Handbuch der Unternehmensberatung. Ergänzbares Informationswerk für Unternehmen und Organisationen der Wirtschaft, für Berater und Beraterverbände. Berlin: Erich Schmidt, 1976ff., 1998.

> Das Loseblatt-Werk konzentriert sich vor allem auf verbandsmäßige, rechtliche, organisatorische und förderungspolitische Fragen der Unternehmensberatung. Enthält auch ein in manchen Fällen nützliches Anschriftenverzeichnis. Keine speziellen Informationen über Organisationsberatung oder Organisationsentwicklung.

KELLEY, R. E.: Consulting. The Complete Guide to a Profitable Career. New York: Charles Scribner's, 1981.

> Zeigt, wie sich ein Geschäftsmann dem Thema Beratung nähert.

KUBR, M. (Hg.): Management Consulting. A Guide to the Profession. 3. überarb. Aufl., Genf: International Labor Organization, 1996.

> Bietet Informationen über internationale Beratung, Modelle und Organisationen.

KUBR, M.: Unternehmensberater auswählen und erfolgreich einsetzen. Ein Handbuch für Entscheider. Leonberg: Rosenberger Fachverlag, 1998.

> Umfassendes Handbuch für Beratungskunden zu allen wichtigen Fragen des Beratungsprozesses.

LANT, J. L.: The Consultant's Kit. Establishing and Operating your Successful Consulting Business. Cambridge, MA: Jeffrey Lant Associates, 1981.

> Das bekannte Buch behandelt die geschäftlichen Aspekte der Beratertätigkeit.

LIPPITT, G. L., LANGSETH, P. und MOSSOPP, J.: Implementing Organization Change. San Francisco: Jossey-Bass, 1985.

> Beschreibung eines zwei Jahres dauernden Beratungsprojekts, das die Weltbank „Das Stärkungsprojekt" nannte.

REDDY, W. BRENDAN: Prozessberatung von Kleingruppen.
Wie der Berater erfolgreich interveniert. 2. Aufl., Leonberg:
Rosenberger Fachverlag, 1999.

> Praxisorientiertes Buch über Beratung von Gruppen. Beschreibt u. a. den Ab-
> lauf, Interventionsmöglichkeiten, Fähigkeiten des Prozessberaters und häufige
> Fehler des Beraters.

ROSENSTIEL, L. V.: Organisationspsychologie. 4. überarb.
Aufl., Stuttgart: Poeschel, 1999.

SCHEIN, E. H.: Process Consultation. Its Role in Organization Development. Reading, MA: Addison-Wesley, 1969.

> Einführung in die Theorie und Praxis der Prozessberatung. Es befasst sich vor
> allem ausführlich mit dem Verhalten des Beraters.

STEELE, F.: Consulting for Organizational Change. Am-
herst, MA: University of Massachusetts Press, 1975.

> Eine gut lesbare, informative und anregende Darstellung der weniger bekann-
> ten Funktionen und Techniken des Beraters. Steele setzt sich besonders mit
> den Lernphasen in der Beratung für den Klienten aber auch für den Berater
> auseinander.

# Zu den Autoren

DR. GORDON L. LIPPITT war Professor für Verhaltenswissenschaften an der School of Government and Business Ad-
ministration, George Washington University, Washington
D.C., USA. Er war in mehreren Beratungsorganisationen in
führender Stellung tätig und hat viele amerikanische und
internationale Organisationen beraten. Als früherer Präsident eines Berufsverbandes und Direktor der National Training Laboratories veröffentlichte er mehr als zweihundert
Artikel und Bücher.

DR. RONALD LIPPITT ist Leiter eines Beratungsunternehmens
und emeritierter Professor für Soziologie und Psychologie
an der University of Michigan. Er war einer der Initiatoren
geplanter Organisationsentwicklung, der Gruppendynamik
und des T-Gruppen-Trainings und unterstützte die Grün-
dung der National Training Laboratories. Er veröffentlichte
über hundert Artikel und Bücher. Seine Spezialgebiete sind
die Trainerausbildung, Kindererziehung, Mitarbeiterent-
wicklung und -training, Gemeindeentwicklung, Bürgerini-
tiativen und freiwilligen Organisationen sowie die Entwicklung von Multimedia-Programmen.

# Bücher für gute Beratung

◉ **Elaine Biech**
**Unternehmensberater werden und bleiben**
Das Handbuch für beruflichen Erfolg
2. Aufl. 2003, mit interaktiver CD-ROM, gebunden
ISBN 3-931085-32-5

*„Selbst alte Hasen werden von der Praxistauglichkeit der Empfehlungen profitieren."*
*(Training aktuell)*

*„Pflichtlektüre [...] da wird alles ‚hautnah' am typischen Beraterleben dargestellt,*
*viel zum Nachdenken angeregt und etliches an brauchbaren Tipps geboten. [...] mit*
*Witz und Charme geschrieben und nie langweilig."* *(Organisationsentwicklung)*

◉ **Michael Loebbert**
**The Art of Change**
Von der Kunst, Veränderungen in Unternehmen
und Organisationen zu führen
2006, 179 Seiten, gebunden
ISBN 3-931085-54-6

*„Michael Loebbert hat ein schönes, ein prägnantes Buch geschrieben,*
*das sich zugleich auch als Essay über Veränderung lesen lässt."* *(ChangeX.de)*

◉ **Michael Mohe (Hrsg.)**
**Innovative Beratungskonzepte**
Ansätze, Fallbeispiele, Reflexionen
2005, 319 Seiten, mit Abbildungen, gebunden
ISBN 3-931085-51-1

*„Sehr empfehlenswert für die Praxis und für an Consulting ernsthaft Interessierte.*
*Lesen!"* *(GFPMagazin)*

*„Ein lesenswertes Buch für Beratende, die sich sowohl in ihrem eigenen Denken,*
*Fühlen und Handeln überprüfen als auch für jene, die sich positionieren möchten."*
*(GABAL impulse)*

**Rosenberger-Bücher**
**gibt es direkt beim**
**Verlag und überall**
**im Buchhandel**

**Rosenberger**
Fachverlag

**Bücher für Berater**
**und Führungskräfte**
Postfach 1616 · D 71206 Leonberg
Telefon 07152.22627 · Fax 24321

◉ **Sie finden Leseproben**
**auf unserer Internetseite**

info@rosenberger-fachverlag.de
www.rosenberger-fachverlag.de